세계의 명문 학교를 가다

전환기의 학교교육

세계의 명문학교를 가다

전환기의 학교교육

| 유상덕 편저 |

학지사

머리말

근대 공교육 제도(School System), 보다 엄밀히 말하면 학교 본위의 공교육 제도는 현재 사형선고를 받고 있다. 1970년대에 쓰인 비판적 저서인 라이머(E. Reimer)의 『학교는 죽었다(School is Dead)』라는 자극적인 표제를 예로 들지 않는다고 해도 학교교육이 위기에 처해 있다는 주장에 수긍이 갈 만한 현상들이 많다. '학교'라는 곳은 다른 요소를 모두 제하고서도 교사와 학생 간의 교육적인 관계가 일어나는 곳이어야 하는데 그런 관계가 일어나고 있지 않는 현장이라면 학교는 죽은 현장이라고 해야 할 것이기 때문이다. 그래서 '교실 붕괴' '학교 붕괴' '학교 위기' '교육 위기' 등이 우리의 귀에 익숙한 말들이 된 지 오래되었다. 그래도 학교는 세계의 모든 곳에서 학령기의 아동과 청소년들이 하루 중 가장 중요한 시간의 대부분을 보내고 있는 곳임이 분명하다. 그래도 학교는 죽었는가?

돌이켜 보면 근대적인 학교가 제도화되기 시작한 것은 서양 근대사가 본격적으로 시작되는 시민혁명(Civil Revolution)과 밀접한 관계가 있다. 시민혁명은 절대국가에 의해 박탈된 시민의 자유를 확보하기 위한 투쟁이었다. 시민적 권리로서 교육의 자유를 확보하기 위한 노력은 교회라는 중세 특권층이 장악한 국민의 배울 권리를 확보하기 위한 투쟁이었다. 그래서 프랑스혁명이 한창 진행되던 1791년 콩도르세(Condorcet)가 국민의회에 제출한 「공교육 조직법안」은 '교육의 자유'에 대해서 논할 때 국가가 '국민을 가르칠 수 있는 자유'와 '국민의 배울 수 있는 자유'라는 측면을 동시에 중시하였다. 즉, 국가의 교육권과 국민의 학습권을 동시에 중시한 것이다. 그러나 그 때 이후의 근대적인 학교교육은 어느새 국가에 의해 국민을 가르칠 수 있는 권리의 측면만 공식화되고 양질의 교육을 서비스받아야 할 국민의 교육권(학습권)은 문서상으로만 존재하는 것으로 되어 버렸다. 근대국가(The Nation State)가 국민의 생존권을 보장하고 국가의 발전을 위해서 국민을 동원하는 역할을 한 것에 대해 긍정적인 측면이 없다고 볼 수는 없다. 하지만 문명적 전환의 시기라 일컫는 오늘까지도 국가가 교육을 통해서 국민을 동원하고 조작하고 관리하고 있어야 한다고 생각하고 있다면 그것이 바로 오늘의 학교교육이 붕괴 위기를 맞고 있는 근본적인 이유라고 냉정하게 성찰(Reflection)해 보아야 할 것이다.

근대적 학교교육은 시민혁명을 성공시킨 근대국가가 공교육을 확산시킬 당시만 해도 대단히 긍정적인 역할을 했다. 그러나 학교교육은 산업혁명이 본격화되면서 대중적인 학교교육 체제로 전면화된다. 이제 학교는 산업사회에 적응할 수 있는 일꾼을 양성하기 위한 수단이 되고, 나아가서는 산업사회의 인적자원 양성기관으로 변하게 된다. 이러한 대중적인 학교교육 체제는 서구의 자본주의가 제국주의로 변화될 때 식민지 통치 수단으로 이용되면서 시민혁명 당시에 가졌던 보편성을 상실하게 되었다. 학교교육의 보편성은 본래 시민혁명의 이념인 자유 · 평등사상에 근거를 두고 있었는데 이제는 서구 중심의 언어 교육(식민지 본국의 언어 = 영어)과 식민지의 효과적인 자원 수탈을 위해 도량형을 통일하는 수리 교육(수학)이 가장 중요한 교육 내용이 되었다. 영어 · 수학 교육이 오늘날까지 학교교육 내용의 가장 중요한 교육이 된 것은 이러한 근대적 학교교육의 변질을 의미하는 것이다. 언어와 수리가 필요 없는 것은 아니로되 영어 · 수학에의 지나친 편중이 학교교육의 중심을 왜곡시킨 점을 지적하지 않을 수 없는 것이다. 이와 같은 과정을 겪으면서 교사와 학생의 관계가 인간적이고 교육적이기보다는 국가의 대리인과 이에 동원되는 피교육자의 관계로 변한다. 여기에 인격 교육과 품성 교육이 자리를 차지할 곳이 없었다. 동시에 각 지역 공동체와 국가가 자기의 고유한 문화를 발전시킬 수 있는 교육적 노력은 점점 더 학교교육을 통해서는 달성할 수가 없었다. 이러한 역사적인 성찰은 오늘날 교육 위기의 근원을 잘 파악하게 해 준다.

이 책은 이와 같은 문제의식에서 교육개혁을 위한 길 찾기의 일환으로 진행된 경험을 정리한 것이다. 제1부에서 소개하는 유럽의 5개 엘리트 학교들은 자타가 공인하는 세계 최고의 명문학교들이다. 그러나 각국의 공교육 발전 과정이 서로 다르기 때문에 서로 다른 측면을 보이고 있는 것도 흥미로운 현상이다. 프랑스는 여전히 국가의 강력한 지도하에 공교육이 운영되고 있으며, 영국은 학교교육의 장악을 위한 중앙정부의 노력이 있었음에도 불구하고 여전히 학교 단위의 교육 운영이 돋보인다. 그리고 독일 역시 늦게 근대화를 진행하면서 연방제하에서 주 정부의 교육에 관한 권한이 지배적인 모습을 보이고 있다. 그러나 세 나라의 교육은 여전히 국가에 의한 엘리트 교육 전통을 그대로 유지하고 있으면서 지금은 세계화시대를 맞아 글로벌화된 엘리트 양성을 위해서 자연과학과 수학 분야에 매우 높은 관심을 나타내고 있다. 하지만 세계 공교육의 역사에서 볼 때 유럽의 엘리트 교육은 여전히 국가의 향방과 운명을 같이하는 모습이었고 국가의 필요를 벗어난 어떠한 시도도 제도적으로 모색한다는 것이 가능하지 않아 보인다. 그런 의미에서 보면 유럽의 엘리트 교육은 근대국가와 운명을 같이하는 황혼기의 모습을 보이고 있는 것은 아닐까?

제2부에서 소개하는 미국 펜실베이니아 주의 가톨릭계 사립학교(두 학교는 자매학교여서 한 학교로 보아도 무방함)는 아마도 미국에서 많이 목격할 수 있는 아주 좋은 학교 중의 하나일 것이다. 그런 학교를 세계의 명문학교로 지목한 것은 대표 단수의 의미가 크다. 미국은 공립학교는 물론이고 사립학교에서도 개인주의가 발달된 사회에 적응한 학교의 모습이 그대로 나타난다. 학교구의 교육 통제, 개인의 학교 및 학과 선택권, 계약에 따른 교원 관리 등등. 이러한 풍토 속에서 개별 학습이 발달하고, 따라서 교육공학이 세계 어느 나라보다 발달하여 교육과정 운영 모델이 돋보이는 것이다. 기능주의 교육이 학교 구석구석까지 관철되는 인적 관리 시스템이라고 볼 수 있다.

앞에서 방문해 본 두 지역, 즉 공교육의 출발지인 유럽의 엘리트 교육과 산업사회의 공교육 모델인 미국의 학교에 비해서 3, 4부에서 소개하는 일본과 터키의 학교들은 문제의식이 다르다. 일본은 세계에서 가장 발빠르게 유럽의 근대 공교육 제도를 받아들이고 자본주의화를 서둘러 식민지 지배까지 경험하면서, 어찌 보면 자기들은 한다고 했는데 결과적으로는 고유의 전통적인 공동체가 철저하게 붕괴되는 경험을 한 나라다. 따라서 경제적으로는 잘살게 되었는지 모르지만 사회의 정체성 위기를 세계 어느 나라보다도 심각하게 겪고 있다. 그 점은 나라의 미래를 예견할 수 있는 청소년 문화에서 잘 나타나고 학교교육에서 잘 나타난다. 아마도 공교육의 가장 심각하고 나쁜 사례들을 공부하고 싶은 사람들은 일본의 교육을 연구하면 될 정도로 학교교육에서 나타나는 부정적인 모습이 극단을 달리고 있다. 집단따돌림, 등교 거부, 학교폭력, 자폐증, 부모 구타, 교사 구타에서부터 심지어는 동료 학생들을 살해하여 사회적으로 문제가 되는 사례도 적지 않게 발생한다. 제3부에서 소개하는 일본의 배움의 공동체운동은 이와 같은 일본의 교육 상황에 대한 대처 방안으로 나온 것이어서 중요하다. 그리고 일본의 교육 상황과 우리나라의 상황이 유사한 데서 배울 점도 많다. "학생이 배움을 그만두지 않는 한 탈선을 하지 않는다."는 사토 마나부 교수의 명제는 참이다.

이어서 소개하는 일본의 단위제 고등학교 사례는 우리에게 참고해야 할 아주 중요한 점을 알려 주고 있다. 알다시피 우리나라의 고등학교 교육과정 운영 형식은 '단위제' 인데 사실상 '학년제' 의 틀을 그대로 가지고 있어서 학생 개인의 진로에 따른 교과목 선택과 진로 기획은 불가능한 실정이다.

그리고 교사의 입장에서도 같은 내용을 반복하면서 전문성의 축적이 일어나지 않는다. 이런 학교교육의 정체성을 극복하기 위해서 시도되고 있는 단위제 고등학교 사례는 우리의 '고교 다양화 정책'에서 반드시 참고해야 할 것이다.

제4부에서 소개하는 터키의 대안사립학교는 보는 사람에 따라서 견해 차이가 있을 수 있지만 현재 세계에서 공교육의 열정이 살아 있는 가장 모범적인 사례다. 이슬람교라는 종교적인 편견을 갖지 않고 본다면 공교육이 목표로 하는 지성교육과 인성교육이라는 두 마리의 토끼를 동시에 잡고 있는 모델이기도 하다. 필자는 무엇이 터키의 그런 공교육의 열정을 가능하게 하는지를 심층 분석해 보았다. 그것은 단순히 한두 가지 요소로 가능한 것은 아닌 것 같다. 우선 종교적인 열정을 교육운동으로 접목시킨 지도자가 있었고, 와크프라는 기부금 제도가 뒷받침을 하며, 지리적인 위치가 동서 교류의 역사적인 경험을 가능하게 하여 이것이 탈근대 사회의 다양성이라는 시대적 화두에 맞아떨어지는 요소가 되기도 했다. 무엇보다 돋보이는 것은 터키 대안학교의 똑바르고 성실한 젊은이들로 구성된 교사들의 헌신적인 열정이었다.

이 책이 나오기까지는 많은 시간도 소요되었지만 많은 사람의 노력이 투입되었다. 필자가 가진 교육개혁 관련 업무의 일환으로 진행된 것이기는 하지만 참여자 한 분 한 분의 교육개혁에 대한 열망과 교육적 전문성이 결합된 결과라고 생각된다. 먼저 제1부 유럽의 엘리트 학교 방문은 부부 교수인 동국대학교 박부권 교수(교육학)와 덕성여자대학교 오영희 교수(심리학)의 사전 계획과 결과물 정리에 크게 의존하였다. 제2부 미국의 학교 방문은 필자가 교육혁신위원회에서 근무할 때 상임위원으로 활동하던 전남대학교 김회수 교수(교육학)의 활동에 힘입었다. 제3부 일본의 배움의 공동체운동에 대한 자료는 사토 마나부 교수를 직접 방문해 만나기도 했지만 그에게서 수학한 손우정 박사의 도움이 컸고, 특히 이 방문에 함께한 새로운 교재를 만드는 사람들(온양여자중학교 이우경 교사 외)과 작은학교운동(서길원 교장 외) 교사들의 신선한 시각과 토론이 도움이 되었다. 제4부 터키 대안사립학교에 대해서는 누구보다도 이 운동을 직접 우리나라에서 전개하고 계시는 무지개학교 에시레프 사알람 이사장, 주한 이스탄불 문화원 에르한 아타이 원장, 그리고 터키 방문 때 우리를 친절하게 안내했던 웨이스 씨(지금 터키 대통령실 근무)에게 감사를 드린다. 무엇보다도 문외한이었던 터키 대안사립학교에 대한 자세한 소개를 해 준 중부대학교 김관영 교수, 그리고 함께 방문했던 여러 분과 방문

결과를 정리해 준 온양여자중학교 이우경 선생님에게 큰 감사를 드린다. 여기에 거론하지 못하였지만 도움을 주시고 함께 방문해서 좋은 의견을 나누었던 분들에 대해서는 책의 본문에서 자세히 소개하려고 한다.

이 책이 우리나라와 세계의 새로운 학교를 희망하는 학생들과 교사들, 그리고 많은 학부모에게 성찰(省察)과 희망(希望)을 함께 안겨 주기를 기대한다. 끝으로 일관된 철학을 가지고 교육 분야의 전문 서적을 출판하고 있는 학지사 김진환 사장님 이하 편집진에게도 감사의 말씀을 드린다.

2010년 6월

편저자 유상덕 삼가 씀

차 례

제4부 글로벌 시대의 교육 열정, 터키의 대안사립학교, 귈렌 학교(Gülen School)_ 320

제1부

근대학교의 황혼, 유럽의 엘리트 학교

유럽의 엘리트 학교 탐방은 2005년 2월 15일부터 2월 27일 사이에 이루어졌다. 필자가 교육혁신위원회에 일하고 있으면서 선진 학교를 연구 · 조사하기 위해 방문팀을 조직하여 당시 세계적인 명문학교로 알려진 유럽의 엘리트 학교 다섯 군데를 방문하였다. 연구 · 조사 비용은 (주)SK케미칼의 협조가 있었다. 학교 선정과 기본 계획은 동국대학교 박부권 교수가 기초하여 당시 유럽에 파견 중이던 교육인적자원부 교육원장님들의 도움을 받아 학교 교섭과 방문 안내가 이루어졌다. 프랑스는 2월 16일과 17일 사이에 그랑데콜 준비학교인 스타니슬라스(Stanislas) 사립학교와 프랑스 최고의 명문 루이 르 그랑(Louis Le Grand) 두 학교를 방문하였다. 안내와 통역은 당시 파리 주재 김일환 교육원장님과 세계일보 파리 특파원 김구현 기자가 수고를 해 주셨다. 독일은 프랑크푸르트 파견 윤인섭 교육원장님의

안내로 전원기숙형 엘리트 학교인 한젠베르크 성 기숙학교(Internatsschule Schloss Hansenberg)를 2월 21일에 방문하였다. 그리고 영국은 이화정 교육원장님의 교섭과 안내로 2월 24, 25일 양일간 런던에 있는 킹스칼리지 고등학교(King' s College High School)와 런던 교외에 위치한 길포드 여자고등학교(Guildford Woman' s High School)를 방문하였다.

방문자는 모두 6명이었다. 필자와 동국대학교 박부권 교수 및 덕성여자대학교 오영희 교수, 그리고 당시 서울미술고등학교의 이인규 교감, 천안여자중학교에서 국어를 가르치고 있던 이우경 선생, 당시 동국대학교에서 입시제도에 관한 박사학위 논문을 쓰고 있던 남경희 선생으로 각자의 관심 영역에 따라 역할을 분담하기로 하였다. 먼저 박부권 교수는 학교의 지배구조를 맡기로 하고, 필자는 학교운영과 행정, 이인규 교감은 교원조직, 이우경 선생은 교육과정, 남경희 선생은 학생선발과 입시제도, 그리고 오영희 교수는 생활지도와 런던에서의 영어 통역을 맡았다. 전문가들로 구성된 방문팀이라 치밀한 준비와 역할 분담을 통해 짧은 기간에 비교적 풍부한 학교 탐방이 이루어졌다.

학교 방문은 학교에 관하여 간략히 소개하고, 각 학교에 미리 보냈던 질문 사항에 대하여 2~3시간의 질문과 답변을 교환하며 자료 수집 및 학교 시설 환경을 둘러보는 형태로 이루어졌다.

〈방문 학교에 미리 보낸 질문 내용〉

기르고자 하는 인간상(인재상)은 무엇인가?

졸업생은 어떤 대학에 진학하고 있는가? 어떤 분야로 진출하고 있는가?

세계적 지도자 양성을 목적으로 귀교에서 특별히 강조하고 있는 프로그램이 있는가?

교육 프로그램은 어떻게 조직되어 있는가(진학반 – 취직반, 보통반 – 입시준비반 등)?

국가가 부과하는 표준 교육 프로그램이 있는가?

사립학교의 경우 공립학교와 다른 교육 프로그램이 있는가? 또 다른 사립 고등학교와 구별되는 이 학교 특유의 교육 프로그램이 있는가?

귀교가 가장 내세우고 싶은 이 학교의 전통은 무엇인가?

학교의 최종 의사 결정 기구는 어떻게 구성되어 있는가? 그 기구의 주요 기능은 무엇인가?

교장은 어떻게 선출되는가?

학교 운영에서 교사들의 의견은 어떻게 반영되는가?

학부모들의 의견은 어떻게 반영되고 있는가?

학교의 재정은 어떻게 확보되고 있는가?

후원금과 기부금의 비중은 어느 정도인가?

학생 등록금이 전체 예산에서 차지하는 비중은 어느 정도인가?

국가 혹은 지방자치단체가 지원하고 있다면 그 비중은 어느 정도인가?

학생들을 어떻게 선발하는가?

선발 준거는 무엇인가? 경쟁률은 어느 정도인가?

교사들은 어떻게 선발하는가? 선발 준거는 무엇인가?

학교 건물 혹은 건물 배치는 이 학교의 교육적 이상을 어떻게 반영하고 있는가?

이하에서 탐방한 학교를 그 학교의 지배 구조(Ruling System), 교육과정 운영, 학생 선발 방법, 교원과 학교행정, 그리고 생활지도 측면을 주로 하여 각 학교가 가진 독특한 성격을 소개한다. 학교에 대한 체계적 분석이 이루어진 것은 아니지만 유럽 엘리트 학교의 모습을 의미 있게 포착하였기 때문에 교육정책 수립과 좋은 학교운동에 참고가 될 것이다.

프랑스 최고의 명문

루이 르 그랑(Louis Le Grand)

세계에서 가장 오래된 고등학교

루이 르 그랑은 1560년대 프랑스 부르봉 왕조시대에 건립된, 아마도 세계에서 가장 오래된 공교육 기관의 하나일 것이다. 그래서 학교의 이름도 루이 대제(Louis the Great)의 이름을 그대로 가지고 있다. 세계 공교육의 역사로 볼 때 산업화가 막 시작될 시기인 루이 왕조시대에 세워진 고등학교라면 이 학교의 역사가 곧 공교육의 역사라고 해도 과언이 아닐 것 같다. 이 학교는 3년의 고등학교 과정(Lycee: 800명)과 고등학교 과정을 마치고 바칼로레아(Baccalauréat)*를 통과한 학생을 대상으로 하는 그랑데콜 준비반(Classes Preparatoires: 900명)으로 구성되어 있다. 루이 르 그랑은 1562년 라틴 지구에 설립되었다. 파리에서도 라틴 지구는 역사, 건축 그리고 문화에서 어느 지역보다도 풍부하고 유서가 깊어 최고의 교육 환경을 가지고 있는 파리의 심장이라고 할 수 있다. 소르본 대학도 이곳에 있다. 이 학교는 학교의 이름이 표현하고 있듯이 설립 초기부터 엘리트 교육을 지향하여 지금까지 프랑스 엘

---

* 바칼로레아(Baccalauréat)는 프랑스의 대입자격시험을 말한다. 절대평가제로 바칼로레아를 합격한 학생에게는 대학 입학 자격이 주어진다. 우리나라의 수학능력시험에 해당하지만 그 내용과 범위는 전혀 다르다. 흔히 줄여서 bac라고 부르는데 논술 및 철학 시험이 필수인 것으로 유명하다. 나폴레옹 시대인 1808년에 시작되어 약 200년에 가까운 역사를 가지고 있으며, 철학 · 논술 시험문제는 학생뿐만 아니라 전 국민의 관심사가 되고 있다. 대학 교수가 아닌 현직 교사들이 출제하는 것으로 알려져 있다.

리트 교육을 이끌어 왔다. 그 결과 프랑스 각 분야를 이끌어 온 지도적 인사 중에는 이 학교 출신들이 수도 없이 많다. 우선 몇 명만 거론한다면 프랑스의 근대 사상가들인 볼테르(Voltaire), 빅토르 위고(Victor Hugo), 보들레르(Baudelaire), 몰리에르(Moliére) 등의 작가와 시인, 드가(Degas), 들라크루아(Delacroix) 등의 화가, 퐁피두(Pompidou), 지스카르 데스탱(Giscard d'Estaing), 자크 시라크(Jacques Chirac) 등의 정치가들이 모두 이 학교 출신이다. 한마디로 말하면 근대 이후 지금까지 프랑스를 이끌어 온 지성을 배출한 학교다.

루이 르 그랑 고등학교 빅토르 위고 광장

세계에서 가장 우수한 고등학교임을 자부하는 학교

우리를 안내한 이 학교의 조엘(Joel) 교장은 한국과도 관계가 깊은 사람이었다. 우리가 방문하기 약 2년 전 아들이 교환학생으로 연세대학교에서 공부하고 있을 때 한국을 방문하여 서울에 대해 좋은 인상을 받았다고 한다. 조엘 교장에 따르면, 루이 르 그랑은 이제 프랑스의 엘리트 교육을 넘어서 세계의 엘리트 교육을 지향한다고 했다. 현재도 중국, 베트남 등 세계 45개국의 학생이 이 학교에서 공부하고 있다. 그리고 1950년대 이후부터는 특히 과학 분야의 엘리트 교육에 중점을 두고 있다.

그는 프랑스의 교육제도에 대해서 간략하게 설명했다. 프랑스에서는 고등학교를 졸업한 학생들의 90퍼센트 정도는 일반대학으로 가고, 나머지 10퍼센트 정도는 그랑데콜(Grandes Ecoles) 준비반*으로 들어간다. 프랑스 전역에는 300개 정도의 그랑데콜 준비반이 있는데 루이 르 그랑은 그중에서도 교육 환경, 교사의 질, 학생의 수준 등에서 단연 최고를 자랑한다. 그랑데콜 준비반 학생들은 국가시험을 거쳐 정치, 법학, 과학, 교육 등 프랑스 최고의 엘리트를 배출하는 그랑데콜에 지원하는데, 이 학교 졸업생들의 약 95퍼센트는 3년제의 그랑데콜로 진학하고 나머지 5퍼센트는 일반대학으로 진학한다고 했다. 이들이 일반대학에 진학했을 때는 학력 동등 비교의 원칙에 따라 대학 3학년 과정으로 들어간다고 했다.

* 그랑데콜 준비반(프랑스어: classes préaratoires aux grandes écoles)은 프랑스에서 그랑데콜 입학을 준비하기 위한 학교의 학년을 말한다. 우리나라의 고3~대학 2학년 연령에 걸쳐 있는 학년으로 이 학년 출신들 중 입학시험을 거쳐 선발하는 프랑스의 고등교육기관인 소위 전문학교를 통칭하여 그랑데콜이라고 한다. 18세기에 군대, 광산, 수자원, 중앙 행정, 수의학 등에 기술 관료를 공급하려는 목적으로 국가에서 설립하였다. 지금은 공학 분야의 학교뿐만 아니라 고등사범학교, 고문서학교 등 교육과학, 기술, 행정 등 전 분야의 전문직 고위 관료를 양성하는 프랑스 최고의 엘리트 양성기관 역할을 한다.

루이 르 그랑 학생의 출신 지역 분포를 보면 약 20퍼센트가 파리 출신이고 나머지 80퍼센트가 프랑스의 파리 외부와 외국에서 온 학생들이다. 조엘 교장에 따르면, 이 학교는 5년 전부터 중국과 학생 교류 협정을 맺고 중국 학생들을 받아들이고 있다고 한다. 프랑스와 다른 나라는 학교 제도가 다르지만 수학은 과학 분야의 국제 공통언어라고 할 수 있으므로 특히 중요시한다. 외국의 지원자들에게는 1월 말 수학 시험을 치러서 재능이 인정되면 2월부터 불어를 가르치고 9월부터 수업이 가능하다고 한다. 그리고 외국 학생들은 기숙사비만 부담하면 나머지는 모두 프랑스 정부가 부담한다고 한다. 이 학교에는 현재 350실의 기숙사가 있고 1인 1실로 되어 있다. 조엘 교장은 한국과도 학생 교류를 원한다고 했다.

설명과 질의응답은 2시간 이상 계속되었다. 질의응답이 끝나자 조엘 교장은 미리 와서 기다리고 있던 물리학 교수와 함께 우리를 수업이 진행되고 있는 교실로 안내하였다. 잠시 수업을 중단하고 학생들과 우리 일행은 과학자의 장래, 학교의 수업 방식, 나름대로 느끼는 이 학교의 특징 등을 놓고 학생들과 의견을 나누었다. 학생 중에는 한국 여학생도 한 명 있었다. 부모님이 파리 상사에 근무하고 있어서 이 학교에 들어왔다고 한다. 조엘 교장은 나중에 우리와 파리 시내에서 저녁 식사 모임을 하면서 한 가지 조언을 해 주었다. 한국에 가 보니 한국 사람 중 프랑스에 관심을 갖는 사람은 예술 분야 혹은 인문사회 분야의 공부만을 위해 프랑스 어를 준비하는 것으로 들었단다. 그러나 자기가 보기에는 만약 한국 고등학생들이 불어를 공부해서 프랑스에서 물리, 화학 등 이과 계통의 대학이나 자기 학교와 같은 그랑데콜 준비반에 지원한다면 훨씬 용이하게 입학할 수 있다고 했다. 한국 학생들이 수학, 과학 분야에서 국제학생평가계획(PISA) 성적이 좋다는 것은 널리 알려진 사실이기 때문이고, 또 프랑스는 아시아 계통의 학생들 중 이과 계열의 학생을 더 많이 받아들이기 때문이라고 했다. 이러한 사실은 우리가 잘 모르는 귀중한 현지 정보였다.

조국 전쟁에 희생된 선배들의 정신이 학교의 자부심으로

이 학교의 기숙사는 기존 건물에 다시 올려 지은 옥상 바로 밑 베란다에 있었다. 학교의 건물 사이에 있는 작은 교정 중 하나는 '빅토르 위고 광장' 이고 다른 하나는 '몰리에르 광장' 이라고 했다. 이 학교 출신의 세계적으로 유명한 문인과 예술가의 이름을 기념하는 광장이었다. 이 교정은 운동장이라고 하기에는 좁은 규모지만 이 학교의 중요한 휴식 공간이자 행사 공간이다. 교정에는 이 학교의 역사를 간직한 각종 동상과 조각상들, 학교의 자랑할 만한 역사적 사실들이 기록 · 전시되어 있었다.

학교 본부 건물 현관과 회의실 사이에 위치한 중앙 현관의 양 벽에는 수많은 사람의 이름이 새겨져 있었다. 이것들이 무엇이냐고 물었더니 제1차 세계대전과 제2차 세계대전 때 조국을 수호하기 위해 전쟁에 나가 싸우다 전사한 루이르 그랑의 자랑스러운 선배들이라고 했다. 이 학교 졸업생 중 제1차 세계대전 때 희생된 전사자만 해도 170명이나 된다고 한다. 이 전몰 학생들의 기념비는

루이 르 그랑

제1차, 제2차 세계대전(조국전쟁이라고 부름)에서 전사한 이 학교 졸업생의 이름을 새긴 벽. 이 학교의 정신과 자부심으로 자랑하는 곳임

이 학교 학생들에게 애국심을 고취시키는 교육적 역할을 하고 있었다.

이 학교는 지금도 학생들과 교사들이 사회문제에 대해서 관심이 많고 또 실제로 사회참여를 많이 한다고 했다. 방문 며칠 전에도 정부의 교육정책에 반대하는 시위가 있었다고 했다. 이 학교에도 시위에 참가하여 거리로 나서는 교사와 학생이 많다고 한다. 그러나 교장은 이를 교육부에 보고는 하지만 이들에게 직접 무어라고 말하지는 않는다고 한다. 그리고 속은 상하더라도 밖으로는 내색하지 않으며 그들 앞에서는 항상 웃는 표정을 지으려고 애쓴다고 했다. 이 학교가 사회적 책임을 중요하게 여기고 있다는 자부심이 학교의 오랜 전통을 만들고 있기 때문에 학교 운영에 큰 차질을 가져오지는 않는다고 했다.

프랑스 국립학교의 자율적인 교육과정 운영

루이 르 그랑은 공립학교지만 다른 공립학교와는 달리 프랑스 교육부로부터 직접 통제를 받는 국립학교인 셈이다. 우리나라도 서울사대부고 같은 국립학교가 있지만 이 학교는 어느 국립대학에 부속된 학교는 아니고 직접 국가가 관리하는 공립학교다. 루이 르 그랑의 특별한 지위는 교장을 선임하는 방법과 학생 선발 방식에서 쉽게 알 수 있다. 다른 공립고등학교의 교장 선임은 학교구의 책임하에서 이루어진다. 그러나 이 학교의 교장은 프랑스 교육부가 직접 선임한다. 그리고 학생을 선발할 때도 다른 공립고등학교는 선발 대상이 그 학교가 위치한 학교구 내로 제한되지만 루이 르 그랑은 프랑스의 전 지역을 대상으로 하고 나아가 세계 어느 나라의 학생도 재능만 인정되면 적극적으로 선발하고 있다. 루이 르 그랑에서 일어나는 모든 일을 프랑스의 교육부가 알고 있다는 조엘 교장의 말에서 전통적으로 중앙집권적인 프랑스의 교육 통제 구조를 다시 한 번 실감한다.

우리나라의 경우 일제강점기에 근대 학교가 만들어진 이래 강력한 국가주의 교육 체제가 지속되어 왔으며 국가 중심의 교육과정이 모든 학교의 교육 내용과 프로그램을 규정해 왔다. 7차 교육과정이 운영되고 있는 현재까지도 국어, 도덕, 국사 과목의 경우는 교과서 자체가 국정교과서이므로 전국의 모든 학교에서 똑같은 교과서로 수업을 하고 있다. 국민공통기본교육과정의 나머지 교과들도 제도는 검인정제로 바뀌었으나 교과마다 세세한 교육과정 지식이 이미 규정되어 있고, 까다로운 교과서 집필 지침이 존재하는 상황이라서 출판사와 저자만 다를 뿐 내용상 대동소이한 교과서가 될 수밖에 없는 한계를 지니고 있다. 따라서 개별 학교나 지역의 학교가 교육 내용이나 프로그램에서 어떤 특성을 지닐 수 없는 상황이다. 서울의 사립학교나 지방의 공립학교나 교육 내용, 교육과정의 운영 방식이 획일적이며 더욱이 개별 학교의 건학 이념이나 기르고자 하는 인간상을 추구하는 별도의 교육과정 디자인을 할 수 없는 상황이다. 7차 교육과정에서 '학교 수준의 교육과정' 개념을 도입하고, 창의적 재량 활동, 교과 재량 활동, 특별활동 등을 학교 수준의 교육과정으로 하도록 하고 있으나 극히 제한적인 영역만을 개별 학교의 재량 영역으로 넘겨 주고 있기 때문에 학교별 특성을 드러내기는 어려운 실정이다.

반면에 유럽, 특히 영국이나 프랑스의 경우 국가는 교과목이나 수업시수, 교육 내용에서 일정한 가이드라인을 규정할 뿐 구체적인 교육 내용이나 프로그램의 선택, 조직은 개별 학교의 자율에 맡기고 있으며 국가는 졸업 자격고사나 선발고사(프랑스의 바칼로레아, 독일의 아비투어, 영국의 GCSE 등)를 관장하는 것으로 교육의 통일성과 질 관리를 추구하고 있다. 개별 학교에 주어지는 교육 내용과 프로그램 조직의 자율성은 개별 학교가 교육 내용과 프로그램에서 다른 특색을 갖출 수 있도록 하고 있다.

1560년대 창립 당시부터 프랑스의 대표적인 엘리트 양성기관이었던 이 학교는 특히 과학교육 분야에서 그 명성이 국제적으로 알려져 있다. 그랑데콜의 입학시험인 콩쿠르는 강력한 권위를 지니는 국가 선발 시스템으로 경쟁률 또한 만만치 않으나 이 학교의 그랑데콜 준비반 학생의 95%는 콩쿠르에 합격하는 편이다. 그랑데콜을 졸업한 학생들은 프랑스 전 국민의 10% 이내에 속하는 엘리트 계층인 행정, 정치, 교육, 연구 분야의 전문가나 기업의 경영자가 된다. 이들의 보장된 진로가 이 학교를 선호하는 최고의 동기 유발이 되는 셈이다.

이 학교만의 특별한 교육 프로그램이 있는지 물었더니 특별히 자체 개발한 프로그램은 없다고 하였다. 그러나 스타니슬라스(Stanislas, 파리의 명문 사립고등학교, 뒤에 두 번째 방문 학교로 소개함)와 마찬가지로 국가 교육과정은 뼈대일 뿐이니 거기에 살을 붙이는 것은 학교의 몫이며 이것이 바로 자기 나름의 특성이라고 답했다. 학교 내에는 자체 교회가 있었고 수업 중이지만 한 학생이 그곳에서 피아노 연주에 열중하고 있었다. 얼핏 듣기에도 훌륭한 수준의 연주였다. 학교 자체 수영장도 훌륭한 시설을 갖추고 있었다. 학생들이 강도 높은 수업과 과제에 지치지 않도록 자율적으로 다양한 활동을 할 수 있는 환경을 조성하고 있다는 것을 느낄 수 있었다.

과학 분야의 세계적인 엘리트 교육을 목표로

루이 르 그랑에서 배우는 교과목은 프랑스의 다른 공·사립학교에서 배우는 교과목과 별로 다르지 않다. 그러나 이 학교는 특히 과학 계열을 중요시해서 과학 계열이 강세이며, 이에 따라 수학과 물리를 집중적으로 가르친다. 하지만 외국어나 철학 등의 인문 분야도 소홀히 다루지 않는다. 인문 분야의 능력은 기본적인 표현력을 기르게 하는데, 이것이 콩쿠르에도 큰 영향을 미치기 때문이다. 학생들은 한 반에 40여 명씩으로 구성되어 있으며 반마다 5~6명의 교사들에게 집중적인 학력 검증 및 지원을 받는다. 따라서 교사와 학생의 관계가 매우 긴밀하다. 학생들은 교과마다 과제로 많은 프로젝트를 수행하고 있으며 거의 개인 시간이 없을 정도로 공부에 집중하고 있다. 학생들은 또 매주 집중적인 구술시험을 보는데, 이때는 교사와 학생이 일대일로 질의응답을 하는 식으로 진행하여 철저하게 콩쿠르 구술시험에 대비하여 능력을 검증한다.

조엘 교장은 마침 콩쿠르를 바짝 앞두고 있어 최고의 긴장 상태에 있을 거라고 하면서 한 학급의 수업 시간을 우리에게 공개했는데, 학생들이 교사의 말에 민감하게 반응하며, 웃음이나 표정으로 서로 긴밀하게 소통하는 것을 느낄 수 있었다. 그것은 교사가 자신의 진로와 삶에 필요한 진정한 가르침을 줄 때 학생들이 교사에게 보내는 무한한 신뢰와 애정 같은 것으로 느껴졌다.

조엘 교장에게 이 학교가 추구하는 엘리트란 어떤 인간상을 말하는 것인지 물었더니 그는 매우 답하기 어려운 질문이라고 말하면서도, 이 학교 출신의 각계 명사들이야말로 이 학교가 추구하는 인간상을 구현하는 구체적인 증거라고 하였다. 그는 이어서 자기가 생각하는 엘리트란 '일반 문화에 대한 이해와 감수성, 그리고 지성과 인성을 겸비한 열린 정신을 지닌 사람'이라고 답했다. 과학 계열의 교육 분야에서 국제적 명성을 지닌 이 학교 교장이 말하는 인간상으로는 다소 의외라고 생각될 수도 있을 것이다. 그러나 과학 또한 인간의 문화에 종사하는 학문이며, 어떤 전문 분야의 엘리트도 사회 일반에 봉사하고 헌신하는 사람이라는 교육관을 담고 있는 대답이라고 생각할 수 있었다. 실제로 우리가 만난 한국 유학생은 자신의 장래 희망은 생태적인 음식과 요리에 관련된 과학 분야의 일을 하는 것이라고 답했다.

조엘 교장은 한국의 과학 영재들을 자신의 학교로 진학시킬 수 있기를 간절히 희망하고 있었다. 실제로 이 학교 학생 중 20%만이 파리 출신의 학생들이며 80%는 지방과 세계 각국의 수재들이었다. 호주, 이스라엘, 일본, 세네갈, 코스타리카, 콩고, 러시아, 페루, 중국, 한국, 스리랑카, 대만 등 세계 각국의 과학 영재 학생들을 이 학교에 입학시키고 있는데 다양한 나라의 학생들은 다양한 문화를 가져오므로 문화 체험과 교육에 도움이 된다고 했다.

루이 르 그랑의 학생들

루이 르 그랑 부속학교 학생들

지도자적 자질과 적성이 학생 선발의 기준

이 학교는 창립 당시부터 전국의 수재들을 모집하여 엘리트 교육을 하고 프랑스 각계각층에 최고의 엘리트를 배출하는 것으로 유명한 공립학교다. 그런 명성에 걸맞게 이 학교는 엄격한 학생 선발 기준을 가지고 있다. 이 학교는 전국에서 최고의 성적과 최고의 판정을 받은 학생들만 입학하는데, 전적으로 서류전형에 입각한 선발이 이루어진다. 프랑스 학생들은 고3 중반에 이르면 4월과 5월에 한 학생당 6개의 학교에 서류를 보내어 지원할 수 있다. 이 학교는 마지막 2년간 총 6학기에 해당하는 성적표 평점과 교사들의 평가를 중심으로 선발을 한다. 바칼로레아 성적이 나오기 2개월 전에 선발이 완료되기 때문에 바칼로레아 성적은 별로 의미가 없다.

이 학교는 오랜 선발 경험을 통해 쌓인 검증된 선발 요소들을 가지고 있다고 한다. 이 학교가 선발하고자 하는 학생은, 과학 · 수학 영역뿐 아니라 인문 사회 영역에도 두루 소양을 갖추고 있는 학생이다. 이 학교가 추구하는 인재상이 '일반 문화에 대한 이해와 감수성을 지니고 지성과 인성을 겸비한 사람'이라는 것과도 관련이 있는 선발 기준이다. 이러한 관점에서 수학 · 과학뿐 아니라 모든 교과에서 균등하게 좋은 성적을 가진 학생을 일차적으로 선발한다. 또 출신 고교의 추천서를 상당히 신뢰하는데, 이러한 추천서에서 지성과 인성을 겸비한 미래의 지도자로서의 자질을 볼 수 있기 때문이다. 프랑스 최고 수준의 그랑데콜 준비학교 중 이 학교와 사립고등학교인 스타니슬라스 고등학교(Lisse Stanislas)를 비교해 보면, 두 학교 모두 평점, 교사나 교장의 추천서, 그리고 학생의 동기가 가장 중요한 선발 준거였다. 이러한 추천 제도는 오랜 전통을 거쳐 신뢰할 수 있는 사회에서만 가능하기 때문에 우리나라가 대학에서 학생을 선발할 때 믿을 만한 전형 자료로서 이 방식이 자리를 잡을 수 있도록 하기 위해서는 배워야 할 점이라고 생각했다.

프랑스의 학교 평가 기준

프랑스의 학교 평가는 바칼로레아 합격률, 바칼로레아 접근율 등으로 이루어진다. 다시 말해서 학교를 바칼로레아 합격 기대치와 향상치로 평가하는데 기대치 산출을 위해 각 학생의 계층을 '매우 유리' '유리' '보통' '불리'로 분류한다. 전문직 · 간부공직자 · 교수 등은 '매우 유리', 노동자 · 퇴직자 · 실업자 등은 '불리'에 속한다. 따라서 고등학교 등급을 나눌 때,

① 고성취 학교-좋은 성적의 학교로 전국적으로 40% 정도 해당

② 저성취 학교-불리한 계층이 평균보다 많은 학교

③ 선별 성취 학교-합격률은 높지만 유급을 시키지 않고 전학 등을 보내서 성취율을 높이는 학교로 전국적으로 22% 정도 해당

④ 만성취 학교-별로 유리하지 못한 학생을 유급시켜 가며 끝까지 성취시키는 학교, 전국의 약 25%에 해당

또한,

① 학생이 원하는 바칼로레아 계열에 따른 선택과목을 폭넓게 개설하는 학교

② 특정 계열을 집중 교육하여 합격률을 높이는 학교

③ 유급제도를 활용하여 합격할 때까지 학생들을 책임지는 학교 등으로 나누어 학교를 평가하고 학교 수준을 반영한다.

대학 교수 수준의 교원과 교사-학생 관계

이 학교에 근무하는 교사는 엄격한 검증을 거쳐서 임명한다. 해당 과목 전공 분야에서 최고의 교육을 받은 자를 교육부 장학사가 선발한다. 이 학교의 교사진은 일반학교 교사와는 달리 콩쿠르(교원자격시험)를 거치고 능력이 최종적으로 확인된 교사들로 구성되어 있다. 임명된 교사들은 지속적으로 교육부의 지도 · 감독을 받는다.

이 학교의 교사들은 그랑데콜 출신들이기 때문에 상호 밀접한 관계를 유지하고 있으면서 학생들을 그랑데콜과 연결시켜 주는 역할을 한다. 그리고 엄격한 학문적인 훈련을 받은 사람들이기 때문에 대학 교수 못지않은 수준이다. 그랑데콜 준비반은 우리나라의 학제에서는 대학 1, 2학년이므로 이 학생들은 대학생으로 볼 수 있으며 이들을 가르치는 선생도 교사라기보다는 교수라고 하는 것이 타당하다. 그래서 그런지 이 학교의 교사와 학생들은 매우 친밀하다. 실제로 수업하는 교실을 참관한 결과 학생들과 교사와의 관계가 매우 가깝고 교사가 상당한 자부심을 가지고 있다는 것을 느낄 수 있었다. 교사들의 주당 수업 시수는 10시간 정도인 경우도 있다고 한다. 수업 시간은 많지 않으나 실제로는 학생들이 제출한 과제물을 읽고 코멘트를 한다든지, 수업 계획을 세운다든지, 학생들의 생활지도를 하는 등 매우 바쁜 일과를 보내고 있다.

이 학교의 조엘 교장은 리옹(Lion) 출신으로 교육부로부터 직접 임명받았다. 보통 지방자치단체가 교장을 임명하지만 이 학교는 국립학교에 버금가므로 중앙 무대에서 활동하고 미국 뉴욕에 다년간 파견되어 국제기구 활동 경력이 있는 유능한 교장을 직접 임명한 것이라고 했다.

이 학교의 기숙사에는 전체 학생 900명 중 350명의 남녀 학생이 생활을 한다. 기숙사는 1인 1실을 사용한다. 기숙사 학생들의 생활지도는 교과목 담당 교사의 적극적인 지도가 우선이다. 1반을 5~6명의 교사가 1년 동안 맡아 교과목을 가르치면서 생활지도를 함께 담당한다.

프랑스에서 성적이 가장 우수한 학생들이 '그랑데콜 진학'이라는 확실한 목표를 가지고 이 학교에 오며, 특히 고등학교의 추천서를 받아서 오기 때문에 학생들은 이미 필요한 지적 · 정서적 기본 자질을 갖추고 있다. 그래서 교과 담당 교사들의 지도만으로도 충분한 생활지도가 가능하다고 보며, 특별한 경우에 한하여 외부에서 정신과 전문의의 도움을 받는다.

이 학교는 건물의 맨 위층이 학생 기숙사로 되어 있다.

수업 장면, 교사와 학생 사이가 매우 친근해 보였다.

파리 가톨릭계 명문사립학교,

리세 스타니슬라스(Lisse Stanislas)

리세 스타니슬라스는 프랑스의 가톨릭 교단이 설립한 학교다. 이 가톨릭 법인 산하에는 초등학교, 중등학교 그리고 그랑데콜 준비반이 있다. 법인 이사회는 초등학교 교장, 중등학교 교장, 그랑데콜 준비반 교장, 그리고 파리 가톨릭 교구가 선발한 일반인 이사 등으로 구성된다. 그리고 이 이사회는 이들 학교 전체를 관장한다. 현재의 이사장은 교구에서 선임한 일반인 이사다. 교장은 공개 모집하고 이사장이 면담을 한 후 선발한다. 교사는 프랑스 교육부가 추천한 사람들 중에서 교장과 같은 방법으로 이사장이 면담한 후 채용 여부를 결정한다. 우리의 방문 면담에 응해 준 오모니에 교장은 그랑데콜 준비반 교장과 기숙사 학감을 겸하고 있었다. 그에 따르면, 학교의 모든 교사와 직원은 이사회에서 채용하고 자신이 직접 채용할 수 있는 자리는 수위 한 자리라고 한다. 수위는 교장이 공개 모집하여 선발한다고 했다.

프랑스에서는 사립학교가 공교육의 한 축이라고 생각하고 있다. 그래서 스타니슬라스 교사들의 봉급은 국가에서 나온다. 국가는 교사의 봉급을 제외하고도 학교 전체 예산 중 약 15퍼센트를 지원하고 있다. 그리고 나머지 85퍼센트는 학생들의 수업료와 등록금으로 충당한다. 예산은 지원받고 있지만 국가로부터 학교 운영에 관한 간섭은 받

파리 중심가 라틴 지구에 자리 잡은 스타니슬라스 고등학교 건물

지 않는다고 한다.

프랑스에서 사립학교를 설립하고자 하는 자는 정부와 계약을 맺어야 한다. 스타니슬라스 사립학교와 국가 간 계약은 1989년 드보레 총리가 마련한 「사립학교법」에 기초하고 있다. 이 학교에서 교사와 학부모가 자신들의 의견을 개진할 수 있는 공식적인 통로는 없다. 전통적으로 프랑스에서는 학부모가 학교 일에 간섭하지 않는다. 프랑스에서 교사가 되고자 하는 자는 자격요건 등을 갖춘 후 임용 지원서를 프랑스 정부에 제출한다. 정부는 이를 기초로 임용 대상자를 선정하고 특정 학교가 교사를 채용하고자 할 때는 이 대상자 중에서 지명한다. 학교는 이 지명된 자들 중에서 교사를 선발한다. 따라서 국가가 지명하였다고 하더라도 면담을 통하여 학교에 적합한 사람이 아니라고 판단되면 채용하지 않을 수도 있다. 문제가 있다고 보고된 교사는 교육부에서 장학관이 직접 나와 실상을 파악하고 장학지도를 한다. 교사들은 업적에 따라 수당과 승진 속도가 다르다.

교장의 헌신적인 노력으로 명문사학이 된 학교

오모니에 교장의 설명에 따르면, 이 학교가 위치한 노트르담(Notre Dame Des Champs) 지역은 파리의 26개 구 중에서 주민들의 생활 수준이 아주 높은 좋은 학구에 해당한다고 한다. 이 학교가 명문사학이 된 것은 매년 그랑데콜 준비반의 학생 중 95% 이상이 합격을 보장받는다는 데 있다.

그랑데콜 준비반이란 프랑스에만 있는 교육제도로서 세계 어느 나라에서도 그 유례를 찾아볼 수 없다. 그랑데콜 준비반은 우리나라의 대학 1, 2학년에 해당하는 학생들을 대상으로 말 그대로 그랑데콜 입학을 준비시키는 학교다. 그랑데콜 준비반에 입학하기 위해서는 대학입학자격증을 획득해야 한다. 따라서 바칼로레아(Baccalauréat)에 통과한 학생들이 지원하면 스타니슬라스에서는 서류 전형을 거쳐 이들을 선발한다. 지방 출신 학생들은 46퍼센트 정도다.

프랑스의 그랑데콜은 대학보다 더 높이 평가하는 고등교육기관으로 외국의 명문 대학에 비유할 수 있다고 한다. 프랑스의 그랑데콜은 대학 중의 대학으로 각 분야에서 지도적인 위치에 있는 요직은 거의 대부분 그랑데콜 졸업자들이 차지하고 있다. 과학, 인문, 경영, 교원양성 분야 등 다양한 전문 분야의 그랑데콜이 있으나 의학과 법학 분야는 그랑데콜이 아닌 대학에만 설치되어 있다. 오모니에 교장에 따르면, 프랑스에는 100여 개의 그랑데콜이 있고, 그랑데콜 준비반은 200~300개이며, 각 그랑데콜 준비반의 학생 수는 100명 이상이다.

오모니에 교장은 이 학교의 교육에서 지식 교육과 인성 교육의 균형을 유지하는 것이 무엇보다도 중요하다고 주장한다. 그랑데콜 준비반에 들어온 학생들은 공부를 열심히 하지 않으면 안 되고, 학교도 이 학생들이 공부를 열심히 하지 않을 수 없도록 교육과정을 빈틈없이 짜 놓고 있다고 한다. 스타니슬라스 학생들은 1주일에 27시간 수업하고, 매주 4시간 동안 정식 시험을 치러야 하며 2과목을 교대로 모의시험을 실시하고 있다고 한다. 인성 교육을 위하여 이 학교는 학생 전체가 기숙사 생활을 하도록 하고 있다. 학교 캠퍼스에는 남학생 300명의 기숙사만 있고, 여학생 140명은 수녀회가 운영하는 인근의 기숙사에 수용하고 있다. 학교 수업은 오전 8시에 시작하지만 오모니에 교장은 7시 30분에 등교한다. 교장은 기숙사 학감도 겸한다고 했다. 그는 매주 한 학생당 약 20분 동안 돌아가면서 전체 학생을 면담하는데, 전체 학생을 면담하는 데 2~3개월이 소요된다고 하였다. 사회 저명인사를 초청하여 강연을 듣고 일주일에 한 시간씩 신학 명상 시간을 갖는다.

우리와의 질의응답 시간이 끝난 후 오모니에 교장은 학교 시설, 기숙사 그리고 수업하고 있는 교실로 우리를 안내하였다. 기숙사는 1인 1실이었다. 벽에 걸린 칠판 위에는 학생이 풀던 수학 문제가 지워지지 않은 채 그대로 남아 있었다. 수업 시간에는 한눈파는 학생이 없었다. 교사도 열과 성을 다하고 있음을 알 수 있었다. 교정을 둘러보고 다시 교장실로 왔다. 좁은 교장실은 학생들의 학업성적과 면담 카드들로 빼곡히 채워져 있어서 더욱 좁게 보였다.

우리를 맞이하여 학교 운영에 대해 설명하고 있는 오모니에 교장(왼쪽 중앙), 그 오른쪽이 저자

교사의 재량으로 운영되는 학교교육과정

그랑데콜(Grands écoles) 준비학교의 특성상 이 학교는 학생들이 목표한 학교에 진학하는 것을 최고의 교육목표로 삼고 있다. 학생들은 파리에서도 손꼽히는 명문인 이 학교에 선발된 것을 큰 행운으로 여기고 있으며 2년간의 준비반 기간 동안 강도 높은 수업과 시험, 과제 등을 수행하느라 주말에도 스스로 기숙사에 남아 공부를 하기도 한다. 학생들은 주당 27시간의 수업을 하며 4시간짜리 수업 두 과목을 매주 바꿔 가면서 모의시험을 치른다. 우리가 면담을 나누던 교장실 바로 옆의 교실에서도 바로 이 모의시험이 진행 중이었다.

계열별로 배우는 교과목은 다음과 같다.

① 과학 계열: 수학, 물리, 화학, 산업과학, 불어, 제1외국어, 스포츠
② 경영 계열: 수학, 경제지리, 일반문화, 제1외국어, 제2외국어, 스포츠
③ 인문 계열: 철학, 일반문화, 역사, 불어, 제1외국어, 스포츠

프랑스 교육부는 교과목이나 시수 등을 결정할 뿐 교육 내용이나 교재 등은 대상 학교별로 교사가 선정하고 조직한다. 국가가 정한 교과서는 일절 없으며 교사가 추천하는 책, 콩쿠르 준비반 자료 등을 가지고 수업한다. 정해진 내용은 없으나 학과별로 교육부가 정한 학과 프로그램인 커리큘럼에 준해서 가르쳐야 한다. 여기에 살을 붙이는 것은 전적으로 교사의 재량 영역이

다. 진로지도와 생활지도를 전담하는 지도교사가 따로 존재하며 일반적으로 교사는 교과목만 지도한다. 이들은 학생들의 과제물 평가나 교과 연구에 많은 시간을 주력한다. 오모니에 교장은 지식 교육과 더불어 인성 교육을 중시한다고 말했다. 교장은 각 학생당 20분씩 1주일에 모두 면담하고 있기 때문에 개별 학생 모두의 문제를 파악하고 있었다. 이 학교만의 특색 있는 교육프로그램으로는 주당 1시간 신학 명상을 하는 것과 학생들이 희망하는 진로와 관련 있는 해당 영역별 명사를 정기적으로 초청하여 강연을 갖는 것이었다.

학생 절반이 지방 출신 성적 상위 그룹

프랑스 학교에서 그랑데콜 준비반이란 고등학교 졸업 자격인 바칼로레아를 취득한 이후 특수 목적 대학인 그랑데콜에 입학하기 위한 일종의 명문 대학 준비 학교다. 이 학교의 학생들은 이미 고등학교에서 고3 과정을 통과한 학생들로 여기에서 대학 1, 2학년 과정을 이수하는데, 졸업 후 그랑데콜에 입학하거나 대학 3학년으로 편입이 가능하다.

이 학교는 일반적으로 교과 성적이 중학교에서 전교 상위 5% 안에 들어야 지원할 수 있다. 지원에 필요한 자료는 바칼로레아 성적, 학업동기서, 고3 마지막 3학기 성적과 교사와 교장의 평가 등이다. 바칼로레아 성적은 합격점 이상이면 된다고 하나(과목당 20점 만점에 10~12점이면 합격, 12~14점이면 잘함, 14~16점이면 우수, 16점 이상이면 매우 우수 등으로 분류된) 사정 기준에서 학교의 수준도 본다고 한다. 학교의 수준이란 바칼로레아 성적, 즉 최고 점수를 얼마나 많이 받았는가 등에 따라 학교의 수준을 나누는 것으로 바칼로레아 점수가 상당히 높은 학생들이 지원한다고 볼 수 있다.

그랑데콜 준비반은 다소 서열화되어 있다. 지방에 비해 파리가 압도적으로 그랑데콜 합격 비율이 높기 때문에 지방 학생들은 파리의 그랑데콜 준비반으로 진학하려고 희망하고 있다. 이 학교도 46%의 학생이 지방에서 온 학생들이다.

학생 선발 기준 중 중요하게 보는 자료는 학생의 학업동기서다. 바칼로레아 점수는 대개 학생들 간에 큰 편차 없이 비슷한 수준이어서, 입학 동기나 학습목표가 보다 뚜렸한 학생을 선발하기 위한 근거 자료로 학업동기서가 중시된다. 일차적으로 학감선생님이 서류를 검토한다. 1차 단계에서 선발된 자료는 계열(인문, 과학, 사회)별로 3명의 교사가 사정을 하고, 마지막에 다시 학감선생님이 최종적인 결정을 내린다.

이 학교는 95%의 그랑데콜 합격률을 보장하고 있다. 그러나 모든 학생을 그랑데콜 중에서도 최고의 학교로 보내는 것은 아니다. 학생들이 원하는 분야의 그랑데콜로 안정 지원 등을 통해 합격시키기 때문에 교사는 학생들이 목표로 하는 학교를 잘 파악하여 그에 맞춰 지도하고 일반적으로 마지막 콩쿠르(시험)에 합격시키기 위해 매주 모의시험을 치르는 등 상당히 힘든 과정을 거쳐서 좋은 합격률을 보인다고 했다.

국가가 관리하는 사립학교 교원과 학생 생활

프랑스의 교원제도는 기본적으로 국가가 양성, 임용·관리하는 제도다. 그리고 교원의 양성 관리에서 국가가 매우 중요시하는 전통적인 교사 우대 정책을 펴오고 있다. 교사가 되려면 우선 교원자격시험에 합격해야 하고, 교원자격시험을 준비하려면 교원 양성기관인 그랑데콜에 입학하여야 한다. 그랑데콜은 프랑스에서 각계의 지도층을 양성하는 우수한 인재 양성기관이다. 프랑스의 국가 교육정책은 기본적으로 시설 환경 등은 각급 지방자치단체가 책임지고, 국가는 우수한 교원을 양성해서 관리하며, 교육과정은 기본적으로 국가의 교육과정 원칙에 따라 구체적인 내용을 교원과 학교가 편성하고 책임지는 시스템이다.

스타니슬라스 그랑데콜 준비반은 사립학교이지만 교사의 봉급은 국가가 지급한다. 그리고 교사를 선발할 때 교육부에 선발 계획을 보고하면 교육부가 임용 후보자 명단을 작성하여 보낸다. 학교는 이들 중에서 이사회의 면담을 거쳐 선발한다. 부적격자라고 판단되었을 때는 선발하지 않을 수도 있으며 학교가 선발하고자 하는 교사를 지정하여 교육부에 요청할 수도 있다. 교사에 대한 평가 결과는 승진 속도에 영향을 미치고 결국 교사의 보수와 연동되고 있다. 문제가 있는 교사가 있으면 교육부가 직접 학교로 와서 파악하고 지도하고 장학한다. 퇴출도 가능하나 이런 일은 좀처럼 일어나지 않는다. 이 학교에 교원노조 조합원은 10% 정도며, 3~4개의 복수노조에 가입되어 있다. 교원노조와 학교가 대립하는 경우는 대단히 드물다.

이 학교는 효과적인 교육을 위해서 학생과 학교 간의 긴밀한 유대가 절대적으로 필요하다고 보고 이를 위해 전원 기숙사 제도를 운영하고 있다. 남학생(300명)은 학교 기숙사에서, 여학생(140명)은 그 지역의 수녀원이 운영하는 기숙사에서 생활한다. 학교 기숙사는 1인 1실이며, 낮에는 4명, 밤에는 5명의 사감(prefets)들이 학생들을 지도하고 있다. 사감은 상담심리 전문가들이다.

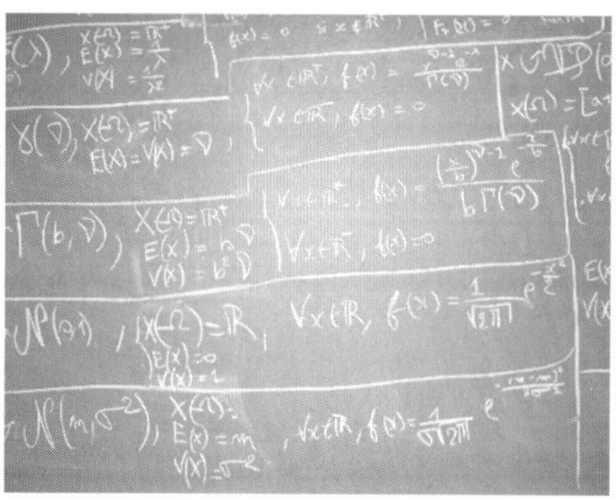

학생 기숙사 내부(위)와
칠판에 공부를 하다 수업하러 간 모습(아래)

이 학교는 교장, 교과 담당 교사 및 기숙사 사감들이 함께 학생들의 생활지도를 담당한다. 그러나 특징적인 것은 교장의 적극적인 역할이다. 오모니에 교장은 그랑데콜 준비반에 있는 학생들이 청소년에서 성인으로 넘어가는 시기에 있기 때문에 학생들에 대한 개별지도에 특별히 신경을 써야 한다는 것을 강조하였다. 교장은 기숙사 학감을 겸직하고 있기 때문에 학생들에게 무엇이 필요한지, 어떤 문제가 있는지를 직접 점검하고, 교사나 기숙사 사감에게 어떤 지도를 할 것인지 지시한다. 오모니에 교장은 "학생을 진심으로 면담하기 위해 손수건을 항상 준비해 놓고 있다."고 농담 삼아 말하였지만 이는 진담이었다.

이 학교는 '신학명상'을 통해 학생들이 다양한 종교를 이해하고 수용하는 것을 배우고, 자신의 인격을 향상시킬 수 있게 한다. 스타니슬라스는 가톨릭 재단에서 운영하는 사립학교지만 특정 종교를 가르치기보다는 다양한 종교에 대한 이해와 수용을 가르치고 있다.

독일 전원기숙형 김나지움(Gymnasium)

한센베르크 성 기숙학교

(Internatsschule Schloss Hansenberg)

잘못 찾은 학교가 뜻밖의 행운이 된 방문

2005년 2월 21일 오후 2시경 독일 프랑크푸르트 주재 윤인섭 교육원장님과 통역을 맡은 양경화 님이 프랑크푸르트 중앙역에서 얼마 멀지 않은 우리의 호텔로 오셨다. 우리 일행은 한센베르크 성 기숙학교(Internatsschule Schloss Hansenberg)로 출발하였다. 원장님께서 우리를 위하여 미리 준비한 '슐로스 한센베르크 김나지움 교육 개요' 라는 2쪽 분량의 소개 자료를 나누어 주셨다. 이 자료에는 방문할 기숙학교의 설립 배경, 교육과정과 정책, 그리고 학교 운영의 핵심 내용들이 잘 정리되어 있었다. 방문할 학교에 대하여 사전에 조금이라도 알면 그만큼 더 많이 얻어 갈 수 있다고 생각했기 때문일 것이다. 이 기숙학교에 대하여 별로 정보가 없던 우리 일행에게 이 자료는 큰 도움이 되었다. 좀 부끄러운 일이지만 사실 우

지역 소방학교를 리모델링해서 새롭게 꾸민 한센부르크 성 기숙학교

리는 그때까지 이 학교의 명칭인 'Internatsschule'를 국제학교인 'International school'로 잘못 알고 있었다. 'Internatsschule'란 '기숙학교'를 의미하는 독일어였다. 하지만 지방에 위치한 모범적인 엘리트 학교로 소개받은 터라 기대를 하고 있었는데 예상보다 정말 좋은 명문학교를 만나서 성과가 좋았다.

한센베르크 성 기숙학교는 프랑크푸르트에서 동남쪽으로 약 60km 떨어져 있고 포도원으로 둘러싸인 전원지대에 자리 잡고 있었다. 이 학교의 이름에 '한센베르크 성(Schulos Hansenberg)'이라는 이름이 붙은 것은 이 학교가 위치한 지역에 유명한 고성 한센베르크 성이 있고, 또 원래 소방학교로 쓰던 건물을 주에서 수용하여 학교 건물로 리모델링한 것이라 학교의 중앙 건물이 성 모양을 하고 있기 때문이다. 그리고 학교 정면의 높은 베란다에도 구식 대포 유물을 장치해 놓아 과거의 성 모양을 최대한 재현하고 있었다.

사무총장이 안내하는 학교 개요

약속한 오후 3시에 우리 일행은 남부 독일의 아름다운 집들을 감상하며 작은 시골 마을 외곽에 있는 기숙학교 정문에 도착했다. 포도밭 언덕에 위치한 이 학교에 도착하니 문이 닫혀 있었다. 철제 교문 너머로 보이는 교정에는 아무도 보이지 않았다. 초인종을 눌렀다. 50대쯤 보이는 여자 분이 나와 문을 열어 주었다. 운동장을 가로질러 건물의 현관에 들어서자 헤르브스트

방문자들을 안내하는 치체비츠샨처 사무총장

(Wolfgang Herbst) 교장과 치체비츠샨처(Viktoria von Zitzewitz-Schanzer) 사무총장, 그리고 5년 전 사업차 독일로 온 아버지를 따라와서 살고 있는 한국 학생 장은지 양이 우리를 기다리고 있었다. 서로 인사를 나누자마자 헤르브스트 교장은 다른 일이 있어 가야 했다. 학교 안내와 설명은 치체비츠샨처 사무총장이 맡았다. 사무총장은 자신감과 열정, 그리고 절제력을 지닌 여자 분이었다. 그녀는 경영학을 전공하고 박사학위를 소지하고 있었으며, 학교의 예산, 관리, 자매기업 지원 사업, 학생의 외국 인턴십 관련 업무, 그리고 학교 홍보 등을 담당하고 있다고 했다. 교직과는 아무런 관계도 없는 이런 분이 학교의 사무총장을 맡는 일은 독일에서도 보기 드문 사례라고 한다. 그러나 사무총장이 맡고 있는 이러한 역할로 볼 때, 학교 사정을 잘 알고 싶은 우리의 방문 목적에 오히려 가장 부합하는 안내자라고 생각했다.

치체비츠샨처 사무총장은 우선 학교 시설로 우리를 안내하였다. 이 학교는 원래 소방서로 사용되던 시설을 학교로 개조하였다고 한다. 처음 들어간 교실은 과학 교실이었다. 여기에서는 인터넷으로 필요한 자료를 검색하는 방법을 가르치고 있었다. 이 학교 인터넷 시설이 독일의 다른 학교와 비교하여 많이 앞서 있다고 하며 대단히 자랑스러운 표정이다. 이 학교는 2003년에 개교하여 신입생을 뽑았다. 우리가 방문할 당시에는 1학년, 2학년 각 90명씩 180명이 재학하고 있었다. 완성 연도가 되는 2005년에 다시 신입생을 선발하면 이 학교 재학생 총수는 270명이 된다. 재학생들의 지역별 분포는 헤센(Hessen) 주 출신이 80퍼센트, 그리고 타 지역 출신이 20퍼센트라고 했다.

이 학교는 교과목을 가르치는 선생님이 담임을 맡아 학업이나 진로와 관련된 상담 및 생활지도를 한다. 담임이 맡는 학생 수는 11학년은 한 반 전원이 17명이고, 12학년은 8명(기숙사 1단위의 인원 수)이다.

독일 전원기숙형 학교의 전통을 잇는 학교

이 학교는 전교생이 기숙사 생활을 한다. 1인 1실로 8명이 1단위(unit)이며, 단위는 같은 학년으로 구성된다. 기숙사에는 24명(3단위)당 한 명의 사회복지사(상담교사)가 근무하면서 학업 외 학생들의 일상생활에 대해 지도한다. 지금은 2개 학년뿐이지만, 다음 해에 1학년이 증가하면 학교 상담교사가 1명 더 부임할 예정이다. 독일의 다른 학교의 경우는 1명의 학교 상담교사가 여러 학교를 순회하면서 담당하지만, 이 학교는 주 정부의 특별한 지원을 받고 있기 때문에 이 학교를 전담하는 학교 상담교사를 여러 명 배정받을 수 있다고 한다. 또 진로지도를 위해서 노동청에서 나와서 학생들의 진로상담을 지원하고 있다.

학교와 지역사회가 학생들에게 주는 특혜에 대한 보답으로 학생들은 사회적 책임감과 헌신을 배우게 한다. 이를 위해 이 학교는 학생들에게 사회봉사활동을 의무화하였다. 학생들은 학교 내에서 봉사활동을 하기도 하고(예, 우편 정리와 배달, 정원 가꾸기, 도서관 보조 등), 학교 밖에서 하기도 한다(초등학교에서 외국인 학생들의 학습 보조 등).

기숙사는 3층 건물이었다. 1층, 2층, 3층에 각각 1학년, 2학년, 3학년이 기숙한다. 기숙사는 2인 1실이고 침실, 화장실, 세면대, 창고 등으로 구성되어 있으며, 응접실은 8인이 공유한다. 여학생 기숙사와 남학생 기숙사는 별도다. 하루 세 끼를 학교 식당에서 먹을 수 있지만 학생들이 원하면 기숙사에서 직접 음식을 만들어 먹을 수도 있다. 24명이 기숙하는 기숙사 1동마다 사회복지사가 배치된다. 사회복지사는 부모처럼 학생들의 생활을 돌보고 학생들의 애로와 고민에 대해서도 상담하며 학생이 취침하는 밤 10시 30분부터 아침 7시까지 근무하고 학생들과 함께 식사한다. 학교에서는 금연이고 음주는 주말에만 가능하다고 한다. 그리고 기숙사 1동마다 교사 1인이 배정되어 있다. 이 교사는 학생들의 멘터(mentor)다. 기숙사비는 월 300유로(약 50만원) 정도이고 학생들이 부담해야 한다.

농촌 지역의 기숙형 학교 운동의 선구적인 전형은 1800년대 말 독일에서 시작된 전원기숙사 학교 운동이다. 이 운동의 선구자는 리츠인데, 그는 독일 일센부르크에서 1898년 영국 스코틀랜드 애보츠호움을 발전시킨 전원기숙사 학교를 처음으로 설립했다. 이 학교는 독일의 전통적인 교육이 순종, 질

영어 드라마 수업 시간

서, 성실, 근면, 점잖음 등을 추진하고 있는 데 비해 영국의 학교가 자유로운 활동과 경험, 자주성, 솔선, 신뢰, 타인에 대한 배려 등 인간적인 미덕을 강조하는 흐름을 갖자 이를 접목시켰다. 전원에서 규칙적인 생활을 하며 모든 생활 습관 하나하나에 대해 더불어 사는 공동체 생활 익히기, 우물 · 정원 · 경작지 등의 노작과 실습, 체험을 학습과 접목시켜 산지식이 되게 하는 교육 등, 이는 산업화 도시화로 개인주의화되어 가고 있는 독일 교육의 현실을 비판적으로 인식하고 교육적 대안을 만들어 보고자 한 노력이었다. 리츠가 구상한 대안적 학교로서 전원기숙사 학교 운영의 기본 원리를 보면 다음과 같다.

첫째, 학교란 '수업' 만 하는 장소가 아니라 '교육' 을 하는 장소여야 한다는 것이다. 기존 학교가 '수업 학교' 로서 제한된 공간, 권위적인 교사, 수동적인 학생, 단순한 암기 교육, 그리고 지식 전달만을 중시하는 데 비해 새로운 학교인 '교육 학교' 는 품성 도야를 위한 교육이 이루어지는 학교로 정의하고 있다. 그래서 전원기숙사 학교의 프로그램 내용은 다음과 같다.

① 육체적 활동: 산책, 달리기, 수영, 체조, 놀이, 도보 여행 등

② 정서적 · 심미적 활동: 음악 및 예술 활동

③ 윤리적이고 종교적 심성을 기르는 특별한 프로그램

④ 사회성 발달을 돕는 노작 활동: 노작 공동체로서의 학교

둘째, 전원기숙사 학교는 전원에 위치한 학교다. 학생들의 품성 도야를 위해서는 학생의 본성을 촉진하는 다양한 경험의 기회를 제공해야 하므로 도시가 아닌 전원에 있어야 한다. 도시는 이미 이해관계와 퇴폐적 문화로 타락한 장소이기 때문에 학생들의 전인적인 교육을 하는 장소로는 부적합하다는 것이 그의 관점이었다.

셋째, 그는 전원기숙사 학교를 공동체로서의 학교로 구상하고 있다. 전원기숙사 학교 운동은 학생들의 도덕적 품성을 중요시하는데, 이는 지성 훈련만으로는 달성될 수 없고 공동체에서의 생활, 활동, 놀이, 노작과 같은 체험을 통해서 이루어진다고 보았다. 그래서 공동체 교육은 국가적, 사회적, 도덕적, 종교적 차원에서 구체적인 교육프로그램을 거쳐 이루어져야 한다고 보고 있다.

넷째, 전원기숙사 학교의 교사는 지식 전달자가 아니라 교육자가 되어야 한다는 것이다. 교사는 소크라테스가 말하는 '산파' 역할을 해야 하고 교과 지식의 전달자일 뿐만 아니라 학생들의 품성 도야를 돕는 모범이 되어야 한다고 보았다.

1898년 독일의 일센부르크에서 리츠가 시작한 전원기숙사 학교 운동은 이후 같이 학교를 맡아서 운영하던 비네켄(Wyneken)에 의해서 가족적 학교 구성과 국가주의적인 요소를 비판하고 청소년 문화가 실현되는 자유로운 학교

공동체 운동으로 발전한 모습을 보이기도 한다.

또 게헤브(Geheeb)가 전개한 오덴발트 학교는 인간적 신뢰를 바탕으로 하는 노작 공동체와 코스 시스템, 남녀공학 도입(양성평등교육), 도시 근교에 위치하여 학생들에게 보다 변화된 문화생활 제공 등의 모습으로 달라지기도 한다. 한(Hahn)의 잘렘성 학교와 1894년 드몰랭(E. Demolins)이 설립한 프랑스의 로셰(Ecole des Roches) 학교도 이와 같은 전원기숙사 학교에 속한다.

한센베르크 성 기숙학교는 앞의 독일 전원기숙형 학교 운동의 관점에서 본다면 게헤브의 오덴발트 학교 유형의 전통을 잇고 있어서 매우 개혁적인 모습을 보이고 있다.

독일 중등학교의 새로운 개혁 모델 실험

한센베르크 성 기숙학교가 표방하고 있는 교육의 목표, 교육과정, 학교 운영 체제는 현재의 독일 중등교육 체제에 대한 문제 제기요, 그것에 대한 대안적 성격을 갖는다. 첫 번째 문제 제기는 "현재 4년으로 되어 있는 김나지움 상급반의 수업 연한이 모든 학생에게 적절한가?" 하는 것이다. 이 학교의 학생들은 지적 능력이 탁월한 우수 학생들이다. 이들에게는 수업 연한을 줄일 수 있다는 것이 이 학교 설립자들의 생각이다. 두 번째는 일반 김나지움의 수업량에 대한 문제 제기다. 일반 김나지움 학생들은 오후 1시를 전후해서 수업을 끝내고 집으로 돌아간다. 바바리안(Barbarian) 주의 비르스베르크

발표 수업 공간, 모든 과목을 발표 수업과 연결시킨다.

학생 식당의 모습

(Wirsberg) 김나지움에서 물리학 교사로 근무하다가 현재는 주 교육부에서 장학 업무를 담당하고 있는 슈넬(H.Schnell) 씨에 따르면, 자신의 주에서는 일반 김나지움에서도 수업 시수를 늘려야 한다는 판단에서 이를 시도하려고 애쓰고 있지만, 무상으로 제공해야 할 학생들의 점심 식사 비용을 감당할 예산이 없어 실행에 옮기지 못하고 있다고 한다. 한센베르크 성 기숙학교에서는 일반 김나지움 교과를 끝낸 이후에도 특별활동 등의 명목으로 저녁 때까지 '화학의 밤'처럼 때로는 밤까지 수업이 계속되고 있다. 이러한 교과 연장 프로그램들은 일반 김나지움의 수업량이 부족하다는 이 학교 설립자들의 문제의식과 무관하지 않다고 본다. 세 번째는 "지식의 응용이 왜 김나지움 단계에서는 일어나지 않는가?" 하는 것이다. 이것은 비단 독일 김나지움에 대한 문제 제기만이 아니라 세계 중등교육에 대한 문제 제기이기도 하다. 세계 어느 나라를 막론하고 산학협동은 전통적으로 대학의 일이었다. 그러나 한

센베르크 성 기숙학교는 그것이 고등학교 단계에서도 가능하다는 것을 보여준다. 이 학교 1, 2학년 학생들을 대상으로 이루어지고 있는 기업연수 프로그램은 세계의 어느 인문계 고등학교에서도 시행된 적이 없는 세계 최초의 교육 프로그램이다. 기업들이 이 학생들을 일방적으로 훈련시키고 교육시키는 것이 아니라 학생들이 감당할 수 있는 적절한 프로젝트를 주고 이들의 생각과 아이디어를 기업의 제품 개발과 운영에 적용할 수도 있을 것으로 본다. 만약 이 프로그램이 성공적으로 이루어지면 한센베르크 성 기숙학교 모델은 훔볼트의 베를린 대학이 근대 세계 대학의 모범이 되었듯이 세계 중등학교의 새로운 모델이 될 수도 있을 것이다.

이 학교는 김나지움 상급반 학교다. 독일의 학제에서 김나지움 상급반은 우리나라의 고등학교 과정에 해당한다. 독일의 김나지움에는 현대어 김나지움, 고전어 김나지움, 수학과 과학을 강조하는 자연과학 김나지움 등이 있다. 이 분류에 따르면 이 학교는 자연과학 김나지움이다. 그러므로 이 학교에서는 수학과 과학이 필수다. 화학 실험실에서는 마치 대학처럼 학생들도 교사와 함께 실험하는 것이 허락된다. 그리고 2주일에 한 번씩 '화학의 밤'을 열어 학생들의 화학 실험 과제를 시연하는 기회를 갖는다. 이 학교는 학생들의 과제 연구를 제도화하고 있다. 학생들은 학기당 최소한 1~2회 과제 연구를 수행해야 하고 자신들의 연구 결과를 보고서로 제출하고 발표해야 한다. 연구 주제는 기존 교과의 내용에서뿐만 아니라 기존 이론의 응용에 관한 것, 산학협동에 관한 것 등 광범위하다.

이 학교는 자연과학 과목을 강조하지만 품성 교육도 소홀히 하지 않는다.

학생들은 자연과학 과목에 더하여 음악, 미술, 스포츠 과목도 반드시 이수해야 한다. 학생들은 하나 이상 악기를 다룰 수 있어야 하는데, 반 이상이 피아노를 선택하고 있다고 한다. 학생들의 봉사활동도 활발하다. 이들의 봉사활동은 공원 청소에서부터 일반 학생들의 숙제를 도와주는 일 등 다양하다. 학교 중앙에 있는 강당에서는 스포츠도 하고 강연도 한다고 한다. 앞으로 기업의 후원을 받아 학생들을 위한 스포츠 시설을 건설할 계획이라고 한다.

한센베르크 성 기숙학교는 학생들의 자립심, 책임감 그리고 창조성을 특히 강조하고 있다. 학생들의 특별활동이 강조되는 것도 이와 같은 이유 때문이다. 특별활동에는 독일어, 영어, 화학, 물리, 토론, 봉사활동 그리고 자치활동, 동아리 활동 등이 있다.

이 학교는 헤센(Hessen) 주에 소속된 공립학교지만 다른 공립학교와 아주 다른 몇 가지 특성을 가지고 있다. 무엇보다도 다른 공립학교와는 달리 독일 유수의 민간기업으로부터 다양한 지원을 받고 있고, 다른 공립학교들의 학급당 학생 수가 약 30명인 데 비하여 이 학교는 그 절반 수준인 16~17명이다. 교장도 헤센 주의 공무원 신분이면서 다른 학교의 교장은 관할 교육구청에서 선임하는 데 비하여 이 학교의 교장은 주 교육부에서 직접 선임한다. 그리고 다른 김나지움 상급반 학교의 수업 연한은 4년인 데 비하여 이 학교는 3년이다. 타 학교에 근무하는 교사들은 한 학교에서 평생 동안 근무할 수 있지만 이 학교에서는 20년 이상은 머물 수 없도록 할 계획이라고 한다.

이 학교 학생들은 3년간의 교육과정을 마친 후 대학 입학 자격시험인 아비투어(Abitur)를 치러야 한다. 헤센 주에서는 아비투어가 학교별로 시행된다.

그러므로 한센베르크 성 기숙학교 학생들의 성적을 다른 김나지움 학생들의 성적과 비교할 방도는 없다. 치체비츠샨처 사무국장에 따르면, 헤센 주가 이 시험을 주관하여 주 전체 김나지움이 이 시험에 참여하면 비교가 가능할 것이라고 한다.

새로운 산학협동 모델 추구

한센베르크 성 기숙학교는 2003년 개교하여 우리가 방문한 해에 두 번째로 신입생을 뽑았다. 이 학교는 헤센 주의 현 주지사가 중심이 되어 추진하고 있는 야심 찬 프로젝트 '헤센의 교육 공격(Hessen Education Offensive)'의 일환으로 설립되었다. 이 프로젝트는 자라는 젊은 세대들의 교육 수준을 높이고 이들을 실천지향적으로 훈련시키는 것이야말로 가장 가치 있는 자원이요, 미래에 대한 투자라는 인식에서 출발하였다고 한다.

한센베르크 성 기숙학교는 주가 설립한 공립학교지만 정부와 기업의 긴밀한 파트너십으로 운영되고 있다. 참여하는 기업들은 학교에 필요한 예산을 일괄적으로 지원하고 있을 뿐만 아니라 학생을 위해서도 다양한 프로그램을 운용하고 있다. 그 내용을 보면 다음과 같다.

첫째는 토론회를 지원하고 참가하는 일이다. 기업경영자와 해당 전문가가 자신의 경험과 전문 분야를 중심으로 학생들과 학교에서 토론한다.

둘째는 해외 연수를 조직하고 지원하는 일이다. 자매 기업들은 12학년 학

이 학교와 제휴하고 있는 알타나, 드레스드너, 린데 회사의 로고가 학교 정면에 부착되어 있다.

생들에게 4~5주간의 해외 현장 연수 경험을 제공한다. 참여 회사의 직원과 가족들이 호스트 가족으로 참여하여 이들을 돌본다.

셋째는 졸업 후 입직을 도와주는 일이다.

여기에 참여하고 있는 회사는 알타나(ALTANA) 제약회사, 드레스드너(Dresdner) 은행, 그리고 린데(Linde) 가스기술회사다. 알타나는 10,800명의 종업원과 30개국에 지사를 두고 있는 제약과 화학 분야의 세계적인 기업이다. 제약 분야에서는 호흡기와 위장 장애를 치료하는 혁신적인 처방약을 개발하는 데 집중하고 있다. 그리고 화학 분야에서는 코팅과 플라스틱 제조회사들이 주문하는 문제 해결을 주력 상품으로 하고 있다. 드레스드너 은행은 31,300명의 정규 직원을 두고 있는 세계적인 은행이다. 이 은행은 60개국에 990개의 지사를 두고 있다. 자산 규모와 고객 수를 놓고 볼 때 유럽의 최대

은행 중 하나다. 2001년 이후에는 알리안츠(Allianz)와 손잡고 금융과 보험을 통합한 상품을 제공하는 최고의 회사로 도약하려 하고 있다. 린데 회사는 기술 공학 분야에서 세계적인 규모의 회사다. 이 회사는 가스와 토목, 그리고 재료 운영 두 분야로 구분된다. 41,000명의 직원을 두고 있는 이 회사는 현재 독일과 유럽은 물론이고 미국, 동유럽 그리고 아시아에까지도 시장을 확대하고 있다.

이와 같은 세계적인 회사의 지원을 받고 있는 이 학교는 신흥 명문학교라 할 만하다. 헤센 주 주지사의 아이디어로 설립된 이 학교는 공립학교지만 앞에서 소개한 자매 회사들의 재정 및 시설 지원으로 '부모의 능력과 상관없이' 자연과학 계열의 영재들을 선발하여 수월성 교육을 추구하고 있다. 모든 학부모는 기숙사비만 내면 되고, 이조차 내기 어려운 형편일 때는 나라에서 학자금을 대여받는다.

10학년에서 12학년 과정의 이 학교는 자연과학 계열의 영재교육을 추구하므로 교과목은 자연과학, 수학, 경제, 정치 등을 중시하며, 외국어와 음악, 미술 과목도 이수하고 있다. 공립학교의 특성상 헤센 주 교육부가 지정한 김나지움 상급 과정을 이수하게 되어 있어 일반 공립학교와 마찬가지로 교과서로 수업을 하지만 학생들이 팀을 이루어 각 단원을 프로젝트 형식으로 맡아 스스로 진도를 나가기도 한다. 하지만 내용의 중점은 수학, 과학 분야, 언어 집중 교육, 외국 경험을 통한 국제화 등에 두고 있다.

기숙학교의 장점을 최대한 살려 학생들은 저녁 식사가 끝난 뒤인 오후 7시부터 한 시간 반가량 방과 후 특별활동을 진행하는데, 화학반, 물리반, 생물

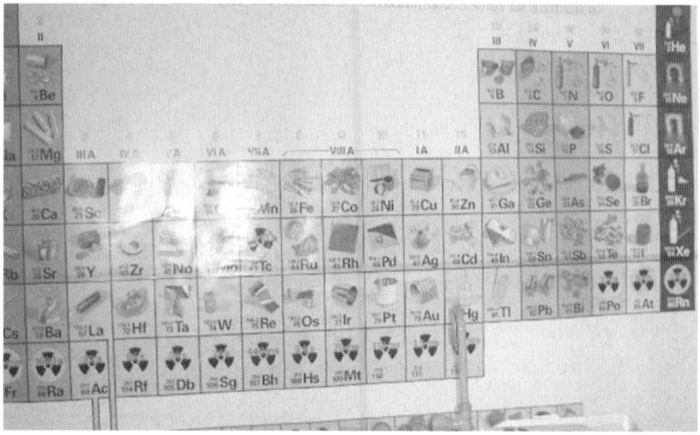

화학반 교실에 있는 원소 주기율표

반, 영어 창작 글쓰기반, 팝 음악반, 시사 토론반 등 거의 모든 과목마다 특별활동반이 있다. 각 반은 5~7명 또는 7~10명의 소그룹으로 교사와 긴밀한 관계를 유지하며 교과 시간에는 할 수 없는 내용들로 수준 높은 토의와 논쟁을 진행하기도 한다. 학생들에게는 교과서로 진행하는 낮 동안의 정규 교과 시간보다 이 방과 후 특별활동 시간이 더욱 호응도가 높은 편이다.

헤센 주의 아름다운 고성(古城)의 내부를 모방하여 세운 이 학교는 교과목마다 교실이 따로 있는데 화학 교실에는 깔끔하게 만든 화학 주기율표가, 생물 교실에는 정교한 세포의 단면을 확대한 그림이 교실 벽면에 전시되어 있었다. 미술실에서는 사진 작업 프로젝트를 진행하고 있었는데, 학생들은 부분 사진을 이어 붙여 새로운 전체를 재구성하는 작업을 진행하고 있었다. 미술실 내부의 사진 기자재는 전문적인 수준의 사진 작업도 가능한 수준으로 완비되어 있었다. 전반적으로 한국보다는 IT 교육 수준이 뒤떨어진다는 느

방과 후 과학 수업 장면

낌을 주던 유럽의 다른 학교들과는 달리 이 학교는 기업들의 첨단 IT 장비를 지원받아 대형 빔 프로젝트와 컴퓨터가 연결된 대강당, 칠판 크기의 모니터가 달린 컴퓨터가 있는 IT 교육실, 노트북으로 연결된 학생 작업실을 갖추고 있었다. 옛 성의 응접실이었을 공간은 학생들의 쉼터로 꾸몄고, 그 옆의 둥근 방에선 소파에 자유롭게 앉은 학생들이 영화 '뻐꾸기 둥지 위로 날아간

학교 기숙사 내부 시설

이 학교에 재학중인 장은지 학생. 학생들이 그린 그림들을 학교축제 때 경매에 붙였는데, 자신의 그림은 학교 측에서 사들여 학교에 걸려 있다고 했다.

새'를 관람하고 있었다. 그것은 수업의 한 과정이라고 했다. 영화는 수업을 위한 교재의 일종인 것이다.

학교의 벽면에는 수준 높은 학생들의 그림이 전시되어 있었는데 이 학교 학생의 말로는 미술시간에 학생들이 그린 그림을 학교 축제 때 경매에 부쳤는데, 학교에 전시된 그림은 그때 학교 측에서 사들인 그림들이라고 했다.

이 학교가 추구하는 인간상은, 학습 측면에서는 과학 분야의 영재이며 인성 측면에서는 책임감과 자립성 그리고 창의성을 지닌, 다른 사람과 함께 사회에 공헌하는 사람이라고 했다. 학생들이 이 학교에 다니는 동안 받은 특혜를 사회에 공헌하는 것으로 되갚게 되기를 바라며, 꼭 뛰어난 사람이 되지 못한다 하더라도 책임감 있는 성인이 되기를 바란다고도 했다.

독립적인 행위 능력과 팀을 이루어 작업하는 능력을 키워 주기 위한 이 학교만의 특별한 교육 프로그램이 있는지 묻자, 구체적인 프로그램은 따로 없지만 학생들은 팀을 이루어 주제별 발표 수업을 하고, 팀을 이루어 토론 대회에 참가하며, 기숙사에서도 학생 8명에 사회복지사 1명이 결합하여 한 가족처럼 지내고 있다고 했다. 사회복지사는 학생들이 수업을 하는 낮 동안 1명이 대기하고, 주말에도 1명이 대기하며, 수업이 끝난 오후에는 여러 명이 함께 대기하며 학생들의 일상생활과 여가활동을 돌보고, 어린 학생들에게는 부모 역할을 대신하며 빨래하는 방법, 여럿이 함께 생활하는 법 등을 가르치기도 한다. 심리상담사도 한 명이 배정되어 있으며 노동청에서 사람이 와서 아이들과 각각 30분씩 진로에 대한 개별 상담을 진행하기도 한다. 학생들은 학교 자체 우체국에서 봉사활동을 하거나 도서관 사서 보조, 정원 가꾸기 등의 교내 봉사활동을 하기도 하고, 외국인 노동자 가정 초등학생의 학습 보조 등 사회적인 봉사활동을 반드시 수행해야 한다. 학생들은 의욕에 넘쳐 많은 활동을 하려고 하기도 하지만 차츰 스스로 책임지고 할 수 있는 만큼의 활동을 선택해서 스스로 균형을 잡는 모습을 보이게 된다.

'연대' 를 상징하는 학생 작품

이 학교를 지원하고 있는 기업들은 학교 운영이나 교육에 어떤 요구를 하거나 영향을 끼치지 않는다. 다만, 학생들의 방과 후 활동, 강연회, 세미나, 워크숍 등에 직원과 이사들이 함께 참여하여 이론과 실제를 병행하는 수업 활동을 지원하고 있다. 학생들의 해외 인턴십 과정을 지원하기도 한다. 12학년 초에 이 학교 학생들은 4~5주 동안 독일이나 외국의 기업 현장에서 인턴십을 할 수 있는 기회를 갖는다.

기숙형 학교의 학생 선발과 생활지도

이 학교는 헤센 주 정부가 미래지향적인 교육목표 아래 의욕이 있고 우수한 학생을 위해 설립한 공립학교다. 일반적으로 11학년, 12학년, 13학년의 김나지움 정규 과정과는 달리 9~12학년 4년 과정을 3년간 마치고 수학, 자연과학 및 생태학 계열에서 아비투어를 치르게 된다.

이 학교가 배출해 내고자 하는 학생상을 한마디로 요약하기는 쉽지 않지만 대략적으로 학습 분야 측면과 인성적인 측면에서 설명해 볼 수 있다.

먼저 학습 분야 측면에서 보면, 높은 수준의 과학 분야를 집중적으로 수업할 수 있도록 자연과학 분야에 우수한 학생들을 정책적으로 육성하려는 목표를 가지고 있다. 그러나 단순히 학업적 측면에서 우수한 학생만을 선발하는 것이 아니라 창의성과 책임감, 자립성을 겸비한 학생을 선발하여 주의 세금으로부터 혜택을 받은 만큼 사회에 돌려 주는 역할을 수행할 수 있는 학생을 배출하고자 노력하고 있다고 한다.

이러한 학생의 선발은 전적으로 서류전형을 통해 이루어진다. 9학년까지의 성적, 추천서와 지원동기서를 가지고 일차적인 사정을 한 다음 일차 사정에서 선발된 학생들(2003년 150명가량 선발)을 금요일에서 일요일까지 학교로 초대하여 면접, IQ테스트, 일대일 개별 면접을 한다. 이 과정에서 일반상식 분야에 대한 테스트뿐만 아니라 그룹으로 모여서 생활하는 것을 관찰함으로써 사회적인 수행 능력을 보고 일대일 개별 면접을 통해 관심 있는 영역에 대한 학생의 동기 요소 등을 탐색한다. 이런 과정에서 2차적인 사정을 하는데 2003년 150명의 1차 선발자 중 2차 선발을 통해 90명을 합격시켰다.

아직 2년밖에 안 된 학교로서 이런 방식의 선발에 대한 꾸준한 분석 자료는 없지만 가능성을 가진 학생들을 집단으로 생활하게 하여 관찰하는 방식은 일반적으로 서류에서 나타나지 않은 다양한 관점의 학생에 대한 자료를 얻을 수 있는 좋은 방법이라고 여겨진다. 선발 준거 중 자립성을 상당히 강조하고 있는데 학교의 모든 분야에 지켜야 할 규칙은 최소한으로, 그러나 엄격하게 하고 모든 것을 자율적으로 진행하는 방식을 집단생활 등을 통해 관찰할 수 있으리라 생각된다.

이 학교에서 특히 돋보이는 제도는 모든 학생이 기업 현장에 나가서 인턴십(Internship)을 한다는 점과 협조 기업이 직접 와서 특강 및 워크숍(Workshop)을 진행한다는 점이다. 12학년 초에 학생들이 4~5주간 독일이나 외국의 기업 현장에서 인턴십을 할 수 있는 기회를 갖는다. 이런 외국 기업 인턴십 프로그램은 이 학교를 지원하고 있는 협조 기업의 도움으로 잘 진행되고 있다. 그리고 협조 기업에서 진행하는 특강이나 워크숍은 학생들의 진로 발달을 도와준다.

교과목에 집중하는 교사와 이를 지원하는 지원 행정

독일의 교원 양성과 임용은 주에 따라 차이가 있지만 대체로 2단계를 거쳐서 이루어진다. 첫 번째 단계는 교직 희망자들이 교육대학이나 일반대학의 교직과정에서 전공과 교육학을 공부한 후 제1차 국가시험에 합격하면 2년간 일선 학교에서 시보교사로 근무할 수 있는 자격이 주어진다. 인문학교 및 중등 1단계(후기 중등학교)는 4년제 종합대학에서, 초등 및 중등 2단계(전기 중등)는 3년제 교육대학에서 양성한다. 제2단계는 2년간 시보교사로 근무하는 과정, 그리고 시보 기간이 끝나면 제2차 국가시험에 합격해야 한다.

교사 자격증을 발급하는 기관은 주 정부이고 1, 2차 국가시험을 치르는 일도 주별로 이루어진다. 보통 정식 교사로 발령을 받으면 30세가 된다. 학교의 교장은 주 소속 공무원이고 공모를 하여 주에서 선임한다. 교사는 채용공고를 하고 응시자들이 지원을 하면 교육청과 학교의 협의에 의해 뽑는다. 그러나 이 학교는 특별한 목적을 가진 학교이므로 교장을 주 정부에서 직접 임명하였다고 한다.

이 학교는 교장을 중심으로 교과별 교실에서 교수 활동을 하는 전임교사들이 있고, 사무총장이 학교의 대외적인 관계뿐만 아니라 학교 운영에 중요한 역할을 한다. 그리고 학생들의 생활지도에 대해서는 상담진로교사가 있고, 학생들의 생활이 주로 이루어지는 6개의 기숙사마다 사회복지사가 1명씩 고용되어 생활지도를 담당하며 진로지도교사도 기숙사마다 1명씩 배치되어 있다.

학교운영위원회(Schule Conference)는 교사, 학부모, 학생회가 참여하는 기구로 학교 운영의 가장 중심에 있다. 여기에 참여하는 구성 부문은 다음과 같다.

① 교장단: 교장, 교감, 사무총장

② 교사회: 과목별 분과(분과장)

③ 학생회: 반장, 회장, 부회장

④ 기숙사 회장(사장), 부회장, 사회복지사 포함

그 밖에 학교 운영에 관계하는 지방교육청 집행 기구가 있고, 관계기관 협의회가 있다.

사무총장의 역할

이 학교는 학교의 행정을 책임지는 사무총장을 두고 있는 것이 특징이었다. 이는 독일의 학교에서도 흔하지 않은 제도인데, 특히 공립학교에서는 없는 제도다. 헤센 주의 교육담당관이 지방자치단체의 재정으로 학교시설과 건축을 책임지고 있는데 그 연결 역할을 하는 것이 사무총장이다. 여성인 이 학교의 사무총장은 경영학을 전공했고 교직 경력은 없다고 했다. 그녀는 학교의 예산과 관리를 담당하고 자매기업과의 연결 고리 역할을 하며, 학생들과 외국 기업과의 인턴십 조직에 대한 책임을 맡고 있다(이 학교 학생들은 졸업하기 전 외국 기업 인턴십 과정을 체험하는 것을 중요한 교육과정으로 하고 있다). 사무총장은 그 밖에 건물 보수 등 행 · 재정 지원과 학교 홍보를 담당하고 있다. 사무총장의 자격에 교직 경험이 필요하지는 않으나 일각에서 교육학을 전공할 필요성은 있다는 얘기도 있다고 한다.

학생의 절반을 옥스브리지 대학에 진학시키는

킹스 칼리지 고등학교
(King's College High School)

우리 일행은 2005년 2월 24일 오전 9시에 영국 런던의 윔블던 지구에 위치한 킹스 칼리지 고등학교(King's College High School)에 도착하였다. 이화정 영국 교육원장님이 먼저 오셔서 일행을 회의실로 안내해 주셨다. 먼저 법인의 사무총장이자 재정 담당자인 호크스레이(Tony Hawksley) 사무총장이 일행을 맞아 학교 재정과 이사회의 운영에 대하여 설명하였다. 이 학교는 우리가 보낸 질문지에 기초하여 분야별 담당자가 직접 나와 우리에게 설명을 하였다는 점이 다른 방문 학교와 달랐다. 그리고 바쁜 일정에도 불구하고 우리에게 4시간 이상 비교적 넉넉한 시간을 할애해 주었다. 통역은 일행 중의 오영희 교수가 맡았다.

호크스레이 사무총장에 따르면, 이 학교는 1829년에 킹스 칼리지(King's College)의 부속학교(Junior Department of King's College)로 시작하여 대학에서 분리되었다. 1897년 현재의 윔블던으로 이사를 온 후 1980년대까지 기숙학교였으나 기숙사의 방화 시설을 갖추는 데 드는 비용 등이 문제가 되어 통학제 학교로 전환하였다고 한다.

이 학교는 경쟁시험을 통하여 신입생을 선발한다. 그러나 30~40년 전까지만 해도 이 학교가 오늘날처럼 그렇게 널리 알려진 것은 아니었다. 런던이 계속 팽창하자 30~40년 전부터 부유한 가정들이 교외인 이곳 학교 주변으로 이사를 오기 시작하였다. 그 결과 이제 이곳 윔블던은 런던에서도 손꼽히는 부촌으로 알려지게 되었다. 오늘날 킹스 칼리지 고등학교가 누리고 있는 높은 명성은 이러한 지역주민의 변화에 힘입은 점이 크다고 한다. 이 학교 신입생의 약 64퍼센트는 동일 구내에 있는 킹스 칼리지 중학교 출신들이고

34퍼센트가 사립 고등학교(Public School) 입학을 목적으로 하는 예비교 출신들이며, 나머지 2퍼센트의 학생들이 외국에서 온 학생들이다. 한국인 학생 수는 약 30명이었다.

정부의 지원을 전혀 받지 않는 사립학교

호크스레이 재정 담당자는 2004년 회계보고서*를 중심으로 법인의 자산 상태와 수입 지출의 내역을 자세히 설명하였다. 그에 따르면, 이 학교의 예산은 거의 전적으로 학생들의 등록금과 수업료에 의존하고 있다. 정부로부터 재정적 지원은 없다. 그러나 비영리법인으로서 세금은 감면받고 있다. 수입금에 대해서도 90퍼센트 정도 면세 혜택을 받고 있다. 2004년 이 학교 총수입 중에서 수업료와 특정 과목 수강료(음악, 수영 과목 등)가 차지하는 비율은 약 94퍼센트이고 부속 사업체로부터 들어오는 기부금, 즉 재단 전입금은 약 1퍼센트다. 그리고 총지출 중에서 인건비가 차지하는 비율은 약 65퍼센트이고, 실험, 실습 등에 지출되는 교육 경비(Teaching Expenses)는 약 8퍼센트다. 호크스레이 사무총장에 따르면, 인건비는 65퍼센트를 넘어서는 안 되

* King's College School: A Registered Educational Charity, Financial Statements, 31 July, 2004.

킹스 칼리지 고등학교는 명성에 비해 소박한 학교 건물을 가지고 있다.

조용한 분위기의 교정

며 장학금은 최소 5퍼센트는 되어야 한다는 원칙을 예산 편성의 기본 지침으로 삼고 있다고 한다.

학생들에게 주는 재정상의 혜택은 다음 세 가지로 나뉜다. 첫째는 가난한 학생들에게 주는 학비 혜택(Bursaries), 공부 잘하는 학생들에게 주는 장학금(Scholarship), 그리고 교직원 자녀 등에 주는 학비 감면 혜택(Discount)이다. 교직원 자녀들에게는 수업료의 24퍼센트까지 감면 혜택을 준다. 그 이상 감면 혜택을 받기 위해서는 자녀의 가정 사정을 세부적으로 파악하여 과외의 감면 혜택이 필요한지를 확인한다. 이 학교의 연간 수업료는 약 12,300파운드(한화 약 2천만 원)다.

지역사회가 운영하는 이사회

킹스 칼리지 중 · 고등학교의 이사회는 27명의 이사로 구성된다. 당시의 이사장은 전직 판사가 맡고 있었다. 이사들은 무보수로 일한다. 이사회를 마친 후 이사들이 저녁 식사를 함께할 때도 저녁 식사 비용은 각자가 부담한다. 정부로부터 어떠한 직접적 지원도 받지 않지만 면세 혜택은 받는다. 학교의 예산은 거의 전적으로 학생들의 수업료와 등록금에 의존하고 있다. 처음에는 기숙학교로 시작했으나 방화 시설에 들어가는 막대한 비용을 감당할 수가 없어 기숙사를 폐지하고 1909년 런던 인구의 증가로 도시가 확장되자 지금의 교외 지역으로 캠퍼스를 이전하였다.

이사회는 한 달에 한 번씩 만나 학교의 일을 의논하고 결정한다. 교장은 이사회가 임명한다. 이사회에서 논의할 의제들은 재정운영위원회에서 미리 의논하여 결정한 후 이사회에 회부한다. 학교경영위원회는 두 사람의 교장과 이사회 사무총장(재무를 겸하고 있다), 그리고 학교의 상급직(교감 등)으로 구성된다. 교사들의 의견은 교사회(Common Room)를 통하여 수렴되고 교장과 매주 만나 의견을 교환한다.

이사회에 교사와 학부모는 참여하지 않는다. 이들의 참여를 놓고 논란이 없었던 것은 아니지만 교사와 학부모가 이사회에 들어오면 자신들의 이익과 관심 사항을 우선할 것이라는 의견이 아직도 지배적이어서 이들의 참여는 고려하고 있지 않다. 교장은 한 학기에 한 번씩 학부모의 밤을 열어 교사와 학부모 간의 면담을 주선한다. 이때 학부모는 자녀가 수강하고 있는 각 과목의 교사를 만나 자녀의 학업 성취 상황, 학교 생활, 그리고 장래의 진로 등에 대하여 의논한다.

전교생의 절반이 옥스브리지(Oxbridge)* 대학 진학

호크스레이 사무총장의 설명이 끝나자 과학 교사이면서 진로를 담당하고 있는 라벤더(Paul Lavender) 진로지도부장이 들어왔다. 진로지도부에는 5명이 근무하고 있다고 한다. 그중 2명은 비상근 근무자이고 3명은 상근 근무자다. 진로지도부는 직제상의 공식 조직으로 사무 공간도 별도로 마련되어 있다.

라벤더 진로부장에 따르면, 이 학교에 들어오는 거의 모든 학생의 목표는 옥스브리지(Oxbridge) 대학에 진학하는 것이다. 옥스브리지 대학은 영국 고등학교의 최상위 2퍼센트 이내의 학생들이 들어가는 영국 최고의 대학이다. 최근에는 세계적인 명성과 잘 갖추어진 교육 환경을 추구하여 미국의 명문 대학에 진학하려는 학생들이 증가하고 있는 추세다. 졸업생 중 약 반수 정도

---

* 옥스브리지(Oxbridge)란 옥스퍼드 대학교(Oxford University)와 케임브리지 대학교(Cambridge University)를 통칭하여 일컫는 말이다. 영국에서는 이 두 대학 진학률을 가지고 고등학교의 서열을 매긴다.

가 옥스브리지 대학에 진학하고 있다. 이 진학률이 무엇보다도 이 학교를 영국 최고의 명문이 되게 하였고, 세계적인 명성을 동시에 갖고 있는 이유다. 그리고 나머지 반수 정도는 러셀 그룹(Russel Group)* 대학에 진학한다. 20년 동안 이 학교에 근무해 왔다는 라벤더 진로부장은 대학을 가지 않고 취업을 한 학생은 지금까지 단 한 명 정도였다고 말했다.

옥스브리지 대학에 지원하는 학생들은 모두가 우수하기 때문에 A레벨(A-Level)** 시험 성적만으로는 누가 더 우수한 학생인지 변별하기 어렵다. 그러므로 국가에서는 A

교사와 학생들의 기념사진

* 러셀 그룹(Russel Group) 대학은 런던의 러셀 호텔에서 19개 대학 총장들이 자주 회합을 가진 데서 유래한다고 한다. '러셀 그룹' 대학이라는 말은 바로 그 회합이 계기가 된 것이다. 이 그룹 대학들은 입학 성적이 옥스브리지에는 미치지 못한다고 하더라도 전통과 교육 수준에서 널리 인정받고 있다.

**A레벨 시험은 영국에서 대학을 가기 위해 치르는 시험이다. 11학년에 고등학교 졸업 자격고사 GCSE를 치르고 합격하면 대학준비학년 2년 안에 A레벨 시험을 쳐서 양자를 종합한 점수로 대학에 지원한다.

레벨 등급을 더 세분화하려는 움직임이 있다. A레벨이 가지고 있는 이런 문제점 때문에, 그리고 또 한편 점점 더 가중되고 있는 국가 교육과정(National Curriculum) 시행 압력 때문에 이 학교는 A레벨 시험에서 국제 바칼로레아(International Baccalauréat) 시험 준비로의 전환을 고려 중이라고 한다. 그러나 어떤 경우에도 옥스브리지가 우수자를 가리기 위한 대학 자체의 시험을 포기하지는 않을 것이라는 것이 라벤더 부장의 견해였다. 옥스브리지에서도 면접이 중요한데 대학이 면접에서 가장 중시하는 것은 학문적 잠재력과 동기라고 한다.

대학 지원자들은 지원동기서, A레벨 성적, 학교의 내신 성적 등을 대학에 제출한다. 지원동기서는 면접할 때 참고 자료로 사용되고, 내신 성적은 A레벨 성적 속에 반영되어 있다고 보고 크게 고려하지 않는다. 그리고 대학은 고등학교의 평판도 중시하는데 킹스 칼리지 고등학교의 평판이 좋다고 한다. 영국 정부는 노동계층 자녀들이 대학에 더 많이 들어갈 수 있도록 미국의 적극적 행동(Affirmative Action)* 정책처럼 대학에 일종의 선발 지침을 주

---

* 적극적 행동(Affirmative Action)이란 미국에서 차별의 구제와 예방을 목적으로 인종 · 성별 · 국적을 고려하는 적극적인 노력을 말한다. 미국 연방정부는 1964년에 제정된 획기적인 민권법(民權法, Civil Rights Act)과 그에 따른 행정명령 및 법원의 판결 등에 기초하여 연방의 보조금을 수령하는 일정한 사업체와 교육기관에 대해 적극행동 프로그램을 개발하도록 요구했다. 연방계약이행국(Federal Contract Compliance Office)과 평등고용기회보장위원회(Equal Employment Opportunity Commission/EEOC)가 그 프로그램들을 감

고 있으나 사립대학들은 이에 반발하고 있다고 한다.

우리가 영국에서 방문한 이 학교와 길포드 여자고등학교(Guildford High School: 다음 방문 학교로 소개함)는 중학교(Junior, 12~14세), 고등학교(Senior, 15~16세), 대학준비학교(The Sixth Form, 17~18세)의 교육과정을 갖춘 학교로, 특히 우리가 관심을 가지고 있는 대학준비학교(대학 입시 준비를 위한 고등학교 교육과정을 가르치는 교육기관)는 100% 대학 진학을 목표로 하고 있다. 두 학교 모두 교육열이 높은 좋은 학군의 부유한 계층이 많이 살고 있는 지역에 있으며, 등록금 또한 상당히 비싸고 대학 진학을 위한 과목 외에 상당히 많은 예체능 분야의 과목과 과외활동(Extra Curriculum)을 장려하는 학교들로 전국적으로 학교 서열 상위 10위(top 10) 안에 드는 학교라고 강조하고 있다.

대학준비학교는 일반적으로 영국의 중등학교가 지역에 따라 입학하는 것과는 달리 시험 전형으로 학생을 선발한다. 11^+ 시험(GCSE시험)과 영어, 수학, 학교성적 기록, 그리고 인터뷰를 통해 선발하는데, 대개 경쟁률은 3:1 정도가 된다. 대학준비학교도 역시 중등교육 수료고사(GCSE-General Certificate of Secondary Education)를 통해 선발하는데, 이 학교재단의 중학교(Junior School)뿐만 아니라 외부의 학교에서도 많이 지원하여 이 역시 3:1 정도의 경

독한다. 적극행동은 백인 남성에 대한 '역차별(reverse discrimination)'이라는 비판을 받곤 하지만 연방민권위원회는 1984년 이래 이 제도를 적극 지지하고 있다.

쟁률을 보이고 있다. 이 학교는 대학준비학교 학생들의 50% 정도를 옥스브리지 모든 분야로 고르게 진학시키는데, 중등학교에 분포된 상위권 학생 진학 비율을 그대로 대학에 반영하려는 정부의 강력한 요구 때문에 점점 사립학교가 불이익을 받게 되면서 옥스브리지 외에 러셀 그룹 대학교, 그리고 외국의 학교들로 학생들의 진로를 모색하고 있다. 특히 러셀 그룹 대학들은 점차 비슷한 명성을 얻으며 이 학교들에도 상위권 학생들이 분배되기 때문에 이 학교들을 포함해서 100%의 학생을 대학으로 진학시킨다.

대학들은 600점 만점에 480점 이상이면 받는 A레벨이 영국 전체의 20%가 되기 때문에 이러한 등급을 점수로 바꾸려 하고 있고 3년 후에는 국제 바칼로레아(International baccalauréat)를 칠 예정이다. 또한 대학 교수들의 개방형 질문 면접(Interview)을 통해서 학생들의 잠재성을 보고자 하며, 대학 본고사, 지원동기서, 교사의 추천서 등을 보게 되는데 이 학교는 다양한 과외활동과 교사의 추천서에 대하여 대학들이 신뢰하고 있다.

다양한 활동과 인성 교육을 중시하는 교육과정 운영

우리나라의 중·고등학교 과정에 속하는 이 학교는 남학생들만 다니는 영국의 명문 사립학교다. 대다수의 사립학교가 기숙학교이지만 이 학교는 비기숙형 학교다. 1988년 교육개혁 이후로 영국에서는 국가 수준의 교육과정이 강화된 것으로 알고 있는데, 이것이 교사의 전문성 추구에 대한 열정과

학교 교육의 자발성을 훼손하고 있지는 않는지 물었더니, 처음 교육과정 개혁 당시에는 엄격한 국가 중심 교육과정이 존재했지만 교사들의 반발로 지금은 가이드라인 정도의 교육과정 지침만 존재할 뿐이라는 의외의 대답이 돌아왔다. 당연히 교과서도 존재하지 않으며 교사들은 교육과정 협의를 거쳐 가르칠 내용을 스스로 생산해서 가르친다고 한다. 교장실 앞의 응접실 탁자 위에는 이 학교 교사들이 직접 만든 간행물과 교재 등이 전시되어 있었다.

참고로 영국의 국가 교육과정(National Curriculum)은 교과목과 각 교과목에서 다루어야 할 수준을 국가적 차원에서 결정한 것인데, 중학교(12, 13, 14세), 고등학교(15, 16세) 과정의 경우 다음 교과목을 가르치게 되어 있다.

① 핵심 과목: 영어, 수학, 과학

② 기본 과목: 역사, 지리, 기술, 외국어, 음악, 미술, 체육 등 7개 과목

대학교 입학준비반(The Sixth Form)에는 총 144명의 학생이 있는데 이들은 거의 100% 명문대학에 진학하고 있다고 한다. 이 학교의 역사 교사이기도 한 교감은 자신이 이 학교에 재직했던 지난 20여 년 동안 대학에 진학하지 못한 학생을 딱 한 명 봤다고 농담 섞어 대답하기도 했다.

학교 시설을 둘러보며 눈에 띈 것은 이 학교가 교육과정 중에서도 특히 음악(Music), 미술(Art), 연극(Drama), 디자인과 기술(Design and Technology), 스포츠(Sports) 등을 중시한다는 것이었다. 학교 지하의 방음이 잘된 음악 연습

실들에서는 플루트, 바이올린, 비올라 등의 악기 연주를 교사와 학생이 일대일로 만나 진행하고 있었고, 커다란 달을 무대 배경으로 꾸민 소강당에서는 학생들이 불어로 연극 연습을 하고 있었으며, 연습 무대의 한쪽 옆에서는 한 학생이 직접 피아노로 배경 음악을 연주하고 있었다. 카누반, 테니스반 등 각종 스포츠클럽의 활동상이 복도를 장식하고 있었다. 인체 구조를 모방해 만든 커다란 목공 작품이 학생들의 작업실에 전시되어 있었고, 학교의 주요 공간마다 학생들이 만든 미술 작품이 전시되어 있었다. 언어 교육도 중시되는데, 특히 라틴어와 또 다른 외국어(불어, 독어, 또는 스페인어)를 선택해서 이수하도록 하고 있다.

이 학교에는 정규 교육과정 외에 수많은 특별활동(Extra-Curricular Activities)이 활발하게 이루어지고 있는데, 탁구반, 사진반, 체스반 등의 클럽들이 존재하고, 각종 박물관 방문, 프랑스, 이탈리아, 스위스, 미국 방문 등의 활동이 이루어진다. 금요일 오후에는 지역사회 내의 각종 사회적인 봉사활동

불어 연극 수업 장면

학생목공 작품

을 위해 수업을 비운다고 하였다. 노인, 어린이, 홈리스 등을 돌보는 각종 사회봉사활동은 학생들이 영국 사회 전체를 생각하는 엘리트로 성장하게 하는 데 필요한 과정이라고 느껴졌다.

이 학교에는 튜터제도(Tutor System)가 있다. 튜터는 15명의 학생을 담당한다. 이 튜터는 졸업 때까지 이들을 지도하고 감독한다. 대학에 지원할 때 추천서를 써 주는 사람도 바로 이 튜터이며 최종 검토는 교장이 한다. 진로부장의 설명이 끝나자 역사 과목을 담당하고 있는 그로셀(David Glossel) 교감이 우리를 식당으로 인도하였다. 거기에는 수백 명의 학생들이 3~4명씩 서서 혹은 앉아서 각각 한 분의 교사와 얘기를 나누고 있었다. 이렇게 많은 학생이 공개된 장소에서 동시에 대화를 나누고 있는 모습은 쉽게 볼 수 있는 광경이 아니어서 나는 대단히 놀랐다. 나는 그러셀 교감에게 그들이 무엇을 하고 있느냐고 물었더니 정해진 교사와의 면담시간(Tea Time)이라고 한다. 면담시간은 15분이었다.

신문반 편집회의 장면

운동장에서의 놀이 공연

기타반

학생들의 특별활동 소개 포스터

교사와 학생이 만나는 티타임(tea-time)

우리 일행도 식당의 한 구석에 자리를 잡았다. 그로셀 교감의 말에 따르면, 이 학교는 대학준비학교(The Sixth Form)로서 영어, 수학, 과학, IT 등을 필수로 요구하고 예술적 창조성과 외국어를 강조하지만, 학생들의 사회성과 풍부한 인간성을 개발하기 위하여 과외활동을 특히 강조하고 있다고 한다. 과외활동은 매주 3시간씩 최소 1년 이상 해야 한다.

계약제 교원과 학교운영위원회

영국의 교원제도는 기본적으로 계약제다. 교원 자격증이 있는 교원이 학교에 응모를 하면 검증 절차를 거쳐서 선발한다. 교원 선발과 관리의 주체는 단위 학교다.

교사 선발의 주체인 고등학교 이사회는 총 27명으로 구성되어 있고, 그중 1명은 이 구역의 주교가 맡고 있다. 그리고 옥스퍼드, 케임브리지 및 런던 대학에서도 1명씩 파견을 받아 학교의 명성과 전문성을 높이고 있다. 이사회 의장은 고참 판사가 맡고 있다. 이사회는 학교 규정인 정관(Statute)을 만든다. 그리고 교장의 임명, 학교 고용인을 결정하고 학교의 제반 집행 사항을 점검하는 역할을 한다. 이사회 산하에는 5~6명으로 구성되는 재정위원회가 있고, 이 위원회의 사무장이 이사회의 안건을 준비하는 역할을 한다.

학교운영위원회(Management Board)는 교장과 고참(Senior) 교사로 구성된다. 이 기구는 학교의 제반 교육활동을 기획하고 집행한다. 교사들의 의견

반영은 부장급 교사로 구성되는 운영팀(Management Team)이 주 1회 만나 의논한다. 교사들의 의견은 모든 교사가 참여하는 교사전체회의(Common Room)에서 하는데, 이는 교장이 주재하며 주 1회 열린다.

학부모의 학교 참여는 매월 열리는 학부모의 밤(Parent Evening)이라고 부르는 저녁 모임에 학부모가 참여하여 교사와 일대일 상담을 한다. 법인 이사회(Governing Body)에 학부모가 참여해야 한다는 주장도 있으나 이 학교는 아직 받아들이지 않고 있다. 일반적으로 영국의 공립학교는 학부모와 교사가 학교운영위원회에 참여하고 있다.

튜터제도와 다양한 학생생활지도

이 학교의 다양한 학생생활 및 진로지도 활동에는 튜터제도(Tutorial System), 진로지도부, 티타임 면담(Tea-time), 학부모 워크숍(Workshop) 등이 있는데, 특히 학생들에게 사회봉사활동을 강조하고 있다.

학생들이 학교에 입학하면 바로 튜터(Tutor)가 배정되며 학교를 졸업할 때까지 계속해서 동일한 튜터가 학생들의 생활지도를 책임진다. 튜터는 학생들의 학업, 진로, 성격 발달 등 모든 영역에 대한 감독과 지원을 담당한다. 대학 입학 때 필요한 추천서를 쓰는 일은 학생들을 가장 잘 아는 튜터가 한다. 그러나 1999년 여름 정부 학교평가(HMC) 감독 보고서는 튜터들 간의 차이, 과목 간의 평가 차이 등 때문에 효과적인 생활지도가 미흡하다고 지적하고 있다. 특히 추천서, 진로 교육과 지도 등이 가장 필요한 대학 준비반 과정(The Sixth Form Level)의 학생들의 경우에 문제가 되고 있다고 지적한다.

진로지도활동은 5명의 교사가 학과목을 지도하면서, 동시에 진로지도부에서 일하고 있다. 진로지도실은 1개의 컴퓨터실과 1개의 자료실로 되어 있고 쾌적한 환경을 갖추었다. 또 교사들은 학생들과 수시로 면담을 하고 있는데, 특히 오전 15분간의 티타임 시간에 많은 학생이 차를 마시고 있는 교사들을 찾아와서 면담한다. 학부모들도 학생들과 관련된 주제를 가지고 학부모 워크숍을 개최하며, 이를 통해 학부모들이 학생과 학교에 대해 이해할 수 있도록 돕는다. 학교폭력, 약물 복용, 인터넷 사용과 중독, 스트레스와 시험에 대처하기, 성교육 등의 다양한 주제를 다룬다. 필요한 경우에는 외부 전문가를 초청해서 워크숍을 하기도 한다. 학생과 학부모가 원하면 전문 상담을 받도록 주선한다.

특히 이 학교는 학생들에게 사회에 대한 관심과 책임을 길러 주기 위해 금

이 학교의 진로지도실,
진로지도 전담 교사가 있음

도서관

요일 오후는 수업 대신에 사회봉사활동을 하도록 의무화하고 있다. 다양한 사회봉사활동의 종류는 다음과 같다.

① 학습 보조 활동: 세 살부터 열여섯 살까지의 학생들을 위해 독서, 수학, 컴퓨터, 미술 등의 학습을 보조한다.

② 운동 보조 활동: 다운증후군을 가지고 있는 학생들과 함께 실내 축구를 하거나 학습장애를 가지고 있는 학생들과 축구 등의 운동을 한다.

③ 지역사회를 위한 미술과 디자인 활동: 지역사회를 아름답게 만들기 위한 미술과 디자인 활동을 계획하고 실행한다.

④ 노인들과 친교의 시간: 노인들을 학교로 초대해서 다과를 나누며 대화하는 시간을 마련한다.

⑤ 환경 보존 활동: 지역사회의 환경을 개선하고 보존하기 위한 활동을 한다.

영국 명문사립여학교

길포드 여자고등학교

(Guilford Woman' s High School)

우리 일행의 마지막 유럽 방문 학교인 런던의 길포드 여자고등학교를 찾은 것은 2005년 2월 25일 오후 2시 30분경이었다. 우리의 안내를 맡은 분은 입학과 홍보(Director of Admission & Marketing)를 담당하고 있는 러네이(Alex Learney) 선생이었다. 그녀는 우리를 수업 중인 교실과 학교 시설로 안내하였다.

킹스 칼리지 고등학교가 남학교인 데 비하여 이 학교는 여학교이며, 학생들의 연령은 4세부터 18세까지다. 우리나라 학제로 말하면 초등학교, 중학교, 고등학교가 한 캠퍼스 내에 공존하고 있는 것이다. 우리 일행이 관심을 가지고 있었던 고등학교 상급반(The Sixth Form)에는 160명의 학생이 재학하고 있다고 한다. 이 학교에 입학하고자 하는 학생들은 선발시험을 거쳐야 한다. 고등학교 상급반의 경쟁률은 약 3:1 정도라고 한다. 그리고 이 학교에 들어오기 위해서는 중등학교 졸업자격시험(GCSE)에서 최소 8개 과목에 합격해야 하고, 그 성적도 A$^+$ 이상이어야 한다. 이 학교 졸업자들의 약 15퍼센트가 옥스브리지(Oxbridge)에 합격하고 있다. 그리고 나머지 학생들의 대부분은 러셀 그룹 대학으로 진학한다.

옥스퍼드 대학교에서 멀지 않은 곳에 위치한 길포드 여자 고등학교 교정

이 학교 프로그램 중 인상적인 것은 대학준비학년(Gab

Year)이라고 부르는 진로 탐색 프로그램이었다. 학생들은 대학에 들어가기 전에 6개월 동안 대학 입학에 필요한 체험활동 경력을 쌓기 위해서 의회선거구, 과테말라의 기독청년단체 혹은 대규모 공인회계사 사무실에서 일한다. 최근 들어 이러한 진로 탐색 프로그램에 참여하는 학생 수가 점점 늘어나고 있다.

이 학교에서는 7학년부터 불어, 독일어 그리고 스페인어를 배우고 라틴어도 필수다. 또 영어에 더하여 수학과 과학도 필수로 부과하고 있다. 그리고 수영, 체조, 라크로스(Lacrosse)*라는 운동도 필수다. 고등학교 상급반 학생들이 참여하고 스스로 조직하고 있는 과외활동은 실로 다양하다. 스포츠, 음악, 드라마, 토론, 사회봉사, 클럽활동, 사교 모임 등이 대표적인 예다. 상급반 학생들이 매년 준비하여 여는 예술제와 패션쇼는 이 학교의 자랑거리다. 이 학교는 음악과 드라마의 전통이 아주 강하다고 한다. 우리 일행이 학교를 둘러보고 있을 때도 작은 연습실에서 학생들이 열심히 드라마 공연 연습을 하고 있었다.

상급반 학생들은 다른 나라 학생들과 함께하는 다양한 프로그램에 참여하고 있다. '유럽청년의회(European Youth Parliament)' '벽 없는 학교

* 끝에 그물이 달린 크로스라는 스틱을 이용하여 상대의 골에 공을 쳐 넣어 득점을 겨루는 구기다. 북아메리카 인디언들의 구기인 '버게터웨이'를 근대적으로 변형시킨 운동경기다. 라크로스는 미국 위스콘신 주 서부의 군(County) 지명이다.

(Schools Without Walls)' 집 없는 사람을 위한 '위기의 크리스마스(Crisis at Christmas)' 그리고 '야생탐험대(Wilderness Expertise)' 등이 많은 학생이 참여하고 있는 프로그램이다. 상급반 학생들은 불우이웃을 위하여 기금모금 운동을 벌이고, 병원에서 자원봉사자로 일하며, 노인과 장애아동을 돕는다. 러네이 입학 홍보 담당에 따르면, 이 학교는 한 시간 이상 걸리는 숙제는 부과하지 않는다고 한다. 이는 학생들의 활발한 과외활동을 조장하기 위한 조처라고 한다.

러네이에 따르면, 길포드 고등학교는 오는 3월 7년 주기로 이루어지는 정부의 학교평가(HMC Inspection)를 받을 예정이라고 한다. 그녀는 열성적으로 설명하고 우리의 질문에 친절하게 대답해 주었다. 지리 수업을 하는 교실에 들렀을 때 담당 교사가 우리의 참관을 흔쾌히 허락하였지만 시간이 없어 충분히 참관할 수 없었던 것이 아쉬웠다. 그리고 어떤 경우든 학생들의 얼굴이 나오는 사진은 학부모의 허락을 받아야 한다는 러네이의 말에 학생들의 수업 장면을 사진으로 담을 수 없었던 것이 아쉬웠다. 여학생들이어서 학교도 조심하지 않을 수 없을 것이다.

영국 연합교회재단이 세워서 운영하는 사립학교

길포드 고등학교는 연합교단(United Church)이 세운 학교다. 이 교단 산하에는 길포드를 포함하여 8개의 학교가 있다. 연합교회 학교재단(United

Church Schools Trust)의 최고 책임자는 캔터베리 주교 윌리엄스(R. Williams)다. 연합교회 학교재단 산하에는 교단 차원의 연합교회학교 재단위원회(Council of the United Church Schools Trust)가 있다. 이 위원회는 18명으로 구성되고 한 명의 의장과 두 명의 부의장을 두고 있다. 그리고 학교재단은 사무국장, 부사무국장 그리고 재정관을 두고 있다. 길포드 고등학교는 별도로 길포드 고등학교 위원회(Local Council of Guilford High School)를 두고 있다. 이 위원회는 당연직인 교장을 포함하여 12명으로 구성되고 한 명의 의장이 있다. 연합교회 학교재단은 주교, 학교재단위원회 사무총장, 부사무총장 그리고 길포드 고등학교 위원회로 구성된다. 그러나 이들의 역할과 상호 관계는 분명하지 않다.

교장은 교단이 면담을 거쳐 선임한다. 교사와 학부모가 자신의 의견을 개진할 수 있는 공식적인 통로는 없다. 사안에 따라 학부모의 의견이 필요할 때는 이들을 대상으로 의견 조사를 실시한다. 학교의 운영비는 수업료와 등록금으로 충당한다. 교사 임용을 위해 잡지(TES)에 광고를 내고, 교장, 교감, 전공과목 부장 등으로 구성되는 인사위원회에서 교사 임용시험 응시자 인터뷰를 거쳐 직접 시범 수업을 하게 하고, 해당 시험을 치른 후 임용한다.

부유층이 사는 동네의 다양한 교육 프로그램 운용

여학생들을 가르치는 비기숙형 사립학교인 이 학교는 킹스 칼리지 고등학교와 마찬가지로 고액의 등록금으로 운영되기 때문에 영국 부유층 자녀들이 다니는 학교다. 여학교의 특성상 아이들을 보호하기 위해 함부로 사진을 찍지 못하도록 하는 바람에 학교 시설을 다양하게 찍어 올 수가 없었다. 이 학교도 킹스 칼리지 고등학교와 마찬가지로 음악(Music), 미술(Art), 연극(Drama), 스포츠(Sports) 등을 중시한다.

특히 여학생들임에도 불구하고 4가지 스포츠 종목을 필수적으로 이수하게 하고 있으며, 언어 교육은 고전어인 라틴어를 필수로 하고 불어, 독어, 스페인어 중 2개를 필수로 선택하도록 한다고 했다. 특히 드라마(Drama) 수업이 인상적이었는데, 이것은 언어 교육의 일부이기도 하며, 고학년으로 가면 드라마가 독립적인 교과목이 되기도 한다고 한다. 학생들은 5~10명 단위의 소그룹 단위로 나뉘어 각각의 드라마를 연습하고 있었는데 그룹마다 소형 스튜디오가 따로 있었고, 지도교사도 따로 있었다. 이들이 공연한 작품의 광고 포스터가 학교 벽면을 화려하게 장식하고 있었다. 학교의 중심은 커다란 무

공연 준비를 하고 있는 학생.
거의 매주 학생들이 준비한 공연 포스터가
학교 곳곳에 붙어 있다.

대가 있는 대강당이었으며, 이 학교의 모든 교육은 이 무대에서 발표하고 공연하는 것으로 총화하고 있는 듯했다.

가사실인 듯한 교실에서 학생들은 요리를 배우기도 하고, 지리 교실에서는 빔 프로젝트로 커다란 화면에 수업 자료를 띄워 놓은 채 교사가 수업에 열중하고 있었다. 기술 시간에 학생들이 디자인한 다양한 시계와 소형 가구들이 사진으로 전시되어 있기도 했다. 기술실은 학생들의 작업에 필요한 다양한 기자재가 갖추어져 있었다. 드넓은 미술실에서는 학생들이 작품 활동에 열중하고 있었다. '이집트'를 주제로 작업한 듯한 미술 작품들이 교실 밖 벽면 한쪽을 장식하고 있기도 했다. IT 교육실에서는 컴퓨터 작업을 하는 아이들 옆에서 교사가 개인별 지도를 하고 있었다. 이 IT 코스는 7학년부터 따로 배우게 되어 있다고 하며 중등 졸업 시험의 과목으로 선택할 수도 있다고 한다. 7학년부터 9학년까지는 과제물이 1시간을 소요하지 않는 분량으로 부과되도록 하고 있는데, 이는 학생들이 다양한 과외활동에 참여해야 하기 때문이라

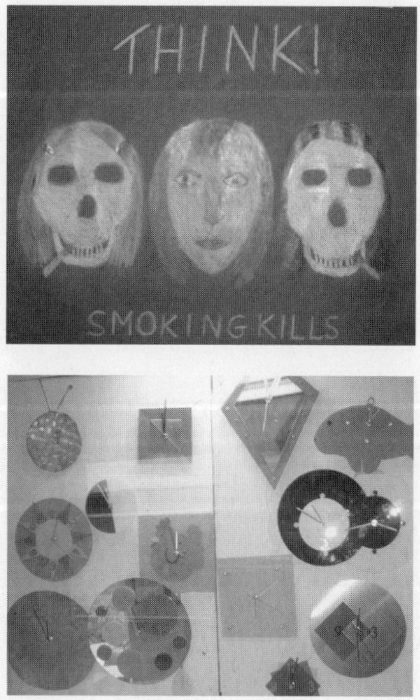

학생 작품

이 학교의 gab-year(대학준비학년)에는 국내외에서 다양한 활동이 펼쳐진다.

고 하였다.

학교장 밑에는 진로지도, 생활지도, 교육과정 조직을 전담하는 부장(디렉터)이 따로 존재한다고 한다. 다양한 진로지도 자료와 직업 관련 자료가 잘 갖추어진 이 학교의 진로지도실은 특히 인상적이었는데 학생들은 8학년 때 부모의 직업을 체험하기도 하고 진로지도만 전담하는 상담 교사에게 진로 관련 교육을 받는다. 특히 중등학교 졸업 시험을 마친 뒤 대학에 입학하기 전인 대학준비학년(Gap Year) 동안 외국으로 나가 다양한 문화 체험을 하거나 봉사활동을 하기도 하는데, 이 체험을 통해 학생들은 도전 정신과 자신감을 얻게 되며, 대학 입학 시에 이러한 다양한 체험이 학생 선발의 중요한 근거가 되기도 한다.

학교 시설을 둘러보고 난 뒤 우리가 도착한 응접실은 아주 비좁은 공간이었다. 모든 공간은 교육과 학생들의 다양한 활동을 위해 활용되고 있기 때문인 듯했다. 학교 건물도 낡은 편이었지만 요모조모로 개조하여 다양한 프로그램을 운용하도록 잘 활용하고 있었다. 학교의 모든 중심이 학생에, 모든 사고의 중심이 교육 활동에 놓여 있는 그들의 방식을 느끼게 하는 대목이었다.

전국 상위 10위 안에 드는 명문사립여학교

이 학교 역시 시험전형의 학교로 킹스 칼리지 고등학교와 마찬가지로 4세부터 상급반(The Sixth Form)까지 동등한 방법으로 선발하고 있다. 이 학교 졸업생은 중등학교 졸업자격시험(GCSE)에 100% 합격하며 95%가 A 레벨을 받는다. 상급반(The Sixth Form) 학생들은 72% 정도가 A 레벨을 받고 대부분 러셀 그룹(Russell Group) 학교들로 진학을 한다.

이 학교가 강조하는 교육은 상급반을 마치고 대학준비학년의 프로그램에 따라 1년간 외국 등으로 나가서 진로를 탐색하도록 하는 과정을 중시하고 있다. 이 프로그램을 준비시키는 방이 따로 설치되어 있고 이를 전담하는 교사가 따로 배치되어 있었다. 그 방에는 각종 활동 계획을 세울 수 있는 자료들로 꽉 차 있었고 교사의 조언과 부모의 협의하에 대학 준비를 돕고 있었다.

어떤 학생은 자기가 목표로 하는 대학에서 요구하는 봉사활동을 하기 위해서 아프리카에 가서 봉사활동 경험을 쌓고 오기도 하고, 어떤 학생은 정치외교학을 전공하기 위해서 국제기구에 인턴으로 파견되어 활동 경험을 쌓기도 한다고 지도교사가 설명했다.

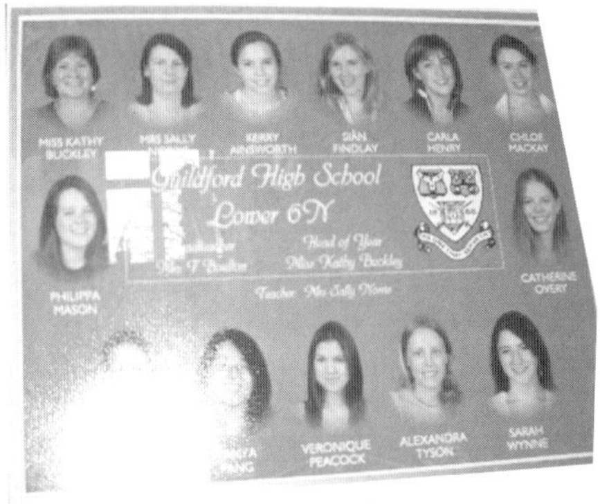

The Six-form반 학생들
(교실 입구 벽면에 걸려 있음)

이 학교 역시 학교의 다양한 과외활동이 대학에서 좋은 평가를 받는 요인이 되기도 한다. 이 학교는 특히 드라마, 체육, 음악을 강조한다. 드라마는 저학년에서는 영어 등의 다른 교과목을 위한 보조활동으로 이용되지만, 고학년에서는 정식 교과목으로 선택할 수 있다. 음악은 학교에서 1주일에 약 500개의 개인 레슨이 이루어지고 있을 정도로 활발하며, 오케스트라를 포함한 다양한 음악반이 구성되어 있고, 교내외에서 활발한 연주활동을 한다. 체육은 4개의 운동 종목을 의무화할 정도로 강조하고 있다. 이 밖에도 다양한 사회봉사활동을 통해서 사회에 대한 관심을 가지도록 지도한다. 예를 들어, 정기적으로 패션쇼나 바자회 등을 열어 불우이웃돕기 기금을 마련한다.

영국에서 방문한 두 학교는 상당히 시설이 잘 되어 있는, 아주 비싼 등록금을 받는 사립학교라는 점이 질 좋은 교육을 가능하게 하고 있었다. 기본적으로 좋은 가정에서 태어나 이미 학문적으로 잘 훈련된 학생들을 선발하여 학문적 성취와 동기를 보유한 학생, 상당히 높은 보수와 혜택을 받으므로 열정적으로 교육에 전념할 수 있는 교사, 다양한 과외활동을 할 수 있도록 지원하는 경제적 자원들은 전국적으로 상위 10위의 학교를 만들기에 충분한 조건이었다. 그러나 한편 이러한 학교에 들어오지 못하는 가난한 계층의 학생들은 어떤 교육을 받고 있을지 궁금하기도 했다.

엄격한 교원 선발과 학생생활지도

사립학교인 이 학교의 교사 선발은 TES라는 잡지에 광고를 하면 교사가 지원을 하고 지원자 중에서 여러 단계의 검증 과정을 거쳐서 교원을 선발한다. 교장, 교감, 부장의 인터뷰를 거치고 실제 수업 테스트(Teaching Test)를 한다. 인터뷰 단계에서는 교사로서의 열정을 매우 중요시한다. 이 학교 교원 선발 기준은 정식 교사(Honors Degree)의 경우 대학 학점 평균 B^+ 이상이어야 하고, 부장급 교사는 경험과 추천서를 고려해서 뽑는다. 학교는 교장과 2명의 교감(교과담당, 생활담당), 그리고 학과주임(Director of Study)으로 직제화되어 있다. 교장은 연합교회위원회에서 지명하고 선발 시의 의견은 설문지를 돌려서 학교 측에서 답변한 자료를 참고로 한다고 한다.

이 학교는 평범한 교외지역에 있음에도 불구하고 등록금이 비싼데, 이 학교에 들어오기를 희망하는 학생이 많다. 학교 운영비는 거의 전부 학생 등록금으로 충당하고 학부모의 추가 비용은 없다고 한다.

이 학교의 생활지도로는 튜터제도(Tutor System)와 버디제도(Buddy' System)라는 것이 돋보인다. 이 학교는 모든 학생에게 튜터를 배정해서 생활지도의 책임을 지운다. 그리고 7학년 학생들이 들어오면 11학년 학생들을 'Buddy(친구)' 로 배정해서 학생들의 적응과 발달을 돕는다.

진로지도만을 전담하는 커리어 카운슬러(Career Counselor)가 있고 진로지도실이 마련되어 있다. 커리어 카운슬러는 일주일에 3일은 학생들을 지도하고, 나머지 2일은 외부에 나가서 학교 방문 또는 세미나 등을 통해 진로와 관련된 자료를 수집한다.

참.고.자.료.1

◻ 유럽 5개 엘리트 학교의 공통적인 특징과 시사점

공통적 특성

방문한 5개교에서 공통적으로 알 수 있었던 사실은, 첫째 지식 교육과 인성 교육의 단단한 결합이었다. 지식 교육을 강조하면서도 그 강조로 인해 인성 교육이 경시되거나 위축되고 있지 않다는 것이다. 학교의 교육과정, 교육시설, 생활지도 그리고 졸업시험과 대학입학자격시험 등이 유기적으로 연결되어 있어 인성 교육과 지식 교육을 자연스럽게 아우르고 있었다. 보다 구체적으로 학생들의 기숙사 생활을 의무화하고 있는 루이 르 그랑, 스타니슬라스, 한센베르크 성 기숙학교는 교사들이 학생들의 일상생활을 총체적으로 지도 · 감독함으로써 학생들의 생각과 행동이 학교가 정하고 있는 규율과 교장과 교사가 정하고 있는 지도 방침에 자연스럽게 따르고 스며들 수 있도록 하고 있었다. 이는 지식 교육과 인성 교육이 분리된 채 인성 교육이 지식 교육의 장애물로 생각되고 있는 우리의 교육 현실과는 극명한 대조를 이룬다.

둘째, 인재 교육에 대한 각별한 관심이다. 우리가 방문한 학교들이 엘리트 학교들이어서 이들을 통하여 방문한 국가들이 엘리트 교육에 대하여 어떻게 생각하고 있는지를 어느 정도 짐작할 수 있었다. 루이 르 그랑은 프랑스 최고의 공립 그랑데콜 준비학교다. 이 학교는 다른 공립 그랑데콜 준비학교와는 달리 신입생들을 전국적으로 모집하고 있었다. 그뿐만 아니라 세계 각국으로부터 인재들을 적극적으로 유치하여 프랑스의 국비로 교육시킨다는 방침을 뚜렷이 하고 있었다. 그리고 실제로 중국과는 상호 협약을 맺어 매년 많은 수의 중국 유학생을 받아들이고 있었다. 수학 시험으로 이들의 자질과 능력을 평가한 후 우수한 인재라고 판단되면 프랑스 학생들과 동일한 조건으로 교육시킨다는 것이다.

세계 각국으로부터 우수한 인재를 유치하여 프랑스의 비용으로 교육시키고자 하는 프랑스의 목적은 무엇인가? 학교 관계자의 말에 따르면, 무엇보다도 프랑스 학생들이 다른 나라의 문화에 쉽게 접하고 그로부터 배울 수 있다는 것이었다. 그러나 이 외에도 그들에게 프랑스의 문화를 심어 주고 그들의 탁월한 능력으로 이루는 지적 성취가 프랑스의 발전에 큰 기여를 할 수 있을 것으로 생각하고 있음이 틀림없다.

독일은 전통적으로 엘리트 교육과 함께 각자의 소질을 국가가 최대한으로 개발한다는 정책을 펴 왔다. 장애자, 기능공, 기술공 등의 교육이 어느 나라보다 튼실한 나라다. 그러나 최근 계속되는 경기 침체와 교육의 국가 경쟁력을 높이기 위해서 우리가 방문한 헤센 주에서는 새로운 학교 모형이 시도되고 있었다. 방문한 한센베르크 성 기숙학교는 주지사가 제안하고 직접 기업의 지원을 요구하여 세웠다고 한다. 세 개의 기업이 이 학교를 지원하고 있었다. 이들은 학교에 건물, 컴퓨터 등을 지원할 뿐만 아니라 학생들에게 기업의 경험을 토대로 조언을 하고 학생들과 토론하는 기회도 갖는다고 한다. 주지사와 기업이 앞장서서 기존의 독일 학교 모형과 다른 새로운 학교 모형을 시도하고 있다고 볼 수 있다.

세 번째는 외국어와 자연과학의 강조다. 영어, 불어, 독어는 필수로 요구하고 있었다. 그리고 이에 더하여 킹스 칼리지 고등학교는 라틴어를, 그리고 한센베르크는 중국어를 요구하고 있었다. 세계화 시대에 살아남기 위해 언어는 필수적이다. 우리가 방문한 학교들은 자연과학, 수학과 과학에 중점을 두고 있다는 인상을 받았다. 이는 미래의 세계가 이들 학문의 발전에 크게 의존하지 않을 수 없다는 점을 인식하고 있기 때문이다.

학생생활지도상의 공통적인 특성

교사 중심의 적극적 생활지도

유럽에서의 생활지도는 교과목을 가르치는 교사 중심이다. 학교에 따라 다르지만 1명의 교사가 8~20명의 학생에 대해 책임을 맡으면서 학업지도와 함께 생활지도를 담당하고 있다. 일반적으로 한 번 맡은 학생을 졸업할 때까지 계속해서 지도하고, 대학 진학에 필요한 추천서도 학생 담당 교사가 작성한다. 미국에서는 교과목 담당 교사는 교과목만 가르치고 생활지도는 학교상담가가 전담한다. 이 경우 교과목 담당 교사가 학업지도에만 전념할 수 있다는 장점이 있으나, 학업지도와 생활지도가 분리되는 단점이 있다. 반면에 유럽에서는 교과목 담당 교사가 학업과 생활지도를 모두 담당하고 있는데, 이 경우 한 학생에 대해 총체적인 지도를 할 수 있다는 장점이 있으나, 교사의 업무량이 많고 전문적인 심리 서비스를 제공받을 수 없다는 단점이 있다.

가장 바람직한 방법은 생활지도의 1차적 책임은 교과목을 가르치는 담임교사가 맡고, 필요한 경우 2차적으로 상담전문가를 통해 전문적인 서비스를 받을 수 있도록 하는 것이다. 학생들의 종합적 · 장기적 이해를 위해 한 교사가 담당 학생이 입학해서 졸업할 때까지 지속적으로 담임을 맡는 것이 필요하다. 또 교사들이 형식적이 아닌 실제적인 생활지도를 할 수 있게 도와주기 위해서는 담임을 맡은 교사들의 수업 시수 감면과 생활지도에 대한 전문적인 교사 사전 교육과 재교육이 필요하다. 상담전문가는 적어도 1개교에 1명이 배치되어야 하며, 의뢰된 개별 학생지도뿐만 아니라 학교 전체적으로 필요한 생활지도를 계획하고 실행한다(예, 성교육, 진로교육, 학교폭력 예방 교육과 프로그램 등). 또 학교상담가는 담임교사들에게 학생지도에 필요한 도움을 제공할 수도 있다.

다양한 교과 외 활동과 사회봉사활동을 통한 인성 교육과 생활지도

유럽 엘리트 교육의 특징은 지식 교육은 기본으로 하고, 인성 교육을 통해 학생들의 총체적인 발달을 도모하고 있다는 것이다. 특히 장차 사회지도자가 될 학생들의 사회적 관심과 책임을 강조하고 있었다. 인성 교육을 위해서는 음악, 미술, 체육을 정규 교과목으로 채택하고 있었으며, 더 나아가서 방과 후에도 개별 레슨, 다양한 교내외 발표, 운동경기 등을 장려하고 있었다. 대표적으로 영국의 여자 명문 고등학교인 길포드 여자고등학교(Guildford High School)에서는 매주 500개의 음악 개별 레슨이 학교 내에서 이루어지고 있고, 학생들이 최소 4개의 운동경기를 할 수 있도록 하고 있다. 또 학생들의 사회적 관심과 책임을 길러 주기 위해서 학교와 지역사회 내에서의 봉사활동을 강조하고 있다. 특히 영국의 명문 남자 고등학교인 킹스 칼리지 고등학교에서는 금요일 오후에는 수업을 하지 않고 학생들이 지역사회에서 다양한 사회봉사활동을 하도록 하는 것이 인상적이었다.

우리나라에서는 학년이 높아질수록 국어 · 영어 · 수학 등의 주요 교과목만 중시되고 예체능 과목은 무시되는데 이렇게 되면 전인적인 발달을 도모할 수가 없다. 따라서 학생들의 다양한 예술과 체육 활동을 장려할 수 있는 방법이 모색되어야 한다. 그리고 우리나라의 경우 사회봉사활동 학점이 있기는 하지만 형식적인 점수 따기에 그치고 있다. 유럽의 학교들은 다양한 지역사회 봉사활동을 강조하며, 고학년의 학생들에게는 단순 참가만이 아니라 새로운 봉사활동을 계획하고 실행하는 능력까지 갖추도록 하고 있다. 우리나라에서도 적극적인 지역사회 봉사활동을 통해 학생들이 사회에 대한 관심과 책임을 학습할 수 있도록 지도해야 할 것이다.

기숙사 제도의 활용을 통한 생활지도

프랑스와 독일에서는 기숙사 제도를 적극 활용하고 있다. 학생들은 기숙사라는 작은 사회에서 함께 공동으로 살아가는 법을 배우고 있는데, 특히 기숙사에서 자신들을 위한 규칙을 만들고 실행하는 과정은 민주사회에서의 시민의 자질을 함양하는 데 큰 도움이 되고 있다. 또 학생들은 기숙사에서 가족과 같이 지내는 것을 통해 사람에 대한 애정과 신뢰를 배우고, 서로의 고민을 들어주고 문제 해결에도 도움을 주면서 자연스럽게 또래 상담자의 역할도 담당하고 있다. 기숙사에 배치된 사회복지사나 사감은 학생들의 방과 후 생활을 책임지면서 학생들의 생활지도에 큰 역할을 담당하고 있다. 가능하다면 우리나라에서도 기숙사 제도를 적극 활용해서 사회구성원으로서 책임 있게 생활하는 법을 가르칠 필요가 있다. 특히 최대한 학생들이 자율적으로 기숙사를 운영하도록 하는 제도는 학생들이 민주사회의 원리를 학습하고 실천하는 데 큰 도움이 될 것이다.

검사와 상담 등의 전문적인 생활지도 활동의 부족

유럽의 명문 고등학교에서는 검사와 상담 등의 전문적인 생활지도 서비스 활동이 부족한 것으로 보였다. 학생들을 보다 객관적이고 종합적으로 파악하여 학생 개개인에 맞는 생활지도를 하기 위해서는 검사나 상담 등의 전문 서비스가 필요한데 이를 위한 제도가 미흡했다. 특히 프랑스가 가장 부족했고, 독일과 영국에서는 어느 정도 이루어지고 있었지만, 미국과 같은 체계적인 학교상담가나 학교심리학자의 전문적 활동이 없었다. 프랑스의 어느 교장이 지적했듯이 일단 지적 능력이 검증된 최고의 학생들이 일류 대학 진학이라는 뚜렷한 목표를 가지고 입학하기 때문에 적응의 문제가 심각하지 않다고도 볼 수 있지만, 학생들의 효과적인 적응과 최대한의 자기 성장을 위해서는 전문적인 활동이 필요하며, 이를 위한 제도가 마련되어야 한다.

종합 결론 및 시사점

첫째, 방문한 학교들은 지식 교육과 품성 교육을 교육과정과 생활지도를 통하여 유기적으로 통합하고 있었다. 이 통합을 이끌고 있는 가장 강력한 견인차는 대학입학자격시험과 유럽 대학의 전형 기준이다. 대학입학자격시험에는 주지 교과뿐만 아니라 미술과 음악과 같은 예술 교과와 스포츠 과목이 포함된다. 여기에 더하여 이들 엘리트 학교 졸업자들이 지원하고 있는 유럽의 명문대학들은 대학입학자격시험 성적뿐만 아니라 지원자의 과외활동, 사회봉사활동, 리더십, 특기와 적성 등을 함께 고려한다. 대학의 전형 기준 자체가 지 · 덕 · 체를 겸비한 학생을 요구하고 있는 것이다.

우리나라의 고등학교는 삶도, 인간적 만남도, 사회생활에서 지켜야 할 최소한의 규범도 대학 입시 속에 매몰되어 있다. 그러나 방문한 유럽의 학교들은 학교의 일상적인 삶과 만남 속에 입시가 스며들어 있다고 생각했다. 진정한 만남이란 학생들과 접촉 면을 넓히지 않고는 불가능하다. 그들이 무엇을 생각하고 무엇을 고민하며 무엇을 원하고 있는가를 알지 못한 상태에서 만남이란 형식적이고 의례적일 수밖에 없다. 전체 신입생을 대상으로 하여 학생 개인당 20분씩 3개월에 걸쳐 이루어지는 오모니에 교장의 개별 면담은 학생들에게 다가가고자 하는 선생님들의 노력의 대표적인 예가 될 수 있다.

이 학교들은 전통으로 물려받은 위대한 유산을 교육의 자원으로 적절히 활용하고 있었다. 루이 르 그랑의 빅토르 위고 광장, 몰리에르 광장,

교문을 들어서면 만나게 되는 제1차, 제2차 세계대전에 전사한 선배들의 끝없는 이름들이 그 예다. 학생들은 학교 일상에서 이 유산들을 호흡하면서 긍지와 자부심과 함께 국가와 사회에 대한 책임감도 느낄 것이다.

둘째, 방문한 학교들은 각 분야를 선도할 국가적 인재를 넘어서 세계 어느 나라의 상대자와도 경쟁할 수 있는 세계적인 인재 양성을 목표로 하고 있었다. 교육의 가장 중요한 기능 중 하나가 자라는 세대로 하여금 그들이 살아가게 될 미래의 삶을 준비시키는 일이다. 더욱이 통합 유럽은 한 나라나 다름없다. 독일의 젊은이가 영국에서 일자리를 구할 수 있고, 프랑스의 젊은이가 독일 혹은 스페인에서 일할 수 있다. 그러므로 2개국 이상의 외국어를 구사할 수 있는 능력은 그들에게는 필수다. 한센베르크 성 기숙학교의 해외 기업 연수 프로그램과 길포드 여자고등학교의 진로 탐색 프로그램 등은 국제적인 감각을 익힐 수 있는 좋은 예라고 할 수 있다.

셋째, 초보적인 수준이지만 산학협동형 프로그램이 나타나고 있다. 산악협동 프로그램은 대학에서는 오래전부터 보편화되어 있는 현상이지만 중등교육 단계에서는 그 예를 찾아보기 어려웠다. 이런 의미에서 독일 한센베르크 성 기숙학교의 해외 기업 연수 프로그램은 세계의 중등교육 체제가 나아가야 할 하나의 방향을 제시하고 있다고 생각한다. 이 프로그램을 통해 기업은 자라는 학생들로부터 신선한 아이디어를 취하고 학생들은 수업 시간에 배운 이론들이 기업의 생산, 판매, 운영에 어떻게 응용되고 있는지를 배울 수 있도록 되어 있다. 이는 청소년과 고등학교 교육에 대한 기존 관념을 깨트리는 중요한 계기가 될 수 있다.

넷째, 자연과학과 수학이 강조되고 있다. 과학과 수학 과목의 강조는 미국의 기본 교육과정과 영국의 국가 교육과정에서 볼 수 있는 것과 같이 세계 중등 교육과정 개혁의 핵심을 이루고 있다. 이 과목들이 학교의 교육과정에서 선택으로 밀려나고 소수의 재능 있는 학생들만 들어도 무방한 과목으로 치부된 것은 일상생활에서 그 과목들이 갖는 실용적 가치가 크지 않다는 주장에 근거하고 있었다. 수학과 과학 과목이 다시 중시되기 시작한 것은 오늘날의 산업과 일상생활의 기반 자체가 수학과 과학의 원리에서 이루어지고 있기 때문이라고 본다.

다섯째, 학생 선발이 국경을 넘어서고 있다. 방문한 학교들은 거의 예외 없이 외국인 학생을 유치하고 있었다. 특히 루이 르 그랑은 외국의 우수 인재 유치를 국가 정책으로 정하고 이를 강력하게 추진하고 있었다. 자국의 이익에 공헌할 수 있는 사람이 반드시 자국민이어야 한다는 생각을 여기에서는 찾아볼 수 없다. 이러한 프랑스의 인재 유치 정책은 세계의 통합은 물론이고 프랑스의 발전에도 크게 기여하리라 생각한다.

제2부

인적 자원 양성소, 미국 고등학교의 교육과정 운영 모델

미국의 고등학교를 일목요연하게 파악하기란 쉽지 않다. 미국의 학교제도는 학교구(School District)를 기본 단위로 하여 학교의 행정 · 재정 운영을 학교구 단위에서 통제하고 교육과정 운영은 단위 학교의 자율성에 맡기고 있기 때문이다. 그러므로 미국 고등학교의 양상은 다양성이 그 특징이다. 그러나 미국의 고등학교가 일정한 중심과 공통성이 없는 것 또한 아니다. 다양성 속에서 공통성을 만들어 가는 메커니즘이 있다. 그것은 우선 각 주 정부 교육위원회가 단위 학교 및 학교구들의 교육과정 전문가들을 모아 주 단위의 교육과정과 평가 지표를 만들고 단위 학교의 교육활동을 구체적으로 지원하고 있기 때문이다. 둘째는 미국의 입시제도가 고등학교의 교육활동 방향을 제시하고 있기 때문이다. 양자가 모두 우리나라와 다른 점은 중앙정부(연방정부)의 획일적인 기준에 따른 교육 통제를 하지 않는다는 점이고, 대학입시제도 또한 중앙정부에서 통제하지 않고 대학의 자율에 맡겨져

있다는 점이다.

이와 같은 복잡하고 다양한 미국의 고등학교 제도를 대표적인 학교 한두 곳을 집중 분석해서 파악하는 것은 무리가 있을지 모른다. 하지만 앞에서 언급한 대로 주 정부 차원에서 교육과정과 평가 지표의 통일을 위해서 노력하는 내용이 단위 학교 교육과정 운영에 얼마나 구체적으로 영향을 미치고 있는가에 초점을 맞추어서 미국 펜실베이니아 주 피츠버그에 있는 윈체스터 서스턴 고등학교(Winchester Thurston High School)를 탐방 조사한 내용을 분석해 보고자 한다. 그리고 이어서 이 학교에 영향을 미치는 미국 대학입시제도 중 입학사정관제도에 대한 조사 내용을 분석해 보고자 한다.

이번 탐방 조사는 2004년 2월 7일(토)부터 2월 19일(목) 사이에 필자가 교육혁신위원회에 상근하면서 학교 교육과정과 교육평가 체제 연구를 위해서 미국의 고등학교를 방문 조사한 내용이다. 같이 방문한 위원은 당시 상임위원으로 활동하던 김회수 위원(현 전남대학교 교수)과 교육혁신위원회 이원근 사무국장이다. 특히 이 방문 조사에서는 당시 기초적으로 논의 중이던 '2008년도 대학입시제도 개정안' 내용 중 하나인 입학사정관제도에 대한 조사 연구도 함께하기로 했었다.

여행 일정상 먼저 피츠버그로 가서 피츠버그 대학 내 숙소에 머물면서 2004년 2월 9일에는 방문 학교인 윈체스터 서스턴 고등학교를 방문했고, 또 2월 11일에는 피츠버그 교외에 있는 셰이디사이드 고등학교(Shadyside Academy)를 방문했다. 이 두 학교는 자매관계에 있다. 나중의 학교 방문은 앞의 학교에 대한 보완적인 내용을 확보하기 위한 것이었다. 그리고 2월 12일에는 미국의 학군제도를 이해하기 위해서 미국에서 가장 작은 단위의 학교구 중의 하나인 마운트 레바논 학교와 마운트 레바논 학교구 교육청(Mt. Labanon School & Mt. Labanon School District, PA)을 방문하였다. 이 학교에서는 의외로 펜실베이니아 주 교육위원회 교육과정 편성위원(Supervisor Secondary Education)으로 활동하는 스티븐 불릭(Mr. Stephen G. Bullick) 씨를 만나서 주 교육위원회 활동에 대한 이야기와 귀중한 자료를 수집할 수가 있었다.

다음으로 우리 일행은 미국의 대학입시제도와 입학사정관 활동에 대해 알아보기 위해서 2월 13일에 피츠버그 대학교 입학처, 카네기 멜론(Carnegie-Mellon University) 대학교 입학처(피츠버그 대학교와 인접하고 있음)를 방문하여 입학사정관을 면담하고 입시제도에 대한 자료를 수집하였다.

피츠버그에서의 조사활동을 마치고 일행은 2월 17일(화)에는 워싱턴 D.C. 가까운 베데스다(Bethesda, MD)에 위치한 월트 휘트먼 고등학교(Walt Whitman High School)를 방문하였다. 이 학교는 공립학교로서, 특히 AP코스로 이름이 날 정도로 명문학교였다. 이 학교 교장 마르코(Dr. Jerome M. Marco) 씨와 짧은 면담을 한 후 하버드 대학교와 MIT 공과대학의 입학사정관제도를 알아보기 위해서 보스턴으로 향했다. 이하에서는 주로 피츠버그에 있는 윈체스터 서스턴 고등학교의 교육과정 운영과 교육평가제도를 집중 분석해 보고 이어서 미국의 입학사정관제도 운용 실태를 분석해 본다. 한 학교가 미국의 학교를 대표할 수는 없지만 '한 알의 씨알 속에 우주가 들어 있다.' 는 원리를 가지고 접근해 본다.

교육과정 운영 기획 모델

윈체스터 서스턴 고등학교 (Winchester Thurston High School)와 셰이디사이드 고등학교(Shadyside Academy)

윈체스터 서스턴 고등학교 전경

영국 교사가 교장으로 초빙된 학교

윈체스터 서스턴 고등학교는 피츠버그 대학교와 인접해 있었다. 피츠버그 시는 한때 카네기 제철소를 중심으로 세계 최대의 제철공업 도시였으나 1980년대 이후 제철공업이 사양화의 길을 걸어오면서 지금은 앨러게니 강변에 단 한 개의 제철공장이 유물과도 같이 남아 있는 전원도시로 변해 있었다. 우리는 2004년 2월 9일(월) 오후 1시 30분부터 5시 사이에 이 학교를 방문하였다. 학교를 좀 자세히 보기 위해 시간을 충분히 잡아 오후 시간 모두를 학교에서 보냈다. 우리를 반갑게 맞아 준 사람은 마이크 지(Dr. Mick Gee) 상급반 교장이었다. 이 학교는 초 · 중 · 고교 과정이 모두 있으므로 전체 교장이 있고, 고교 과정에 해당하는 상급반(Upper Class)을 담당하는 교장이 따로 있었다.

그는 원래 영국 사람으로 영국에서 박사학위를 마친 후 그곳에서 고등학교 교사 생활을 하다가 이 학교에서 공모제 교장을 모집한다고 해서 응모 · 초청된 교장이었다. 영국과 미국이 교육적으로 이렇게 가까운 줄은 몰랐다. 그리고 공모제 초빙 제도가 국경을 넘어서도 쉽게 이루어진다는 것을 보고 속으로 놀랐다. 그는 작은 키에 40대 중반쯤 되어 보이는 부지런하게 생긴 사람이었다. 고교 교장 외에 그날 우리가 만난 학교 관계자들은 진로상담실장 데이비드 시워드(David Seward, 진학지도실 책임자) 박사, 전체 학교장 게리 닐스(Gary Niels) 씨, 역사 교사 마이크 나라곤(Mike Naragon) 씨, 수학 교사 낸시 매과이어(Nanci Maguire) 양, 그리고 한국 유학생 2명(10학년, 11학년) 등이었다. 하루 종일 우리는 수업을 참관하고 교장을 비롯해서 역사과, 수학과 교사들과 개별 면담을 하며 진로상담실을 방문하여 진학 관계의 질의응답과 자료 수집을 하였다. 이를 통해 교육과정 기획에 대한 많은 정보와 자료를 확보할 수 있었다.

역사 교과를 특성화시킨 명문 여자고등학교

2월 11일에 방문한 셰이디사이드 고등학교(Shadyside Academy)는 피츠버그 시에서 조금 떨어진 앨러게니 강(Allegheny River)을 따라 한참 떨어진 교외에 자리하고 있었다. 앨러게니 강은 한때 매우 중요한 역할을 한 강이다. 피츠버그 시가 카네기 제철소를 중심으로 세계 최대의 제철 도시 역할을 할

셰이디사이드 여자고등학교 전경

셰이디사이드 학교 학생들

때, 이 앨러게니 강은 먼 오대호의 슈피리어 호반 메사비에서 생산되는 철광석을 휴런-이리 호를 지나 이리 운하를 연결하여 이 강을 따라 거슬러 올라와 이곳 피츠버그에서 강철을 생산하는 데 동맥 역할을 하였다. 그러나 지금은 다만 푸르고 고요하게 흐르는 강이었고, 이 고등학교는 강변 언덕에 자리 잡고 있었으나 학교의 이름과는 달리 양지바른 곳이었다. 이 학교는 사립여자고등학교였다. 캐첼 교장(Mrs. Jillian S. Kaechele)은 키가 크고 활달한 성격을 가진 여자였다. 이곳에서는 교장을 Senior School Head라고 불렀다. 하루 종일 이 학교에 머물면서 우리는 부교장(Associate Head: Mr. Richard Gable), 학생부장(Dean of Students: Mrs. Mary A. Krauland-Math teacher), 중국어와 동양사를 가르치는 왕 샤오(Ms. Wang Shao) 선생을 만났다. 그리고 역사과 주임교사 수직(Mr. Jeff Suzik) 선생, 수학과 주임교사 차프레스키 선생(Ms. Christine Czapleski), 그리고 나머지 두 명의 수학 교사도 면담하였다. 특히 우리를 안내하는 두 명의 한국인 학생이 있었는데 그들은 1일 학생 대사(Student Ambassadors)라는 명칭을 달고 하루 종일 수업 대신 우리를 안내하는 봉사활동 임무를 맡았다고 했다.

이 두 학교를 방문한 성과로 우선 윈체스터 서스턴 고등학교에서는 학교 교육과정 기획이 어떻게 일어나고 있는가의 문제를 자세하게 파악할 수 있었고, 셰이디사이드 고등학교에서는 역사 과목을 특성화시킨 학교로 이름난 곳이어서 일반 학교에서 특성화가 어떻게 이루어지고 있는가를 알 수 있었다. 이하에서 윈체스터 서스턴 고등학교 사례를 중점 분석하려고 한다. 셰이디사이드 고등학교에 대해서 한 가지 특징을 말한다면, 이 학교는 역사 교과를 특성화하고 있기 때문에 전 교사의 절반가량이 역사 교과 혹은 그와 관련된 과목을 가르친다. 이를테면 이 학교의 중국인 출신 왕 샤오 선생의 경우는 중국어를 가르치지만 동시에 역사 교과의 동양사를 가르치고 있다. 캐첼 교장의 말에 따르면, 이 학교의 설립자가 역사 교육을 설립 이념으로 강조해서 중점 육성하는 특성화 고등학교로 일관되게 발전해 왔다고 한다. 그래서 이 학교는 대학선수과목이수제(AP) 과목으로 역사와 수학이 인가를 받고 있는데, 특히 역사 교과는 그 점수를 미국 명문 사립의 대명사 아이비리그에서도 높은 점수를 준다고 자랑했다.

윈체스터 서스턴 학교의 사례를 심층 분석하기에 앞서 미국 연방정부와 주 정부의 교육목표와 교육과정 관리에 대해서 개략적으로 알아본다.

최소 기준만 정하는 미국 연방정부의 교육과정 기준

미국의 학제는 K-6-3-3(K는 유치원)제도를 기본으로 하면서도 교육자치구, 교육청, 학교 등의 사정에 따라 다양한 학제를 운영하고 있다. 학교구에 따라서 K-5-3-4, K-6-5, K-6-2-4 등으로 다양하게 운용된다. 그래서 한 학교 내에도 유치원부터 12학년까지 있는 곳도 있고, 초등학교 5년, 중학교 3년(6학년부터 8학년까지), 고등학교 4년으로 각각 별도로 운영되거나 중학교와 고등학교가 한 캠퍼스 내에 설립 · 운영되는 곳도 있다. 학제는 사립과 공립 간에 차이가 있고 학교별로도 차이가 있으며, 공립학교에서도 일반학교와 마그넷 스쿨(Magnet School) 간에 차이가 있고 주별로도 차이가 많다.

윈체스터 서스턴 고등학교는 중 · 고등학교가 한 캠퍼스에 있는 사립학교였다. 교육과정 운영은 공 · 사립 간에 차이가 크다. 사립학교는 교육과정 편성과 운영의 자율권을 완전하게 누리고 있다. 과목별로 해당 전미국교과교사협의회나 학회 등이 제시하는 기준(Standards)에 따라 학교 자체로 교육과정을 편성 · 운영한다. 반면에 공립학교는 연방정부의 최소 기준(National Minimum)과 주 정부가 요구하는 기준(주 정부 과목별 교육목표)을 수용하여 교육과정을 편성 · 운영하고 있다. 다음에 2000년에 시행된 미국 연방정부의 교육목표를 참고해 보자.

2000년 미 의회에서 성문화된 미국 연방정부의 교육과정 기준(National Minimum)을 보면 다음과 같다. 모두 6개의 항목으로 아주 간략한 내용으로 되어 있다. 우리나라의 교육과정(예를 들면, 7차 교육과정 고시)이 두꺼운 책자와 그보다 더 많은 상세한 교과목별 해설서로 되어 있는 것과 비교해 보면 너무나도 큰 차이를 실감한다. 그 내용은 다음과 같다.

① 미국의 모든 학생은 학습 준비가 된 상태에서 학교를 시작한다.

② 고교 졸업률을 최소한 90퍼센트까지 높인다.

③ 미국 학생들은 4학년, 8학년, 12학년 말에 영어(English), 수학(Mathematics), 과학(Science), 외국어(Foreign Languages), 일반사회(Civics and Government), 경제(Economics), 예술(Arts), 역사(History) 그리고 지리(Geography)를 포함한 도전적인 교과에서 능력을 증명해 보여야 한다. 그리고 모든 학교는 모든 학생이 자신의 정신을 잘 활용하는 방법을 배우고, 그래서 그들이 책임감 있는 시민이 되고, 계속 학습을 할 수 있으며, 미국의 근대 경제에서 생산적 고용이 되도록 한다.

④ 미국의 교수 인력(Teaching Force)은 자신의 전문적 기술을 지속적으로 개선하는 프로그램을 받을 것이며, 다음 세기를 위해 학생을 가르치고 준비시키는 데 필요한 지식과 기능을 습득할 기회를 갖게 될 것이다.

⑤ 미국 학생들은 수학과 과학 성취도에서 세계 1위가 될 것이다.

⑥ 모든 미국 성인은 문해력을 가질 것이며, 지구촌 사회에서 경쟁할 수 있는 지식과 기능을 가질 것이며, 시민으로서 권리와 의무를 다할 것이다.

⑦ 미국의 모든 학교는 마약, 폭력 및 허가되지 않는 총기류와 주류로부터 해방되고, 학습에 도움이 되는 정련된 환경을 제공할 것이다.

⑧ 모든 학교는 학생들의 사회적 · 정서적 · 학업적 성장을 촉진하는 데 부

모의 참여를 확대할 수 있도록 파트너십을 강화해야 한다.

여기에 덧붙여서 미국 교육부는 앞의 목표를 실현하는 데 필요한 하위 목표를 다음과 같이 세 항목으로 제시하고 있다.

① 저학년에서 시스템을 통해 수학과 과학 교육을 강화한다.
② 수학과 과학에서 실질적인 배경을 가진 교사의 수를 50퍼센트까지 증원한다.
③ 수학, 과학 및 공학에서 학위를 마친 학부 졸업생과 대학원 졸업생, 특히 여성과 소수민족의 수를 크게 증가시킨다.

미국은 연방정부의 교육목표가 최소화되어 있다(National Minimum). 그러나 그 원칙하에 각 주 정부는 구체적인 교육목표를 설정하고 이를 각급 학교에 다양한 방법으로 관철시키려고 노력한다. 요즈음은 주 정부의 교육에 관한 재정 지원이 늘어서 그에 상응하는 주 정부의 영향력이 높아지기는 하였으나 강제적인 방법으로 관철시키는 것은 아니다. 다음에 미국의 펜실베이니아 주 교육목표 설정의 사례를 보자.

펜실베이니아 주 정부의 교육과정

미국의 주 교육위원회는 관내 공립학교들의 교육과정 운영의 통일을 위하여 주 정부의 교육목표를 과목별로 세밀하게 제시하고 있다. 연방정부가 제시하는 과목인 영어, 수학, 과학, 외국어, 일반사회, 경제, 예술, 역사, 지리 과목을 중심으로 주별로 차이가 난다. 주 교육목표 해설은 학년마다 하는 것이 아니라 3학년, 5학년, 8학년, 11학년의 교육목표를 제시한다. 우리나라의 유치원, 초등, 중등, 고등학교의 교육목표와 과목을 학년별로 세세하게 정하는 것과 다르다.

여기서는 윈체스터 서스턴 고등학교가 속해 있는 펜실베이니아 주 공립학교에 적용되는 주 정부 교육과정 목표를 소개한다. 그중에서 대표적으로 수학과 일반사회 과목을 소개해 보면 다음과 같다.

펜실베이니아 주 교과 교육과정 표준 I _수학(Mathematics) 사례

펜실베이니아 주 수학 교육목표는 3학년, 5학년, 8학년, 11학년의 수학 학업 표준으로 제시하고 있다. 여기에서는 8학년과 11학년 학업 표준만 번역하여 제시한다.*

우선 수학 교과의 학업 표준을 정하기 위한 범주를 11개 항목으로 정하고

* Pennsylvania Department of Education, *Academic Standards for Mathematics* 참조하였다.

있다. 그 범주는 ① 수, 수 체계 및 수 관계, ② 계산과 추정, ③ 측정과 추정, ④ 수학적 사고와 연합, ⑤ 수학적 문제 해결과 의사소통, ⑥ 통계와 자료 분석, ⑦ 확률과 예측, ⑧ 대수와 함수, ⑨ 기하, ⑩ 삼각함수, ⑪ 미적분의 개념이다. 이러한 범주에 따라 다음은 학업 표준을 정한다. 이 수학 학업 표준은 네 학년 수준(3학년, 5학년, 8학년, 11학년)에서 학생들이 알아야 하고 할 수 있어야 하는 것을 기술한다. 이 표준들은 학생들이 상급 학교로 진급해감에 따라 성취해야 하는 것을 점차 복잡하고 세부적으로 정하고 있다.

이 표준은 학습된 기능을 반복하거나, 학년에 따라 분명하게 이루어져야 하는 진전을 제시한다. 학생은 이전 학년 단계에서 제시된 개념과 기능을 알고 적용할 수 있어야 한다. 결과적으로 이전의 학습이 반복되는 것이 아니라 강화되는 것이다.

이 표준을 학습한 학생들은 수학적으로 의사소통을 하게 될 것이다. 수학 그 자체를 공부하는 것도 흥미 있고 즐거운 것일 수 있지만, 수학은 다른 교과 분야에서 나온 정보를 조직하고 이해하는 것을 돕는 도구로 잘 활용된다. 그중에서 8학년(우리나라의 중학교 2학년)과 11학년(우리나라의 고등학교 2학년) 수준의 학업 표준을 펜실베이니아 주에서 정한 구체적인 내용으로 살펴보면 다음 표와 같다.

〈8학년과 11학년 수학 학업 표준〉

1) 수, 수 체계 및 수 관계	
8학년	11학년
펜실베이니아 공립학교는 모든 학생이 자신의 잠재력을 최대로 구현하도록, 그리고 다음의 것을 하는 데 필요한 지식을 습득하도록 가르치고 도전하게 하고 지원할 것이다.	
A. 등치를 갖는 형태로 수를 표현하고 활용한다(예, 정수, 분수, 소수점, 퍼센트, 지수, 과학 기호, 제곱근). B. 지수, 과학적 기호를 포함하여 수의 표현을 단순화하고 연산의 순서를 활용한다. C. 유리수와 무리수를 구분하고 질서를 잡는다. D. 거리, 율, 시간 및 여러 삼각형을 포함하여 수학적 문제 상황에 비율과 비례를 적용한다. E. 지수형태 활용을 포함하여 대수적 표현을 단순화하고 확장한다. F. 정수와 그 적용을 증명해 보이기 위해 수 선형 모형(Number line model)을 활용한다. G. 수식에서 미지수를 결정하기 위해 덧셈, 뺄셈, 곱셈, 나눗셈 및 제곱근 계산을 활용한다.	A. 연산을 활용한다(예, 반대치, 역치, 절대치, 제곱하기, 제곱근 구하기, 로그값 구하기).

2) 계산과 추정	
펜실베이니아 공립학교는 모든 학생이 자신의 잠재력을 최대로 구현하도록, 그리고 다음의 것을 하는 데 필요한 지식을 습득하도록 가르치고 도전하게 하고 지원할 것이다.	
A. 연산의 순서를 적용하여 계산을 할 수 있다. B. 정수, 소수, 퍼센트, 진분수와 가분수를 포함하여 여러 종류의 유리수를 더하고, 빼고, 곱하고 나눌 수 있다. C. 무리수 값을 추정한다. D. 비율과 비례 및 퍼센트를 활용하여 팁과 할인 양을 추정한다. E. 계산에서 과대평가나 과소평가의 적절성을 결정한다.	A. 문제 해결 상황에서 실수(real numbers)로 계산 개념, 연산 및 절차를 개발하고 활용한다. B. 정확한 답이 필요하지 않은 문제를 해결하기 위해 추정 값을 활용한다. C. 관련된 양의 값을 추정하기 위해 최적 직선과 최적 곡선을 포함한 수학적 모형을 구성하고 적용한다. D. 추정치를 활용한 계산에서 있을 수 있는 오차를 기술하고 설명한다.

F. 정확한 값과 근사 값의 차이를 구분하고 주어진 상황에 어떤 것이 더 적절한지를 결정한다.	E. 하나의 수를 계산하는 데 필요한 정밀도가 그 결과에 어떻게 활용될 것인가와 그 측정치를 산출하는 도구에 따라 좌우된다는 것을 인식한다. F. 컴퓨터 스프레드시트나 계산기를 활용할 수 있는 기능을 증명해 보인다.

※ 3)~11)까지의 표준에 대한 번역은 생략함

펜실베이니아 주 교과 교육과정 표준 2 - 일반사회(Civics and Government) 사례

다음으로 펜실베이니아 주 일반사회(Civics and Government) 과목 학업 표준을 보자.* 펜실베이니아 주에서는 3학년, 6학년, 9학년, 12학년을 기준으로 사회 교과에 대한 학업 표준(Academic Standards)을 규정하고 있는데, 그 중 일반사회(Civics and Government) 교과 12학년 학업 표준을 예로 제시해 보면 다음과 같다.

* 펜실베이니아 교육위원회 고시 2003, 1월 11일, 22PA Code, Chapter4, Appendix C(#006-275 참조

12학년 Civics and Government 학업 표준

1) 정부의 원리와 기록

A. 정부의 필요를 위해 진전된 주요 논의를 평가한다.
B. 법의 원천, 목적 및 기능을 분석한다.
C. 시민 삶의 원리와 이상의 중요성을 평가한다.
D. 펜실베이니아 주 정부를 형성하는 원리와 이상을 분석하고 이를 연방정부에 적용한다.
(E~M 번역 생략)

2) 시민의 권리와 책임

A. 다양한 정부에서 개인 시민의 권리, 책임과 의무를 평가한다.
B. 시민의 정부 참여와 시민 삶의 참여를 평가한다.
C. 사회 갈등의 원인을 해석하고 이 갈등을 해소할 수 있는 방안을 분석한다.
D. 공화당 정부의 정치적 리더십과 공공서비스를 평가한다.
E. 시민 삶과 정치적 삶의 참여가 어떻게 개인과 공공의 목적을 성취할 수 있게 하는가를 분석한다.
(F와 G 번역 생략)

3) 정부는 어떻게 작동하는가?

A. 국내외 정책 결정을 포함한 지자체, 주 정부, 연방정부의 구조, 조직 및 운영을 분석하고 평가한다.
B. 연방정부의 권력과 책임을 분석한다.
C. 법안이 지자체, 주 정부, 연방정부 수준에서 법으로 제정되는 과정을 평가한다.
(D~K 번역 생략)

4) 어떻게 국제 관계가 기능하는가?

A. 국제 경제, 기술 및 문화 발전이 미 정부에 미치는 영향을 분석한다.
B. 세계사와 관련하여 미국 정부와 다른 국가 또는 정부 집단과의 상호작용을 분석한다.
C. 과거와 현재 미국 정책 관심사의 변화를 비교하고 미래 국제 관계에 미치는 영향을 분석한다.
(D와 E 번역 생략)

상급 수준의 교과 선택

- 과목별 영재 코스, 우수반 코스(Honors Courses), AP(Advanced Placement) 코스

고등학교의 교육과정은 크게 필수교과와 선택교과로 운영된다. 사립학교에서는 필수와 선택을 학교의 재량으로 결정하고, 공립학교에서는 주 정부 표준에 따라 결정한다. 주 정부에서는 공립학교에 대해, 예컨대 수학은 고등학교에서 몇 년간 어떤 하위 과목(Algebra, Geometry 등)을 가르쳐야 하는가를 요구하고 있다. 그러나 사립학교에서도 몇 년 만에 한 번씩 인증(Accreditation)을 받아야 하기 때문에 교육이라는 큰 틀을 벗어나 사사로운 과목을 가르치지는 못하는 것으로 판단된다.

동일 과목 내에서도 대수(Algebra) I, 대수 II, 또는 프랑스어(French) I, II, III 등과 같이 과목의 수준을 구분하고 있고, 과목별 영재 코스 또는 우수반 코스(Honors Courses) 또는 AP(Advanced Placement) 코스 등과 같은 상급 수준의 교과를 선택으로 제공하고 있다.

사립고등학교와 '우수한' 공립고등학교에서는 AP 코스를 학생들이 선택하여 이수하도록 하고 있다. AP 코스는 대학에서 학점을 인정받기 위한 교과로서 시험(AP Test)을 치러야 하고, 이 시험에서 최소 3점(5점 만점) 이상을 받아야 대학에서 학점으로 인정해 준다고 한다. 일부 대학에서는 4점 이상 받은 과목만을 학점으로 인정하고 있다. 학교에서 학생에게 부여하는 AP 과목 등급(성적)은 대학에서 학생의 입학 여부를 결정할 때 하나의 고려 사항으로 검토한다고 한다. 그래서 대학에서 학점으로 인정받는가와 상관없이 좋은 대학을 가기 위한 방법으로 학생들이 AP 코스를 듣기도 한다. 학교에 따라 1개의 AP 코스에서 24개 이상까지를 제공하기도 했다.

졸업에 필요한 학점은 110~140학점 정도이며(주요 교과는 한 학기 수강을 3학점으로 계산함) 졸업 학점에는 선택과목 학점이 포함된다. 체육 교과는 엄격히 필수로 요구한다.

우리나라 교육과정 고시와의 차이점

앞에서 예시한 미국 연방정부의 교육목표 및 펜실베이니아 주 정부의 교육목표 해설은 우리나라의 정부가 작성한 교육과정 고시에 해당된다. 다만, 연방정부는 국가 최소 기준(National Minimum)을 제시하고 주 교육위원회가 과목별로 교육과정의 내용을 제시하고 있지만 매우 포괄적이고 원칙적인 내용으로 되어 있다. 우리나라의 교육과정 고시(예, 7차 교육과정 고시)와 다른 점은 다음과 같다.

첫째, 교육과정 고시에서 연간 수업 시수, 이를 규정하는 과목별 단위 수를 제시하고 있지 않다. 우리나라 교육과정 고시는 고시에 무슨 과목이 들어갈 것인가, 들어간다면 그것을 초 · 중 · 고교별로, 학년 · 학기별로 몇 단위로 할 것인가를 정하는 일이 교육과정 정책의 거의 대부분의 일이고 매우 중요하게 다뤄지며 이 문제에 모든 관심이 집중되어 있다.

우리 나라의 경우 무슨 과목이 몇 단위 들어갈 것인가의 문제는 교과목별로 이해관계가 걸린 교사 수, 교과서 편찬 과목과 교과서 종류, 이와 연동되어 교과서를 집필하는 대학(주로 사범대학)의 교과교육학과의 운명이 좌우되는 문제로 되어 있기 때문에 치열하다.

둘째, 교육과정 고시의 문서를 검토해 보면 과목별 장과 절의 내용이 학년별로 열거되어 있기는 하되 그 이상 자세한 내용을 규정하고 있지 않다. 포괄적인 내용 규정을 하고 있으되 우리나라의 교육과정 고시와 그 해설서와 같은 세밀한 내용 규정을 하지 않고 있다. 이를테면 앞의 펜실베이니아 주 일반사회 내용이 12학년이어서 좀 복잡한 것 같지만 교과서로 보면 대단원과 소단원 제목 정도에 그치고 있다.

미국과 우리나라의 교육과정 고시의 차이점을 비교해 보면, 우리나라 교육과정 고시의 문제점이 확연히 드러난다. 즉, 교육과정 고시가 그대로 교과서 집필 지침이 되고, 그 결과 국정 혹은 검인정 교과서의 내용을 중앙정부가 통제할 수 있는 수단으로 작용할 수 있다는 것이다. 결국 우리나라의 교육과정 고시는 교육과정의 국가 통제 수단으로 되고 교과서 집필을 둘러싼 각종 교과서 업자들과의 부작용을 초래하는 원인이 되기도 한다. 미국의 교육과정 고시는 교과서의 자유발행제를 근간으로 구성되고 있기 때문에 교과서 내용에 대한 구체적인 규제를 하고 있지 않다.

셋째, 미국의 교육과정 정책의 이와 같은 의도는 교육과정을 기획하고 가르치는 중심을 단위 학교로 위임하고 있기 때문이다. 주 정부나 연방정부는 단위 학교에서 교육과정 기획이 일어날 수 있는 포괄적인 교육 내용의 원칙을 정하고 있을 뿐 단위 학교의 수업 시수와 교과 내용을 일일이 규제할 수 있는 교육과정 고시를 하지 않고 있다는 점이 우리나라와 크게 차이가 난다.

미국과 우리나라의 교육과정 운영 비교

미국과 우리나라는 고등학교의 학교와 교실 운영 구조가 다르다. 우리나라는 학년제와 학급제를 전제로 설계되어 있어서 학습 집단이 항상 학년과 학급에 따라 제약을 받기 때문에 다양한 교과목을 개설 · 운영하는 데 결정적인 한계가 있다. 다음 표에서 보여 주는 것과 같이 한국의 서울 S고등학교와 미국 매디슨(Madisn W.) 고등학교의 교과목과 수업 운영을 비교해 보면, 한국의 고등학교는 학생 1인당 배워야 할 교과목 수가 대단히 많고 여러 명의 교사에게 배우기 때문에 수업이 피상적이면서도 학생 수업 부담이 매우 큰 교육과정을 운영하고 있다는 것을 알 수 있다.

한국과 미국의 고등학교 수업 시간표 비교

한국 (서울 S고 1학년 ㅊ반)						미국(Madison W고 A양)					
	월	화	수	목	금		월	화	수	목	금
1교시	국어A	수학B	국사	수학A	체육	과학[1]	과학	과학	과학	과학	과학
2교시	음악	국사	진로B	사회	기술	영회화[2]	영회화	영회화	영회화	영회화	영회화
3교시	영어A	국어B	미술	영어B	영어A	영어[3]	영어	영어	영어	영어	영어
4교시	체육	영어A	화학	물리	수학A	대수[4]	대수	대수	대수	대수	대수
5교시	기술	지학	기술	생물	도덕	사회[5]	사회	사회	사회	사회	사회
6교시	수학A	사회	지리B	진로A	창재	체육[6]	체육	체육	체육	체육	체육
7교시	–	지리A	국어A	국어B	–	SLC[7]	SLC	SLC	SLC	SLC	SLC

주: 1) New Comer SCI , 2) Listen/Speak ESL, 3) New Comer ENG,
4) ALG Concepts ESL, 5) New Comer SOC, 6) Team Sports

7) Small Learning Community: 전교생이 4개의 집단 중 하나에 참여, 학력 증진과 교사, 학부모, 학생 사이에 강한 공동체 의식을 형성하기 위한 것임. 각 집단에는 집단의 책임자, 심리학자, 상담교사, 사회복지사 그리고 간호사로 구성된 지원 팀이 있음

출처: Madison West High School, National School of Excellence 2005-2006.*

우리나라의 고등학교의 수업이 얼마나 경직되고 피상적으로 운영되는지를 미국의 경우와 비교해 볼 필요가 있다. 앞의 표에서 보면, 한국의 고등학교 1학년생들은 1주일 동안에 23개 이상의 과목을 20여 명의 교사들에게 배운다. 고 2~3학년 선택 과정에서도 그 수는 크게 차이가 없다. 그리고 학생들이 이수해야 할 교과목은 주 1시간씩 공부하여 17주 동안 수업하면 한 학기 1단위의 이수 자격이 주어진다. 그래서 졸업에 필요한 이수 단위는 210단위다. 수업은 음악, 미술, 체육 등 예체능 과목, 기술 · 가정 등 몇 과목을 제외하면 학급 단위로 자기 학년 학급에서 하루 종일 수업을 받는다. 이에 비해 미국의 고등학교 학생들은 주당 7개 과목을 배운다. 과목은 과학이나 사회 등 어떤 과목이든지 기초 과정과 심화된 과목(과학기초, 과학 A, 과학 A 심화, 과학 AP 심화 등)이 몇 단계로 층화되어 있어서 학생들이 자기의 수준에 맞게 선택할 수 있게 되어 있다. 성적이 향상되면 다음 학기에는 더 상위 등급의 수업을 들을 수 있다. 그렇게 해서 졸업에 필요한 22학점을 3년 동안에 따면 된다.

*박부권, 현행 고등학교 교육과정의 문제와 개정 방향. 교육과정 관련법 개정을 위한 정책간담회 자료. 2008. 7. 9.

210단위와 22학점은 어떤 차이가 있는가? 한국의 1단위는 주당 1시간씩 17주 동안 수업받은 양인데, 미국의 1학점은 주당 5시간씩 36주 동안 수업받은 양으로써 각각 17시간(단위), 180시간(학점)이다. 그래서 졸업에 필요한 최소의 수업 시간은 한국은 3,570시간이고 미국은 2,970시간으로 한국이 약 600시간이 많다. 그러나 개설 과목 수는 한국은 약 80~90과목인 데 비해서 앞의 미국 W고등학교의 경우는 17개 영역에 218개 과목이다. 한국의 경우는 교사의 수가 제한되어서 80~90개 과목 이상의 개설이 불가능한 데 비해 미국의 경우는 다양한 선택이 이루어지고 있다. 그 핵심적인 차이는 한국은 학년제(학급제)로 운영되는 이수 단위 제도이고, 미국의 경우는 무학년제로 운영되는 학점제이기 때문이다.

한국과 미국의 고등학교 교육과정 운영을 비교해 보면 다음과 같다.

한국과 미국의 고등학교 교육과정 운영 비교

한국의 고등학교	미국의 고등학교
• 주당 23개 이상의 과목을 20여 명의 교사가 가르침 • 2~3학년 선택 과정까지 합쳐 선택 가능한 과목 약 80~90과목 • 졸업에 필요한 이수 단위는 210단위(주 1시간씩 17주) • 졸업에 필요한 최소 수업 시간 3,570시간 • 음악, 미술, 체육 등 예체능 과목, 기술 · 가정 등 몇 과목을 제외하면 학급 단위로 자기 학년 학급에서 하루 종일 수업을 받음 • 교사가 이동하는 수업(teacher-moving) • 학년제 이수 단위제	• 주당 7개 과목을 17개 영역 218개 선택과목 중에서 선택 • 과목은 기초 과정과 심화된 과목. 예, 과학 기초, 과학 A, 과학 A심화, 과학 AP 심화 등 몇 단계로 층화되어 있음 • 학생들이 자기의 수준에 맞게 선택 • 졸업에 필요한 22학점을 3년 동안 취득(주당 5시간씩 36주 1학점) • 졸업에 필요한 최소 수업 시간 2,970시간(한국보다 약 600시간 적음) • 학생 교실 선택제(student-moving) • 무학년제 학점제

미국의 학교제도가 다 좋은 것은 아니지만 적어도 다양한 과목이 개설되고 학생들이 자기가 선택해서 구성한 시간표를 가지고 공부를 한다는 점은 시사하는 점이 크다. 한국의 경우는 앞에서 보듯이 ○○반의 시간표는 있으되 학생 개개인의 시간표는 없다. 무엇보다도 미국에서는 학생이 선택할 수 있는 교과의 수준이 학생들의 능력에 따라 선택이 가능하다는 점, 교실에서의 수업 외에도 과제물 작성 등의 시간이 학점을 따는 데 이용되며 확인되고 있어서 사실상 학교 수업 시간이 적은 데 비해 실질적인 학습활동이 더 많이 이루어지고 있다는 점을 들 수 있다. 한국의 학생들은 아침부터 밤늦게까지 공부하는 시간이 엄청나게 많은 데 비해 공부의 효율성에서는 미국의 학생들보다 자기가 하고 싶은 것을 더 심화학습하고 있는지 의문이다.

우리나라의 현행 고등학교 교육과정은 1963년 2월 15일 「문교부령」 제119호로 공포한 제2차 교육과정 개정의 틀을 그대로 유지하고 있다.* 이때 전제한 것은 고등학교 교육과정 운영을 단위제로 설정한 것인데 이 단위제는 학년제에 대비되는 것으로 학생들의 능력과 적성에 따라 다양한 교과를 선택할 수 있는 제도를 도입한 것이었다. 이 단위제는 학점제와 유사한 것으로 같은 학년이라도 능력과 적성에 따라 다양한 교과를 이수할 수 있게 한 것이었다. 그러나 이러한 단위제(학점제)를 도입한 지 45년이 지났는데도 고

* 김종철 외(1974). 서울 중앙대학교 부설 한국교육문제연구소. p. 437, 박부권, 「초 · 중등 교육법」 일부 개정안 검토 의견. 2008. 7. 20에서 인용, 이하 동 자료를 참고하였다.

시에만 있을 뿐 사실상 수업의 운영은 학년제(학급제)에서 크게 벗어나지 못하고 있는 것이 우리나라의 현실이다. 1995년 5 · 31교육개혁안이 초 · 중 · 고교 교육의 다양성과 창의성을 강조하면서도, 그리고 그 이후의 7차 교육과정 개정에서 고교 선택 교육과정을 입안하면서도, 이러한 학년제 운영과 단위제(학점제) 운영의 중요한 차이점과 개정 방안이 고려되지 못했다는 것은 지금에 와서 크게 반성해 보아야 할 점이다. 물론 이 점은 시설과 인사 및 예산이 함께 따라야 하는 문제지만 시대가 요구하는 고교 교육의 다양화를 위해서는 반드시 검토해야 할 정책이다.

미국의 교육과정 운영은 사립학교는 물론이고 공립학교에서도 기본적으로 단위 학교의 교육과정 기획을 통해서 이루어진다. 미국의 학교도 우리나라와 같이 학교 교육 계획서가 있고, 그 문서에 따르면 교육과정 편성 운영 원칙, 졸업에 필요한 학점, 그리고 개설하고 있는 각 과목에 대한 소개를 하고 있다. 중요하게 살펴볼 점은 미국의 고등학교는 졸업에 필요한 학점과 개설 과목을 단위 학교에서 결정한다는 점이다. 미국의 학제가 12학년제를 기본으로 하고 각 학교는 필요한 연령대의 학생들을 받아들여서 그 학생에게 필요한 교육과정을 제공하기 때문에 학교마다 다니는 학생들의 연령대도 차이가 나고 그에 따라 제공되는 교육과정도 다르다. 그러므로 단위 학교가 운영하는 교육과정에 차이가 날 수밖에 없고 교육과정의 기획을 단위 학교가 할 수밖에 없는 것이다.

윈체스터 서스턴 고등학교의 교육과정 운영

교육과정 편성 · 운영의 철학　미국에서 역사가 있고 우수한 명문학교는 대개 가톨릭계 사학이다. 윈체스터 서스턴 고등학교는 1887년에 설립된 사립학교로 가톨릭 재단이 운영하며 남녀공학이다. 12학년을 운영하며 학생 수는 625명이고, 그중 고등학교 과정인 9~12학년 학생은 210명이었다.

이 학교는 미국에서 SAT 점수가 높고 대학 진학률이 100%이며 AP 코스(대학선수학점이수제)가 많이 개설되어서 가톨릭계 명문학교로 인정을 받고 있다(AP 개설 과목－영어, 영국 역사, 영국 문학, 유럽 역사, 경제학, 프랑스어, 스페인어, 라틴어, 생물학, 화학, 물리학, Calculus 1, 2, 컴퓨터 사이언스, 예술사 등). 그리고 특별활동 과목도 많이 개설되어 활발한 활동을 하는데, 특히 스포츠, 음악, 클럽활동 등이 유명하다. 예술 분야에서의 활동으로 미국에서 유명한 진 켈리상(Gene Kelly Awards, 미국 피츠버그 출신의 유명한 배우이며 연출가인 Gene Kelly를 기념하기 위해 만든 상)를 수상하기도 했다.*

다음에 예시하는 것은 2003~2004년도 윈체스터 서스턴 고등학교의 학교교육 계획서상에 나타난 교육과정 내용들이다.**

---

*학교 주소: 555 Morewood Avenue, Pittsburg. PA 15213.
홈페이지: www.winchesterthurston.org

**윈체스터 서스턴 고등학교 2003~2004년 고교 교육과정 개요

"본교는 학생들이 자신의 역량 내에서 가장 높은 수준의 학문적 · 예술적 · 운동적 수준(표준)을 성취하도록 교육하는 데 주력한다. 우리는 확고한 지적 · 도덕적 기반 위에서 의사 결정을 하고 리더십을 발휘할 수 있는 미래의 세계시민을 교육하는 데 헌신한다. 각 교과에서 교사들은 급격히 변화하는 세계에서 전 생애에 걸쳐 배움을 사랑하고 지속적으로 배울 수 있는 능력을 학생들에게 심어 주고자 노력한다. 그래서 우리는 영어와 세계 언어로 명확하게 말하고 글쓰는 능력을 강조하고, 우리 자신을 이해하기 위해서 여러 민족과 국가들의 역사를 공부하며, 세계와 우리의 미래를 이해하기 위해 수학과 과학을 공부하고, 컴퓨터 수업과 활용을 요구하고 있으며, 우리의 상상을 풍부하게 하도록 예술을 강조하고 있다. 건강한 육체를 유지하기 위해서 때로는 경쟁적 상황에서, 때로는 비경쟁적 상황에서 체육 교육과 스포츠를 하도록 하고 있다. 우리는 교실에서 개방된 의사소통을 하도록 하고 있으며, 학교에서 10대로 살아가면서 다른 모든 학생의 특성을 존경하는 태도를 갖도록 하고 있다."

학생의 졸업 요건 모든 학생은 언제 대학입학시험을 위한 강좌를 이수해야 하는지, 성취도 시험은 언제 치러야 하는지, 졸업 요건은 언제 채워야 하는지, 개인이 특별히 흥미를 느끼는 강좌는 언제 이수해야 하는지를 결정하도록 진학부장(Director of Student Development /College Counselor)과 상의하여 자신의 4년(9~12학년) 전체 프로그램에 대한 윤곽을 잡도록 하고 있다. 이렇게 계획을 세워 보는 것은 1~2학년(9~10학년) 학생들이 자신의 학교생활 전체를 능동적으로 설계하고, 다양한 영역에 도전하면서 필요한 졸업 요건을 스스로 채워 나갈 수 있게 해 준다.

학기(1년에 3학기제로 운영함)마다 학생들은 교장, 지도교사, 부모의 지도와 승인하에서 모든 프로그램을 균형 있게 이수해 간다. 진학부장과 수석 지도교사(Assistant Head of School) 또한 학생들이 이수할 프로그램에 대해 추천한다. 학점 이수 최소 요건과 지침은 학생이 이 학교에서 4년의 프로그램을 계획할 때 사용해야 하는 준거 틀이다.

정상적으로 졸업장을 받기 위해서는 최소한 2년간 이 학교에 등록되어 있어야 한다. 만일 어떤 학생이 12학년일 때 이 학교에 전학해 왔다면 그 학생이 졸업 요건을 충족했는지를 최종적인 성적표를 검토하여 판단하게 된다. 9학년 신입생으로 입학한 학생들은 졸업을 위해 140학점을 이수해야 한다. 다음 페이지에 개괄되어 있는 것처럼 필수 학점이 140학점이 못되는 경우는 나머지 학점을 자신이 흥미를 갖거나 강점이 있는 선택과목 학점으로 채워야 한다. 여기서 140학점은 졸업의 최소 기준, 즉 최소 통과 등급이라는 점을 주목해야 한다. 대부분의 대학에서는 최소 요건을 선택한 학생이 제2외국어나 추가적인 전공 영역 공부를 할 것을 권장한다.

9학년 이후에 전학해 온 학생에게는 일반적인 졸업 요건이 (이후 학년에) 할당된다. 전학해 온 학생을 적합한 수준에 배치하고 특정 교과 영역에서 요구하는 졸업 요건을 충족하기 위해서 무엇을 더해야 하는가를 결정하기 위해서 이전 학교에서 이수한 학점 전체를 검토하는 것은 아니지만, 이전 학교 이수 학점(성적)에 대해 검토하고 인정하는 절차를 밟게 된다.

매 학기에 5개 전공 영역 코스, 1개 선택 코스 및 체육 교육을 이수하도록 부과한다. 전공 영역 코스는 한 학기 수업을 받아야 2학점이 인정된다. 각 학기에는 여덟 번의 면대면 수업과 한 번의 교실 밖 준비가 포함된다. 6개 코스 이하를 수강하거나 그 이상을 수강하고자 하는 학생은 교장의 허락을 얻어야 한다. 12학년은 1개의 최상급 학년 프로젝트(Senior Project) 또는 1개 인턴십을 신청할 수 있다.

졸업에 필요한 학점과 개설 과목 내용*- 몇 가지 과목의 예

펜실베이니아 졸업에 요구되는 학점

과 목	배우는 기간	취득 학점(학점)
English	4 년	24
Mathematics	4년	18
Lab Science	3년	18
Modern and Classical Languages	3년	18
History and Social Studies	3년	18
Fine Arts(2개 학과)	5(코스)	10
Physical Education	4년	12
Health	1(코스)	2
Computer	1(코스)	2
Speech	1(코스)	2
계		124 필수 학점

* B. Keith Lenz etc. The Corse Organizer Routine, 1998. P. O. Box 1304, Lawrence, Kansas, 66044 참조

영어(English)

모든 학생은 4년 동안 영어를 이수해야 한다. 9학년은 문학 고전을 강조하는 1개의 1년 코스를 수강한다. 10학년 프로그램은 문학, 에세이 기법 및 연구 보고서로 구성된다. 11학년 영어는 미국 문학 연구다. 12학년 코스는 영국 문학과 세계문학을 포함한다. 한 학기의 발표(Speech)가 졸업 요건으로 부과된다.

① 9학년 English: Rites of Passage(1년, 6학점)
② 10학년 English: The Search for Self(1년, 6학점)
③ 11학년 English: American Literature(1년, 6학점)
④ 12학년 English(1년, 6학점)
⑤ 12학년 AP English: World Literature and Selected Topics(1년, 6학점)
⑥ Journalism(1학기, 2학점)
⑦ Speech: The Art of Public Speaking(1학기 코스, 2학점)

사회탐구(Social Studies)

사회탐구는 졸업을 위해 3년간 수강해야 한다. 일반적으로 학생들이 다음 순서로 필수 코스를 이수한다.

① 9학년: Contemporary World History

② 10학년: Modern European History 또는 AP European History

③ 11학년: American History 또는 AP American History

모든 학생은 졸업을 위해 1년짜리 미국사(American History)를 이수해야 한다.

① Contemporary World History(1년, 6학점)

② 3번째 1학기 모듈: 각 학생은 하나의 모듈을 선택한다.

- 모듈 1: Latin America Since 1945(9학년)
- 모듈 2: Africa Since WWII(9학년)
- 모듈 3: Japan Since 1945(9학년)

③ Modern European Histroy(1년, 6학점)

④ 3번째 1학기 모듈: 각 학생은 하나의 모듈을 선택한다.

- Fascism(10학년)
- History of Ireland(10학년)

⑤ AP European History(1년, 6학점)

⑥ American History(1년, 6학점)

⑦ 3번째 1학기 모듈: 각 학생은 하나의 모듈을 선택한다.

- The American Revolution(11학년)
- Pittsburgh History(11학년)

⑧ AP American History(1년, 6학점)

⑨ Contemporary World Politics(1학기, 2학점)

⑩ Medieval European History(1학기, 2학점)

⑪ Topics in Women' s History(1학기, 2학점)

현대문, 고문(Modern and Classical Languages)

현대문과 문학과에서는 프랑스어(French), 스페인어(Spanish) 및 라틴어(Latin Course)를 제공한다. 모든 언어에 대해 AP 시험 준비 코스가 제공된다. 졸업을 위해서 학생은 한 개 언어를 3년간 공부하거나 한 언어에 대해 Level 3의 코스를 성공적으로 마쳐야 한다. 졸업 요구 학점을 이수한 뒤에 고급 수준의 언어 학습을 계속할 것을 강력히 권장한다. 이 학과에서는 미국외국어교수협회(American Council on Teaching Foreign Languages)에서 제시하는 표준(목표)을 사용한다.

① French 1 / Spanish 1(1년, 6학점)

② French 2 / Spanish 2(1년, 6학점)

③ French 3 / Spanish 3(1년 6학점)

④ French 4 / Spanish 4(1년 6학점)

⑤ French 5 AP / Spanish 5 AP(1년 6학점)

⑥ Latin 1(1년, 6학점)

⑦ Latin 2(1년, 6학점)

⑧ Latin 3(1년, 6학점)

⑨ Latin 4(AP Option, 1년, 6학점)

과학(Science)

과학(Science)과에서 제공하는 코스들은 현대 과학적 개념을 이해하고 응용하는 것과 과학자들이 새로운 사실을 연구할 때 사용하는 과학적 과정을 강조한다. 모든 학생은 실험실 과학(Lab Science) 코스를 3년간 이수해야 한다. 9학년에 물리학(Physics), 10학년에 화학(Chemistry), 11학년에 생물학(Biology)을 이수할 것을 추천한다. 천문학(Astronomy)은 선택과목으로 모든 학년에 개방된다. AP Biology, AP Chemistry, AP Physics 및 Human Biology/Wellness 코스는 초급 과학 코스를 이수한 학생들에게 선택으로 개설된다. AP 코스는 부담이 많기 때문에 이전의 과학 코스에서 B학점 이상을 받은 학생이 수강하는 것이 바람직하며, 담당 교사 또는 과학과 학과장과 수강을 협의해 주기 바란다고 안내하고 있다.

곧바로 AP 코스를 이수하는 것은 바람직하지 못하다. 곧바로 AP 코스를 이수하려면 담당 교사, 학과장, 교장이 모두 승인해야 한다. AP Chemistry 코스를 수강하는 학생은 피츠버그 대학교에서 제공하는 프로그램〈College in High School(CHS)〉의 수강을 선택할 수 있다. 이 학생들은 피츠버그 대학교에 3학점을 등록해야 하고, 담당 대학 교수가 부여하는 시험과 실험실 숙제를 완수해야 한다.

① Physics(1년, 6학점)

② 첫 번째 1학기 모듈(모든 학생은 이 모듈을 선택해야 한다.)

- Mechanics

③ 두 번째 1학기 모듈(모든 학생은 이 모듈을 선택해야 한다.)

- Energy, Wave Motion, Optics

④ 세 번째 1학기 모듈(각 학생은 한 가지 모듈을 선택해야 한다.)

- Quantum Mechanics
- Medical Physics
- Astronomy−Discovering the Universe

⑤ Chemistry(1년, 6학점)

⑥ 세 번째, 1학기 모듈(각 학생은 한 가지 모듈을 선택해야 한다.)

- Structure and Function of Biomolecules
- Analytical Sciences

⑦ Biology(1년 6학점)

⑧ 세 번째 1학기 모듈(모든 학생은 한 가지 모듈을 선택해야 한다.)

- Biotechnology
- Environmental Sciences

⑨ AP Biology(1년, 6학점)

⑩ Human Anatomy(1학기, 2학점)

⑪ Human Health and Disease(1학기, 2학점)

⑫ Biomedical Seminar(1학기, 2학점)

⑬ AP Chemistry(1년, 6학점)

⑭ AP Physics(1년, 6학점)

⑮ Natural Sciences(1학기, 2학점)

⑯ Science of Science Fiction(1학기 선택, 2학점)

수학(Mathematics)

수학은 졸업 요건을 충족하기 위해서 기하(Geometry)와 대수(Algebra) 2를 포함하여 최소 18학점의 수학을 이수해야 한다. 모든 코스에서 학생들은 제도기(TI-83 plus graphing calculator)를 지참해야 한다. 코스들은 대수 또는 기하를 9학년에서 시작하여 순서대로 제공된다. 9학년에서 기하를 이수한 학생은 대개 12학년에서 AP Calculus AB, 또는 Statistics를 수강한다. 수학에 동기 유발이 잘 되어 있는 학생은 기하와 대수 2를 동시에 수강할 수 있으며, 11학년에서 AP Calculus AB, 12학년에서는 AP Calculus BC 또는 Statistics의 수강이 허용된다.

① Algebra 1(1년, 6학점)

② Geometry(1년, 6학점)

③ Algebra 2(1년, 6학점)

④ Precalculus(1년, 6학점)

⑤ AP Calculus(AB, 1년, 6학점)

⑥ AP Calculus(BC, 1년, 6학점)

⑦ Statistics(AP Option, 1년, 6학점)

컴퓨터 과목(Computer Science)

① Computer 1(3학기, 2학점, 전 학년)

② Computer 2: Introduction to computer Science using C++(1년, 6학점, 전 학년)

③ AP Computer Science: Advanced Topics in C++ And Java Programming(1년, 6학점, 10~12학년)

도서관(Library Program)

이 학교에서 도서관 프로그램의 목적은 도서관 사용을 통해서 평생학습을 촉진하는 것이다. 정보나 오락에 관한 자료 제공, 도서관 자료 사용 교육 등을 통해 이 목적을 달성하고자 한다.

예술(Fine Arts)

학생들은 시각예술(Visual Arts)과 행위예술(Performing Arts) 학과의 코스에서 10학점을 이수해야 한다. 졸업 학점은 다음과 같이 할당된다. 9학년 신입생은 최소 10학점, 2학년과 3학년으로 전학 온 학생은 6학점을 이수해야 한다.

시각예술(Visual Arts)

시각예술 학과의 기본적인 목표는 학생들에게 새로운 방법과 복잡한 개념을 소개하는 것이다. 예술사 코스들은 예술가의 선택과 문화 간의 관계를 지적하며, 스튜디오 예술 코스들은 학생 자신의 시간적 언어를 선택하여 관찰한 대상을 형식적 구조로 번역하도록 안내하게 구성되어 있다. 학생들이 창의적 도약을 할 수 있도록 복잡한 스튜디오 문제들이 단계적으로 제공된다.

① Drawing and Painting(1학기, 2학점, 전 학년)

② Photography(1학기, 2학점, 전 학년)

③ Three−Dimensional art(1학기, 학기당 2학점)

④ Digital Photography(1학기, 2학점)

⑤ Film making(2개 학기, 2학기와 3학기, 4학점)

⑥ Metalsmithing(2개 학기, 1학기와 2학기, 4학점)

⑦ Copper Vitreous Enameling(1학기 선택, 2학점)

⑧ Woodcarving(1학기, 2학점)

⑨ Ceramics(1학기, 2학점)

⑩ Introduction to Architecture(1학기, 2학점)

⑪ AP Art History(1년 6학점, 11~12학년)

행위예술(Performing Arts)

이 학과 교육과정은 음악, 드라마, 댄스를 보다 완전하게 감상할 수 있는 어휘와 기능을 이해하도록 설계되었다. 코스들은 이 세 영역의 역사적 이론의 기초뿐만 아니라 수행 측면을 강조한다. 학생들은 교실에서, 그리고 관객 앞에서 이론을 직접 수행에 적용할 수 있는 기회를 갖게 된다.

음악(Music)

① Listen to the Music(1학기, 2학점, 전 학년)

② Electronic MIDI Music(1학기, 2학점, 전 학년)

③ Music History(1학기, 2학점, 전 학년)

④ Chorus(1년, 1년에 3학점씩, 전 학년)

⑤ Orchestra(1년, 1년에 3학점씩, 전 학년)

⑥ Guitar Ensemble(1년, 1년에 3학점씩, 전 학년)

⑦ String Ensemble(1년, 1년에 3학점씩, 전 학년)

⑧ Jazz Band(1년, 1년에 3학점씩, 전 학년)

⑨ Private Music Lessons(1학기 또는 1년, 학기당 1학점)

춤(Dance)

① Fine Arts Dance(1학기 또는 1년, 학기당 2학점)

② Dance Ensemble(1년, 1년에 3학점씩)

③ Dance for PE(1학기 또는 1년, 학기당 1학점)

연극(Drama)

① Introduction to Theater(1학기, 2학점, 전 학년)

② Technical Theater and Design(2개 학기, 2학기와 3학기, 4학점, 전 학년)

③ Directing Workshop(1학기, 2학점)

④ Advanced Theater Workshop(1학기, 2학점)

음악회

체육실

상담실

휴게실

보건, 체육(Health and Physical Education)

① Health(9학년, pass/fail)

② Physical Education(학기당 1학점, 전 학년에 걸쳐 이 프로그램을 정규적으로 수강)

③ Movement Science(1학기, 3학점)

기타(Other Offerings)

① 상급 학년 프로젝트 수업(Senior Projects, 학점은 다를 수 있음)

② 인턴십(Internships, 12학년에 가능)

윈체스터 서스턴 고등학교의 교수학습 기획

어떤 조건하에서 교수학습 기획이 일어나는가　미국에서 구체적으로 교과 교육기획이 일어나고 있는 곳은 단위 학교다. 단위 학교 말고는 어느 곳에서도 교사들이 학생을 가르치는 데 필요한 수업 기획을 직접 제공할 수 없다. 동시에 단위 학교에서 교사가(혹은 교과별로) 교과목 수업 기획을 하는 데 규제를 하는 곳도 없다. 교사는 학생이 학점을 선택해서 수업에 참여한 학생에게 수업을 제공하고 그 결과에 대해 책임지는 것이다. 미국의 단위 학교 수업이 우리나라와 다른 점을 정리해 보면 다음과 같다.

첫째, 미국의 수업은 학년제가 아니라 학점제로 운영된다. 그러므로 학생들이 교과목을 선택하고 그 교과 교실을 찾아가서 수업을 받는다. 교사는 자기의 교과 교실에서 학생들이 오면 수업을 하고 평가하여 학점을 주면 된다. 마치 우리나라의 대학교 학점제도와 같이 운영되는 학생 이동식(student-moving) 수업이다. 이 제도는 학생에게는 자기가 스스로 진로를 정해서 필요한 학점을 이수해야 하는 책임감이 따르고 교사는 학생들이 선택한 수업을 책임 있게 진행해서 학생들의 장래에 도움을 주는 수업을 해야 하므로 교사의 책무성도 크다고 할 수 있다. 학생 이동식 수업은 학생의 경우 자기의 수준에 맞는 수업을 선택할 수 있고 교사의 경우 교과 교실을 가지고 매년 같은 수업을 함으로써 전문성이 축적되고 자료가 쌓이는 이점을 누릴 수 있다. 따라서 미국의 학생들은 모든 학생이 각각 다른 시간표를 가지고 있다. 반면에 우리나라의 고등학교 수업은 학년제로 이루어지기 때문에 학생들은 한 교실에 앉아 있고 교사가 매 시간 이동하는(teacher-moving) 수업이다.

둘째, 미국 고등학교 수업의 경우 다음 표와 같이 학생이 한 학기에 들을 수 있는 과목이 6~7과목에 불과하다. 그러나 우리나라의 고등학교 수업은 한 학생이 한 학기에 적어도 20과목 이상을 듣는다.

미국의 고등학교는 한 학생이 이번 학기에 과학을 선택했으면 매주 1교시에는 학기가 끝날 때까지 과학 교실로 가서 같은 선생님에게 과학 수업을 받는다. 보통 8~10교시까지 운영되는 학교가 많아 중간에 공강 시간이 있으면 점심을 먹는다거나 휴게실에서 쉬거나 숙제를 한다. 친구를 사귀는 시간이 되기도 한다. 그래서 교정에는 많은 휴식 공간 혹은 독서실 등이 마련되고 있다. 원칙적으로 무학년제이기 때문에 학년에 관계없이 이 과목을 선택한 학생들을 한 학기 동안 만난다. 그리고 이 코스가 과학 기초 코스라면 다음 학기에는 과학 심화 코스를 들을 수 있다. 교사의 입장에서 심화 과목을 가르치려면 그만큼 전문성을 쌓아 가야 할 것이다.

미국의 고등학교는 연방정부나 주 정부의 교육과정이 구체적이지 않고 교과서도 자유발행제이기 때문에 학교에서 필수로 정하는 교과서가 없다. 그러나 인터넷이나 교육 자료 시장에는 널려 있는 것이 교육 자료다. 그러므로 미국의 고등학교 교사들은 자기가 혹은 단위 학교별로 동 교과 교사들이 수업 기획을 할 수밖에 없다. 그러한 수업 기획을 할 수 있도록 사회적으로 많은 노력을 기울이는 것이 또한 미국 교과 교육과정 운영의 특징이다.

우리가 방문한 윈체스터 서스턴 고등학교는 교사들이 성공적인 수업을 하기 위해서 학교 단위에서 다양한 노력을 기울이고 있었다. 우선 교과별로 교과 주임교사가 능력이 있고 후배 교사들을 잘 지도하여 수업 준비를 공동으로 하고 있었다. 우리가 만난 역사과, 수학과 주임교사는 모두 베테랑이었다. 우리가 요구하는 참고 자료를 조금도 귀찮아 하지 않고 제공해 주면서 설명을 해 주었다. 이 학교에서 전국의 유명한 코스 지도 방안을 도입하여 두 가지의 코스 지도 사례를 소개해 주었다.

윈체스터 서스턴 고등학교 교실

윈체스터 서스턴 고등학교 컴퓨터 교실

도서실

미술 수업 시간

과학 수업 시간

교육과정 기획(코스 지도) 사례 1

- 코스 지도(course map)와 코스 조직자(course organizer) * 프로그램

이 학교는 교사가 학기 또는 1년간 가르칠 자신의 교과 내용을 단원과 차시로 구분하여 조직하고, 이를 학생들에게 시각적으로 이해하기 쉽게 제시하기 위해서 코스 조직자(Course Organizer)를 만드는 것을 권장하고 있었다. 코스 조직자는 교과별 담당 교사의 교과 교육계획이라고 볼 수 있는데, 코스 조직자는 코스 지도(Course Map)와 함께 활용된다.

주 정부 학업 표준 또는 전국교과교사협의회에서 제안한 학업 표준에 기초하여 교사가 먼저 코스 지도 초안을 작성하여 학생에게 제시하고 학생과의 협의를 통해 수정을 거친 다음 학생 개인의 코스 지도를 그리게 한다. 이는 학습자 중심의 수업 원리를 강조하기 때문으로 보인다. 교사는 다음과 같이 코스 지도(Course map)와 코스 조직자(Course organizer)를 설계하여 코스를 짜고 있었다.

* B. Keith Lenz etc. The Corse Organizer Routine, 1998. P. O. Box 1304, Lawrence, Kansas, 66044 참조하였다.

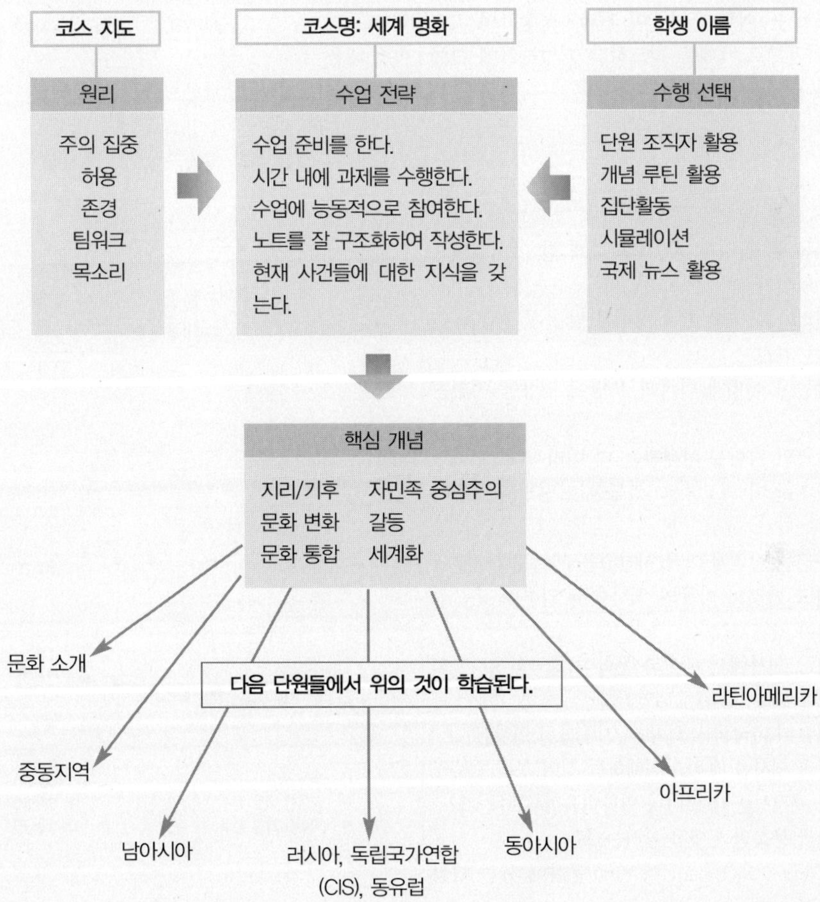
코스 지도
코스명: 세계 명화
학생 이름
원리
주의 집중
허용
존경
팀워크
목소리
수업 전략
수업 준비를 한다.
시간 내에 과제를 수행한다.
수업에 능동적으로 참여한다.
노트를 잘 구조화하여 작성한다.
현재 사건들에 대한 지식을 갖는다.
수행 선택
단원 조직자 활용
개념 루틴 활용
집단활동
시뮬레이션
국제 뉴스 활용
핵심 개념
지리/기후
자민족 중심주의
문화 변화
갈등
문화 통합
세계화
다음 단원들에서 위의 것이 학습된다.
문화 소개
중동지역
남아시아
러시아, 독립국가연합 (CIS), 동유럽
동아시아
아프리카
라틴아메리카

코스 지도의 예

교사명: Mr. Culbertson		학생명: Jean Wojoski
시간: 10:05 ~ 10:57	**조 직 자**	코스기간: 9/98 ~ 5/99

코스명: 1900년까지의 미국 역사

이 코스는 어떻게 미국이 건국 · 성장하여 기술을 기반으로 세계를 리드하게 되었는가에 관한 것이다.

코스의 핵심 질문

1. 미국 국가 정체성을 확립하게 한 아이디어는 무엇인가?
2. 지리가 어떻게 미국 형성과 발전에 영향을 미쳤는가?
3. 갈등이 어떻게 미국의 운명에 영향을 미쳤는가?
4. 미국의 경험을 이해하는 데 여러 자료가 어떻게 도움이 되고 이 자료들을 어떻게 활용해야 하는가?
5. 우리는 어떻게 미국 시민권을 지켜 왔는가? 그리고 이것이 미국의 역사에서 얼마나 주목을 받아 왔는가?
6. 미국 역사에서 예술과 문학이 창구와 같은 역할을 해 온 이유는 무엇인가?
7. 기술이 미국의 사회와 역사에 끼친 영향은?
8. 미국 역사를 배우고 이해하는 것이 우리가 무엇을 결정하는 데 얼마나 영향력을 발휘하는가?
9. 미국 문화란 무엇을 말하는가?
10. 'American Dream'이 미국 문화에 끼친 영향은?

코스 학업 표준

What?	How?	Value?
학습 내용:		
1. 주 아이디어 이해	단원 시험	50점
2. 주 아이디어 적용	단원 프로젝트`	10점
3. 사례/세부 내용 제시	일과 수업	10점
		70점
과정:		
1. 전략 사용	교실 활동	20점
2. 참여	교실 활동	5점
3. 규칙 준수	교실 활동	5점
		30점

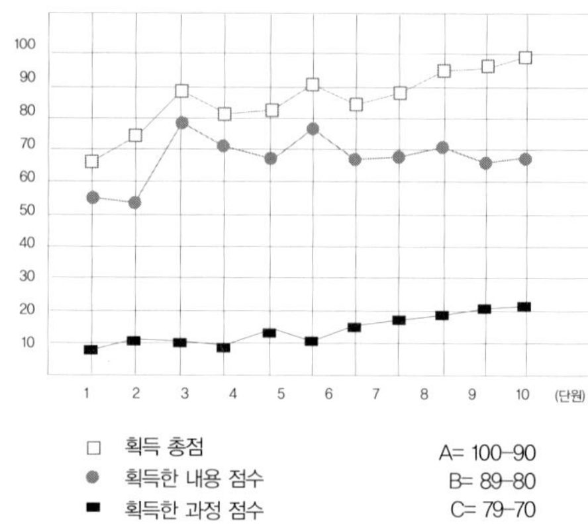

코스 조직자의 예

학생들은 교사의 지도하에 각자의 코스 조직자를 작성한다. 코스 조직자에는 교과에 대한 설명, 학생들이 핵심적으로 탐구해야 하는 코스의 핵심 질문, 코스별 성취 표준이 기록되어 있다. 그리고 학생들이 단원별로 어떤 성취를 보였는가를 그래프로 그려서 학생의 진전 상태를 알 수 있게 한다. 단원별 성취도는 총점, 내용 점수와 과정 점수로 나누어 그래프화하고 있었다.

이 사례에서 두드러진 특징은 표에 나타난 것과 같은 코스의 핵심 질문에 있다. 앞의 '1900년까지의 미국 역사' 라는 과목에서 학습 목표로 정하고 코스 기획을 하는 핵심 질문은 10가지다. 이 방법에서는 어느 과목이든지 10개의 핵심 질문을 만들어서 코스를 기획한다. 이를테면 고등학교 지리(Geography) 과목이라면 11~12학년도에서 "왜, '어디에' 가 그렇게 중요한가(Why 'where' is so important)?" "그것이 '거기에 있는 이유는 무엇인가?' 라는 지리학의 가장 근본적이고 추상적인 질문을 포함시켜서 지리학의 중요 개념을 파악하게 한다.

이러한 코스 기획은 다음에 제시하는 더 구체적인 설계로 넘어간다. 이와 같은 방법은 미국에서 수업을 연구하는 전문가들이 각 학교에 교원 연수 자료로 제공한 것들이다.

교육과정 기획(코스 지도) 사례 2 - UbD 교과교육 설계 방식을 활용한 교과교육 기획*

코스 조직의 순서

UbD란 Understanding by Design을 줄인 약자로서 코스 조직 방법의 하나이며 이를 후방 설계(Backward Design)라고도 한다. 윈체스터 서스턴 고등학교에서는 또 하나의 코스 기획 방법을 사용하고 있는데 이 방법을 활용한 교육과정 코스 기획의 한 사례를 분석해 보자.

이 방법에 의하면 코스 조직은 3단계로 나뉘어 있다. 1단계는 달성하고자 하는 바람직한 결과를 확인하는 단계다. 이 단계에서 교사는 교과교육 목표를 고려한다. 학생이 알아야 하고 이해해야 하며 할 수 있어야 하는 것이 무엇인가? 이해할 가치가 있고 설정된 교과교육 목표(예, 내용 표준, 교육과정 목표 등등)에서 시사하고 있는 큰 아이디어들이 무엇인가? 어떠한 항구적인 이해가 바람직한가? 학생들이 이러한 큰 아이디어들을 탐구하도록 안내하는 질문으로 무엇이 필요한가? 이 목표를 달성하기 위해 교육해야 하는 지식과 기능이 무엇인가?

제2단계는 목표 달성으로 받아들일 만한 증거를 결정하는 단계다. 이 단계에서 교사는 학습의 증거를 고려한다. 학생들이 바라는 결과를 성취했거나

* Grant Wiggins, Understanding by Design, Winchester Thurston School, December 1, 2003 참조하였다.

내용 표준에 도달했다는 것을 어떻게 아는가? 학생들이 정해진 큰 아이디어를 정말로 이해했다는 것을 어떻게 아는가?

3단계는 학습경험과 수업 기획을 하는 단계다. 이 단계에서 교사는 학습활동을 기획한다. 수행 목표가 잘 달성되기 위해서 무엇을 가르치고 코치하며 어떻게 가르쳐야 하는가? 바라는 결과를 얻기 위해 어떤 활동의 계열이 가장 적합한가?

교과 교육 기획 견본 I, 고등학교 수학: 미분계수의 적용(최적화)

이 방법에 따른 코스 기획의 한 사례로 고등학교 수학 과목에서 미분계수에 관한 사례를 들어 보자.

우선 제1단계는 달성하고자 하는 바람직한 결과를 확인하는 단계다.

도달하고자 하는 목표는 주 대학위원회(College Board)에서 제시한 표준을 사용한다. 그에 따르면,

① 경제학, 공학 등에서 제시된 상황에서 함수의 행위를 예측하고 적정의 조건을 결정하기 위해 미분계수의 개념과 미분 과정을 적용할 수 있다.
② 학생들은 과정과 함수를 그래픽, 수, 대수 및 언어를 이용하여 표현할 수 있다.

이해의 수준에서 도달하고자 하는 목표는 다음과 같다. 즉, 학생들은 다음을 이해할 것이다.

① 실제 상황의 행위를 모델화하는 데 구체적인 구간에 대한 수학적 함수가 사용될 수 있다.
② 어떤 상황이 변화율을 시사한다면, 미분 과정이 그 해결에 적용될 수 있다.
③ (이하 생략)

이와 같은 목표/수준을 확인하기 위해서는 핵심 질문을 만들어서 제시한다. 즉,

① 정밀한 해결을 위해 이것은 충분한 정보인가, 너무 많은가, 아니면 너무 적은가?
② 이 주제들이 어떻게 서로 연결되어 있고 실제 세계에서는 어떻게 연결되어 있는가? 어떻게 이것이 모두 서로 잘 들어맞는가?
③ 미분계수란 무엇을 위한 것인가? 이 문제 상황이 미분계수를 이용하여 해결해야 할 필요가 있는 상황으로 보이는가?

이와 같은 핵심 질문을 통해서 확인하는 것은 '학생들은 다음을 알 것이다.'라는 목표 수준을 확인하는 일이다. 즉,

① 증감, 요면(凹面)의 구간에 대한 개념 정의 및 검사
② 주어진 실제 상황에서 모델 구축 방법

다음 '학생들은 다음을 할 수 있을 것이다.'를 확인하는 것이다.

① 현행 공학기술을 복잡한 문제에 적용할 수 있다.
② 그래픽이나 대수 형태로 제시된 어떤 함수에 대해 절대 극한과 국부적 극한을 찾을 수 있다.
③ '증가' '변곡' 등등의 의미를 설명할 수 있다.

제2단계는 목표 달성으로 받아들일 만한 증거를 결정하는 단계다. 평가의 증거는 학생들에게 수행 과제를 제시하여 작업한 것을 보고 판단한다.

예를 들면,

① 'x'와 'y' 피트 너비의 두 길 사이의 오른쪽 각도의 코너를 돌 수 있는 가장 긴 트랙터 트레일러 트럭은 어떤 것인가? 오른쪽으로 돌 때와 왼쪽으로 돌 때에 따라 차이가 있는가? 이 상황을 여러 너비의 길에도 일반화할 수 있는가? (주: 학생들의 호기심을 자극하기 위해 특정 상황에 적용할 필요가 있다. - 재미있는 부분이다.)
② 미적분이나 실제 측정을 통해 예측할 수 있는 적정한 음료수 깡통 크기의 불일치에 대해 깡통 제작 회사에 편지를 쓴다.

③ 교과서에서 선택된 연습문제를 증명하는 교사 시범을 한다.

그 밖에 증거로 사용할 수 있는 것들을 예시하면 다음과 같은 것들이 있다.

① 2회 퀴즈: 함수가 주어지면 증가/감소, 요면, 임계점, 수평적 탄젠트, 최대/최소, 변곡의 급간을 확인한다.
② 'small' 또는 'obvious' 최적화 상황(모형을 만드는 방법과 도함수를 적용하는 방법을 안다.)
③ 다음의 표제어로 저널을 쓴다. "어떻게 이것이 마지막 두 단원과 연결되는가?" "나의 입장은 무엇인가?"
④ (이하 생략)

다음 제3단계는 앞의 두 단계를 기초로 해서 학습 계획을 세우는 단계다.

가능한 학습 계획을 예시한다면 다음과 같다.

① 코스의 핵심 질문 다음에 단원의 핵심 질문을 게시한다.
② 수행 과제 평가 지표(Rubrics)를 초기에 학생에게 배포하고 새로운 국면을 제시한다. 학생들은 평가 지표들을 활용하여 단원별 동료 평가 및 자기평가를 한다.
③ 그래프, 자료 또는 대수 표현이 주어질 때 '증가' 'most change' 'max'에 대한 학생의 이해 상태를 드러내 줄 진단 평가를 실시한다.

④ 단원 정착 도구: 월마트와 샘즈 클럽 소유자인 샘 월튼(Sam Walton)은 수년 동안 미국에서 가장 부자였다. 그는 고등학교 교육 이상을 받지 않았고, 고등학교 때도 보통 학생이었다(교사인 나는 이 사실을 재확인해 주어야 한다). 그의 사업 전략이 분석되었을 때, 비즈니스 전문가들은 그의 성공이 경제변동의 최고점과 최저점을 잘 인식한 데 기인한 것이 아니라 변동 곡선의 여러 지점을 잘 인식하는 직관적이고 생리적인 천재성에 기인한다고 말했다.

⑤ 총괄 수행 과제를 단원 초기에 제시하여 전체 교과 수업 동안에 고려하게 하고 혹시 일어날지도 모를 탐구의 기초를 제공하도록 한다.

⑥ 탐구를 촉진하기 위한 초기 활동: (집단별) 20개의 클립을 체인처럼 연결한다. 직사각형의 한쪽 면으로서 책상을 사용하여 클립 체인으로 형성할 수 있는 다양한 직사각형을 탐색하고, 최대 영역을 가진 직사각형의 차원들을 찾는다. 클립의 딱딱한 속성이 결과를 왜곡시키는가? 그래픽으로 확인한다.

⑦ 핵심 질문들에 기술된 것처럼 학생 자신들이 이해 과정에서 어떤 어려움이 있는가를 탐색하기 위해서 최적화 문제를 만들어 본다.

⑧ 학생들은 샘 월튼에 관해 쓴 자신의 글과 현재 이해하고 있는 것을 두 번씩 되짚어 본다.

⑨ 학생들은 자기 평가나 동료 평가에 사용한 과제 평가 지표를 활용하여 숙제나 수업 시간 연습문제로 주어진 작은 과제들을 연습한다.

교과 교육 기획 견본 2-9학년 지구과학: 기상(weather)

다음은 9학년 지구과학 시간에 이뤄진 기상에 대한 학습 기획의 사례다.

제1단계: 바람직한 결과

① 목표/표준 범주 2.8, 지구과학 및 우주과학 범주 2, 표준 8: 모형들을 검토하고 지구 대기 바람의 패턴이 적도와 양극 간의 불균형한 가열, 지구의 회전 및 육지와 바다의 분포 등에 따라 결정된다는 것을 설명한다.

② 이해: 학생들은 다음을 이해할 것이다.

적도와 양극 간의 불균형한 가열, 지구의 회전 및 육지와 바다의 분포가 기상을 결정하는 지구 바람의 패턴을 만들어 낸다.

③ 핵심 질문

- 무엇이 날씨와 바람의 패턴의 원인인가?
- 한 지역의 기상 변화들이 어떻게 다른 지역에 영향을 미치는가?
- 어떻게 기상 농업에 영향을 미치는가?
- 어떻게 기온과 기압이 대기 흐름을 결정하는가?

④ 주제별 질문: 무엇이 코리올리 효과*를 일으키는가? 어떤 요인이 기상

---

* 지구의 전향력. 북반구에서 포탄을 쏘면 오른쪽으로 조금씩 빗나가는데, 이는 지구 자전 때문에 생긴다. 구스타프 가스파르 코리올리(G. G. Coriolis 1792~1843 프랑스 수학자.

에 영향을 미치고, 이러한 요인들을 어떤 지역의 기상을 결정하는 데 어떻게 적용할 수 있는가?

학생들은 다음을 알 것이다. 학생들은 다음을 할 수 있을 것이다.

① 어떻게 차별적 가열이 바람을 일으키고 대류 셀(Circulation Cells)을 만들어 내는가를 설명한다.
② 뉴턴 제1법칙, 지구구형기하, 구심 가속의 개념들을 코리올리 효과에 적용한다.
③ 육지와 바다의 분포가 바람을 바꾸는가를 설명한다.
④ 대기압과 기온 간의 관계를 설명하는 자료를 해석한다.
⑤ 기압 경도에 관한 등압선 지도를 해석한다.

제2단계: 평가 증거

① 수행 과제-기상 비교: 학생들에게 우리 지역과 다른 두 지역의 기상을 연구하게 한다. 하나는 우리 지역과 동일 위도상에 있으면서 북미 대륙 내에 있는 곳이며, 다른 하나는 우리 지역과 동일 경도상에 있으면서 열대우림 지역에 있는 곳이다. 학생들은 기상을 결정하는 요인에 따라 이 지

기계공학자)가 밝혀낸 법칙이다.

역의 기상을 비교할 것이다. 학생들은 각 지역에 농장을 가진 농업경영 회사와 거래하고자 하는 기상 컨설팅회사의 팀으로 이 일을 할 것이다.

② 기타 증거: 기상에 관한 숙제(Take Home), 시험, 퀴즈

제3단계: 학습 계획

① 학습활동

- 학생들은 특정 조건에서 공기의 운동 방향을 확인하여 대류 셀 다이어그램을 평가하고, 불균형한 가열이라는 관점에서 이러한 운동을 설명할 것이다.
- 학생들은 '연을 날립시다.' 라는 활동을 수행할 것이다. 이것이 수업의 정착 도구이며, 이 활동은 본 교과의 도입 활동이 될 것이다. 이 첫 활동을 끝낸 다음 학생들은 기압과 바람의 관계를 학습하고, 교내 어떤 위치가 연을 날리기에 가장 적합한 위치인가를 예측할 것이다. 그 다음 학급 전체가 각자의 연을 들고 교내 여러 곳을 다니면서 연 날리기에 가장 좋은 장소를 찾을 것이다. 축구장의 중앙일 것인가? 학교 뒤 언덕 위일 것인가? 주차장일 것인가? 우리는 이러한 결과를 이용하여 무엇이 바람 패턴을 바꾸는가, 왜 바람 패턴이 다른가, 무엇이 이 차이를 초래하는가에 대해 질문을 할 것이다. 우리는 학생들에게 교외의 다른 곳으로 가서 연 날리기를 더 비교해 보도록 할 것이다. 학생들은 이러한 실험을 비디오로 촬영할 수도 있을 것이다.
- 학생들은 관련된 논문을 읽고 뉴턴의 제1법칙과 구심 가속을 설명하

고 이것을 코리올리 효과와 관련짓는 일련의 실험실 실험을 수행할 것이다.

- 학생들은 등압선이 나타난 지도를 분석하고 바람의 방향을 표시할 것이다(그리고 그 이유를 설명한다).
- 학생들은 왜 태양 광선의 각도가 불균형 가열을 초래하는가를 탐구할 것이다.
- 학생들은 태양, 지구 표면, 지구 기온 간에 에너지(열) 흐름을 나타내는 에너지 수지 다이어그램을 분석할 것이다.
- 학생들은 고기압과 저기압의 중심을 나타내는 다이어그램을 분석하고 이 중심 주변과 이 중심들 간의 대기 흐름을 기술할 것이다.
- 학생들은 세계 특정 지역의 엘니뇨 현상이나 화산이 다른 지역의 날씨에 영향을 미치는 사례(교사가 제공하는 논문)를 공부할 것이다.
- 학생들은 발표와 자기 평가를 포함하는 '기상 비교' 연구 계획서를 완성할 것이다.
- 학생들은 이 교과 내용 이해를 기초로 시험을 치를 것이다.

교과활동 일정 기획 및 결과 기록

교과활동에 대한 기록은 특별한 활동(기록할 만한 활동)에 대해서만 기록하거나 계획이 되어 있고 활동 계획을 문서화하거나 전산화하지는 않고 교사 자신의 노트에 기록하는 형태를 취하고 있었다. 수업 목표에 따라 계획된 활동을 관찰하면서 어떤 학생에게 어떤 특성이 나타나는가를 체크하거나 기록

하는 것을 권장한다(다음 사례 참조. 수학 교과에 대한 활동을 기획하고 각각의 활동에서 기대하는 성향이 나타났는가, 그리고 특기 사항이 있는가를 기록하고 있다. 이러한 기록이 활동마다 이루어질 것이다).

사례 1: 수학 교과활동 계획 예

수학 교과 목표(수학 성향)	활 동	활 동
① 수학 활용의 자신감	10월 29일 부과된 수학 문제를 주의 깊게 해결하도록 했다.	1월 19일 소집단 문제 풀이 활동을 시키고 학생들이 적극 참여하게 했다.
② 수학 활용의 융통성	11월 2일 덧셈 문제를 해결하는 여러 가지 방식을 만들어 내도록 했다.	4월 8일 다른 학생의 해결 방법에 대해 서로 도전하도록 했다.
③ 수학 과제에 끈기 있게 매달린다.	4월 29일 좋아하는 아이스크림에 관한 자료를 수집하고 표현하는 데 하루 종일 매달리게 했다.	2월 5일 50센트 거스름돈을 만드는 다양한 방법을 찾아내게 했다.
④ 수학적인 일에 대한 호기심	11월 10일 자신의 용어로 답을 표현하면서 '만일 무어라고 가정하면 어떻게 되겠는가(what if)' 라는 질문을 해결하게 했다.	4월 7일 소집단별로 교실을 측정하기 위한 단위를 만들어 보도록 했다.
⑤ 자신의 사고에 대한 반성	매일 학생들에게 수학 문제를 해결한 뒤에 자신의 활동을 설명하게 한다.	
⑥ 수학 적용에 대해 가치 부여하기	2월 23일 수학을 적용한 사례를 수록할 게시판에 붙일 사진을 모든 학생에게 가져오게 했다.	5월 24일 수학이 어떻게 활용되는가를 보기 위해 과학박물관 견학을 갔다.

⑦ 수학 역할 감상하기	10월 15일 수학적 용어를 사용한 신문 기사를 가져오게 했다.	1월 29일 로마숫자를 활용하여 합계를 구함으로써 place-value system을 평가하도록 했다.

〈수학 성향 평가 체크리스트 예〉 활동이 있는 날 관찰을 위한 도구

날짜: ○○월 ○○일 학생 이름: 관찰된 활동	Student 1:	Student 2:	Student 3:	Student 4:	Student 5:	Student 6:
자신감: 질문을 한다	V		V		V	
답을 발견했다		V	V	V		V
다른 학생의 문제 해결을 도왔다	V	V		V	V	
기타/특기 사항						다른 학생의 문제 해결에 이의를 제기했다.
융통성: 한 가지 방법 이상으로 문제를 해결한다	V	V				
믿을 만한 주장이 있을 때 의견을 바꾼다			V	V		V
기타/특기 사항		조건을 바꾸어 새로운 문제를 만들었다.				

*출처: Stenmark, J. K. (1991). Mathematics Assessment 참조하였다.

사례 2: British Columbia 교육부의 체크리스트 예

〈 학생 행동 평가〉

기능과 참여 수준을 증명해 보이는 행동에서 사고 과정 측정하기

이름:

평정 값
0= 의존적
1= 도움이 필요
2= 독립적

구체적 기능	날 짜			교사 의견
문제 이해 • 문제 의역하기 • 문제 기억하기				
계획 수립 • 전략 선택하기				
계획 실행하기 • 전략 실행하기				
계획 설명 • 말이나 글로 설명하기				
메타인지(Metacognition) 결과 평가와 해석 • 말과 글로 평가와 해석하기 • 해결책을 증명해 보이기				
사고 확장 • 자신의 문제를 만들기 • 관련된 문제 기억하기				

태도(상호작용과 참여)	날 짜			교사 의견
공유하고 협력하기 • 시도, 아이디어 기여하기				
동료에게 질문하기 • 다른 학생이 참여하도록 독려				
모험하기 • 자신의 능력에 대해 자신감 갖기				
과제에 매달리기 • 끈기 발휘				

평가 지표(Rubric) 활용과 평가

우리가 방문한 미국의 고등학교들이 돋보이는 것은 평가 지표를 학교별, 과목별 그리고 교사별로 아주 철저하게 마련하고 있다는 점이었다. 물론 앞에서 예시한 것과 같이 교과활동에 대한 계획도 매우 치밀하게 준비하여 학생들을 가르치고 있지만 미국의 학교들이 특히 평가 지표를 철저하게 마련하는 데는 그럴 만한 이유가 있었다.

우선 모든 과목의 평가를 절대평가 위주로 한다는 것이고, 학생 성적 기록이 대학을 간다거나 학생의 장래에 미치는 영향이 크다는 점이다. 그래서 학생과 학부모들이 성적을 받으면 반드시 확인을 하고 설명을 요구하며, 그래도 납득이 되지 않으면 학교 당국이나 주 교육위원회에 문의를 한다. 그래도 동의가 안 되면 법정에 호소한다. 미국의 고등학교에서 성적을 가지고 법정에 제소(sue)하는 일은 흔히 있는 일이다. 따라서 교사들은 이에 대비하여 구체적인 평가 기준을 마련하여 어느 경우에도 방어를 할 수 있도록 해야 하고, 또 그런 면에서 거의 완벽하게 대비하고 있었다.

다음에 그 구체적인 사례들을 살펴보자. 우선 평가 지표의 활용에 대한 일반적인 사항들을 정리하고 다음에 읽기(reading), 수학과, 역사과(토론과 과제 활동), 에세이, 구두 발표에 이르기까지 다양하고 치밀하게 평가 지표를 만들어서 활용하는 것을 정리해 보았다. 이는 아마도 우리나라의 학교에 많은 참고가 될 것이라고 생각된다. 이와 같은 치밀함과 객관성이 있는 지표가 있어야 신뢰성이 생기고, 그런 토대 위에서 상대평가를 절대평가로 전환시키는 것도 검토할 수가 있을 것이라고 생각된다.

평가 지표 활용

평가 지표의 활용은 과목별 성취 표준, 이에 따른 교과 교육 기획의 일환으로 평가 계획을 수립하여 학생과 학부모에게 알리고, 의견을 들어 평가 계획을 수정하기도 한다. 그리고 목표별, 교육 활동별로 평가 방법이 결정되고, 평가 방법별로 평가 지표를 마련하여, 학생 및 학부모와 의사소통을 하고 성적을 부여하기 위한 기준으로 활용하고 있다. 평가 지표는 교과별 표준에 따라 주 교육부에서 만들어 참고하도록 하기도 하고, 개인 교사 또는 학교 동일 교과 교사들이 만들기도 한다.

윈체스터 서스턴 고등학교 집단토론 시간

교사들은 과목별로 다양한 평가 지표를 가지고 있다. 예를 들어, 윈체스터 서스턴 고등학교의 경우는 역사 교과에서 교실 토론 및 참여에 관한 평가 지표, 숙제와 교실 내 프로젝트에 관한 평가 지표, 에세이에 대한 평가 지표, 구두 발표에 대한 평가 지표를 활용하고 있었으며, 중간고사와 기말고사도 부과하고 있었다.

펜실베이니아 주 정부 교육청에서는 수학, 읽기(Reading), 과학 등 각 교과에 대한 평가 지표를 개발하여 보급하고 있었고, 캘리포니아 주에서도 교과별, 학년별로 평가 지표를 개발하여 보급하고 있었다.

펜실베이니아 주 교육부에서 제공하고 있는 읽기 평가 지표 사례

읽기 과목에 대한 평가 지표는 다섯 단계로 나뉘어 있다. 가장 높은 수준(level 4)에서 가장 낮은 수준(level 0)까지로 구분하고 그러한 구분을 한 이유를 자세하게 정하고 있다. 그것을 정리해 보면 다음과 같다.

① 수준 4

- 정련된 아이디어, 통찰 및 반성을 통하여 원문을 정교화하고 확장함으로써 복잡한 원문을 완전하게 이해하고 있음을 증명해 보인 경우
- 원문을 넘어서서 개인적 · 비판적 또는 평가적 반응에까지 확장된 이해 수준을 보인 경우
- 증거를 인용하거나, 다른 경험, 글, 개념, 쟁점 그리고/또는 문화적 상

황에까지 다양하게 견고한 연결을 한 경우

② 수준 3

- 어느 정도의 정교화와 확장을 통해 글에 대해 자신감 있고 정합성이 있으며 적합한 이해를 증명해 보이는 경우
- 원문에 있는 사실에 중요한 실수가 없는 경우
- 원문에 충실하거나 개인적인 측면으로 확장을 보는 수준의 이해를 나타낸 경우
- 개인 경험, 다른 글, 그리고/또는 배경 지식과 연결한 경우

③ 수준 2

- 원문에 대해 제한된 이해 그리고/또는 해석을 증명해 보이는 경우. 원문에 나타난 사실에 실수가 있을 수 있다.
- 일차적으로 원문에 충실한 반응들로 구성된 이해 수준
- 해체되거나 조각나거나 제한적이거나 통합되지 않는 다른 경험이나 글을 연결하는 경우

④ 수준 1

- 반응에 글을 이해했다는 증거가 아주 제한적으로 나타난 경우
- 원문의 사실에 실수가 있는 경우
- 해체되거나 미완 또는 부적절한 반응으로 구성된 이해 수준을 보이는 경우
- 관련되었지만 복제된 글을 사용한 경우
- 피상적인 사실을 사용하여 원문과 거리가 멀게 연결한 경우

⑤ 수준 0

- 채점할 수 없는 글
- 과제나 원문과 아무런 관련이 없는 이해할 수 없는 글, 관련 없는 복제된 글, 영어와 다른 언어로 기술된 글

펜실베이니아 교육부 수학 교과 일반 평가 지표 사례

다음은 수학 교과의 평가 지표다. 수학 교과는 여섯 단계로 구분된다. 가장 높은 수준은 고차원적인 이해가 가능한 탁월한 수준을 말하고(level 5) 오답을 내거나 답을 내지 못한 경우는 0 등급(level 0)을 받는다. 그 지표를 정리해 보면 다음과 같다.

5등급	**고차원 이해, 탁월함** 이 범주의 등급은 정확한 절차, 정확한 계산 및 모든 작업을 완전하게 지원하는 필기 설명을 가진 답에 부여함. 탁월함이란 학생들이 문제 해결 과정에 포함된 개념을 완전하게 이해했다는 것을 분명하게 하는 대표적인 작업이나 설명을 통해 드러난다. 어떤 과제에서 어떤 학생들은 대안적인 해결책을 제시하거나 정답만을 아는 것 이상의 고차적인 이해를 증명해 보이기도 할 것이다.
4등급	**만족스러운 이해** 이 범주의 등급은 제시된 작업을 지원하고 만족하는 수준의 이해를 증명해 보이는 정확한 절차와 계산 및 필기 설명을 가진 답에 부여한다.
3등급	**거의 만족스러운 이해** 이 범주의 등급은, 첫째 답은 정확하나 계산, 절차 또는 설명이 미완인 경우, 둘째 정확하고 완전한 계산 또는 설명이 있는 답이지만 정확하지 않은 명칭을 사용했을 경우, 셋째 답은 틀렸지만, 정확한 설명과 함께 정확한 해결과 계산 및 절차를 가진 경우, 정확한 해결 절차를 수행하나 한 가지 계산 실수 또는 반복 실수를 저질러 오답을 산출한 경우에 부여된다.

2등급	**부분적 이해** 이 등급은, 첫째 계산 과정에서 부적절한 정보 없이 과제 해결에 필요한 정보(자료, 수, 절차 등등)를 포함하는 부정확한 답, 또는 학생이 충분하게 문제 해결 과정을 진행하지 않았거나 정확하지 않게 진행한 경우, 계산 실수가 아니라 오답을 낳게 하는 절차적 실수가 있는 경우에 부여된다. 둘째, 부정확한 답이지만 정확한 절차를 보이고 두 가지 정도의 계산 실수 또는 반복 실수가 있는 경우에도 부여된다.
1등급	**최소 이해** 이 등급은, 첫째 답은 옳으나 계산, 절차 또는 설명이 이해하기 어렵거나 빠져 있는 경우나 절차가 틀린 경우, 둘째 답이 없거나 오답이지만 학생이 문제 해결에 중요한 정보 중 일부를 제공했을 때 부여된다.
0등급	**오반응** 학생이 과제를 잘못 시도하거나 해결 과정에 사용된 설명이 틀렸거나 절차와 논리에 대한 설명이 없는 오답에 부여된다. 답을 안 했거나 관계없는 답에도 이 등급이 부여된다.

윈체스터 서스턴 고등학교 역사과에서 사용하고 있는 역사 교과 평가 지표 사례

역사 교과에서 개발한 평가 지표는 두 가지다. 토론에 참여하는 것을 평가하는 지표와 과제 및 교실 프로젝트에 참여한 것에 대한 평가 지표다.

교실 토론과 참여 평가 지표

범주	범주
① 행위 • 학생이 아이디어 교환에 대한 존경과 열정을 증명해 보인다. 학생이 존중하면서 말하고 행동하여 대화의 깊이와 폭을 심화하는 데 효과적으로 기여한다. • 부과된 글에 대해 분명한 이해를 이끌어내는 데 학생이 결정적인 질문을 한다.	② 리더십 • 학생이 학급이나 소집단의 진전에 자신도 책임이 있다고 가정한다. 학생이 토론에 완전히 참여하는 단계를 밟는다. • 학생이 정보를 요약하고, 확실하지 않은 점에 대해 명료화를 요구하고, 언제 감을 잃어

• 학생이 다른 의견에 대해 인내할 줄 알고 협력적 토론의 속도에 잘 맞춘다. . • 학생이 교사뿐만 아니라 다른 학생에게 존칭을 써서 말하고, 토론의 흐름을 촉진하기 위해서 다른 사람의 아이디어를 언급한다	버렸는가에 대해 코멘트하고, 핵심적인 질문과 주제에 기여할 만한 것을 연계한다.
③ 사고(reasoning) • 부과된 읽기 자료/또는 다른 동료의 코멘트에 근거하여 합리적이고 정련된 논의를 전개한다. • 논의를 유지하기 위해 구체적인 증거를 인용한다.	④ 듣기 • 학생이 교실 수업 전체 과정에서 듣기를 잘하고 계속 주의 집중한다. • 다른 학생이 말할 때 적절하게 행동하고 계속 눈맞춤을 한다. • 주의가 흐트러지지 않도록 노력하고 다른 사람의 주의를 산만하게 하지 않도록 행동한다. • (이하 생략)
⑤ 읽기 • 학생의 코멘트나 질문으로 보아 그 학생이 부과된 읽기 자료를 다 읽었으며, 그 글을 비판적이고 주의 깊게 읽었다고 볼 수 있다. • 학생의 코멘트나 질문으로 보아 저자의 핵심 주장과 논의를 완전하게 이해했다고 볼 수 있다. • (이하 생략)	

과제와 교실 프로젝트 평가 지표

이름:

평가 대상	점 수
① 과정	
• 과제 제출 시간 엄수	5
• 도서관이나 컴퓨터실에서 열심히 공부했다. 문제의 핵심 아이디어를 잘 갈고 다듬었다. 그리고 다각도에서 과제를 접근했다.	5

• 학생이 부과된 읽기 과제를 효과적으로 활용했고, 각 글의 내용에 대해 확실한 제어력(전문적 지식)을 행사했다. (이하 생략)	10
② 연구의 질	
• 학생 보고서가 과제에 제시된 여섯 개의 질문을 잘 다루고 있다. 열정, 애정 및 상상력을 가지고 그 문제를 해결했다. • 학생의 답이 유목적적이고 사려 깊으며 초점이 잘 맞추어져 있다. (이하 생략)	20
③ 보고서 조직 및 기법	
• 사용한 문단들이 응집력 있게 구성되었고 문장 구조, 문법, 철자법 및 구두법 등에 관한 기본적인 원칙을 잘 따르고 있다. • (이하 생략)	10
④ 내용과 이해	
• 학생 보고서에 왜 나치당이 광범위한 유권자의 지지를 확보할 수 있었는가를 직접적으로 설명하고 있다. • 학생이 시각 보조 자료를 잘 활용했다. • 보고서에 관련된 주제를 잘 이해하고 있다는 점이 잘 나타났고, 문제의 핵심을 잘 파악하고 있고, 그 문제를 해결하기 위해 가장 강력하고 효과적인 도구를 활용했다. • (이하 생략)	50

에세이(논문 형태)에 대한 평가 지표 사례

에세이는 논문 형태의 보고서, 의견서, 혹은 논리적인 글을 포함하는데 이러한 에세이를 평가하는 지표도 자세하게 개발되어 있다. 등급은 최상급(A)에서부터 12단계로 나누고 있다. 그러나 크게는 A, B, C, D, F의 다섯 단계이고 이를 다시 +, 0, −로 구분한다. 마치 대학에서 학점을 평가하는 것과 같다. 그 구체적인 설명을 보자.

① 최상급 에세이(A/A-)

- 논제: 쉽게 파악할 수 있고, 설득력 있고, 신선하고, 정련되어 있으며, 통찰력이 있고, 명료하다.
- 구조: 증거가 분명하고, 이해할 수 있고, 논제에 적합하다. 논점 전환이 매끄럽게 잘 되어 있다. 각 문단들은 분명한 주제를 다루는 문장들로 구성되었다.
- 증거 활용: 최소한 한 가지 예와 함께 논점을 뒷받침하도록 1차 자료를 활용하고 있다. 사용된 예들은 소논제를 뒷받침하면서 문단에 잘 맞는다. 인용된 자료들이 문장들과 잘 통합되고 있다.
- 분석: 증거들을 소논제와 분명하게 연결하고 있다. 분석이 신선하고 그 자료에 대해 흥미롭고 새롭게 생각하는 방법을 제안하고 있다.
- 논리와 논증: 글에 있는 모든 아이디어가 물 흐르듯 논리적으로 잘 되어 있다. 반대 논리를 충분히 예상하고 그것을 잘 반박하고 있다. 논제를 명백하게 해 주는 외부 자료들(수업의 다른 부분 또는 다른 교과 코스)을 신선하게 잘 연결하고 있다.
- 기법: 문장 구조, 문법 및 서술이 탁월하다. 구두법과 인용 양식이 정확하다. 오탈자가 거의 없다. 접속사 없이 쉼표로 있는 문장들이나 쉼표를 잘못 사용한 경우가 없다.

② 좋은 에세이(B+/B/B-): 설명 생략

③ 도움이 필요한 에세이(C+/C/C−): 설명 생략

④ 정말 빈약한 에세이(D+/D/D−): 설명 생략

⑤ 실패한 에세이(F): 과제에 대한 노력이나 이해가 분명하게 결여되어 있다. 기법, 구조, 분석에 중요한 문제들이 있어 이해하기 어렵다. 확인할 수 있는 논제가 없다. 쓸모없는 논제다.

구두 발표 평가 지표

윈체스터 서스턴 고등학교의 평가 지표에서 놀란 것은 여러 평가 지표를 치밀하게 개발한 것 중에서도 심지어 수업 시간에 학생들의 구두 발표를 평가하는 지표까지 세밀하게 만들어서 사용하고 있다는 점이다. 이렇게까지

학생 이름 : ______________________ 집단 이름: ______________________

집단 구성원: ____

구두 발표 평가 지표

구두 발표 평가 지표	배점	학생 자기 평가	교사 평가
주제에 대해 깊이 있게 다루었다.	10		
발표가 잘 계획되었고 정합성이 높다.	10		
발표자는 사려 깊은 사람의 모델이었다. 개인의 경험이 관련된 곳에 적절하게 통합되었다. 결론에 대한 설명과 이유가 제시되었다.	10		
의사소통의 보조 수단이 명백하고 유용했다. 유인물이 그 주제에 관심 있는 다른 학생에게 유용했다.	10		
부과된 읽기 자료가 활용되었고 1차 자료와 2차 문헌이 깔끔하게 연결되었다.	10		
총 점	50		

구체적인 평가의 증거 자료를 확보해야만 하는 상황도 이해가 된다. 학생이나 학부모가 문제를 제기했을 때를 대비해서 평소에 서로를 납득하기 위한 자료라고 생각된다. 우리는 이런 자료들을 실제 교육 상황에서 교육적인 목적으로 사용할 수 있도록 검토해 볼 수 있다.

총괄 평가

학생들의 학업 진전을 총괄하는 평가는 세 가지 방법으로 진행되고 있었다. 총괄적인 등급 평가는 우리나라의 대학에서 주는 학점과 같은 것이다. 학생이 수강 과정에서 보여 준 행동과 노력을 5등급으로 평가한다. 소위 노력 점수를 준다. 그다음은 교사가 학생마다 매 과목에 대해서 코멘트를 붙이는 것인데 이 자료가 돋보인다. 이 세 가지 총괄 평가를 구체적으로 예시하면 다음과 같다.

① 코스별 등급 평가: A^+, A, A^-, B^+, B, B^-, C^+, C, C^-, D^+, D, D^-, F 체제 또는 P(Pass), F(Failed), M(Mastery), S(Satisfactory Progress), U(Unsatisfactory Progress), R(Repeat), W(Withdrawn, 수강취소), I(Incomplete)로 평정한다.

② 노력 평가(Effort Ratings): 교과 수강 과정의 학생 행동을 평가하여 5등급으로 평정한다.

③ 교사의 코멘트(Comments) 평가: 자신의 과목을 수강한 학생에 대해 총괄적인 교사의 느낌과 판단을 기술한다(서두에 1학기 시험을 보지 않은 평

균성적, 1학기 시험 성적, 1학기 최종 등급, 시험 평점도 함께 기록함). 예를 들어, 고급생물학 교사 페인(Celeste M. Payne)이 제이시브(Jayshiv)라는 학생에 대해 코멘트를 한 내용을 보면 다음과 같다(이 학생의 1학기 시험을 보지 않은 평균 성적: A, 1학기 시험: A^-, 1학기 최종 등급: A, 1학기 시험 평점: 3).

Jay, 이것은 네가 첫 학기에 고급생물학을 수강할 때 이룩한 성취와 진전에 관해 평가한 것이다. 이 평가는 네 번의 퀴즈 시험, 두 번의 실험실 보고서, 한 번의 시험, 그리고 교과서와 Study Guide의 다섯 개 장에 대한 여러 번의 숙제 등에 대한 평가를 포함한다. 너는 이 코스에서 다루는 개념과 자료를 탁월한 수준으로 이해했다. 매일 주어지는 과제를 완성하여 제출하는 데 인내력을 발휘했으며 수업 준비를 잘하고 있었다. 또한 긍정적인 태도를 가졌으며 실험실에서 다른 학생들과 잘 협동하였다. 너의 첫 번째 학기 자기 평가서를 보면 네가 이 코스에서 어떻게 하고 있는가에 대해 실질적인 인상을 받을 수 있었다. 그러나 너의 코멘트를 읽으면서는 네가 좀 더 노력해야 하는 영역에 대해 분명하지 못하다는 느낌을 받았다. 2학기 이 과목을 수강하는 너의 목적이 무엇이냐? 수업에 능동적이고 구성적으로 참여하는 것이 필요할 뿐만 아니라 퀴즈 시험에 보다 준비를 잘할 필요가 있다. 교실 밖의 자료를 활용하는 데 어려움을 겪는 동료 학생을 도와주는 것도 고려해야만 한다. 이 일을 하다 보면 네가 그 정보를 얼마나 잘 이해하고 있는가를 아는 데 도움이 될 것이다. 마지막으로, 연말에 SAT II 생물학 시험이나 AP 생물학 시험을 치르려고 한다면 지금부터 준비해야 한다. 질문이 있으면 연락하기 바란다.

이와 같이 학생과 학부모에게 1년에 네 번 평점에 대한 보고가 이루어진다. 학기 중간(Mid-term), 1학기 말, 2학기 말, 학년 말에 이루어진다. 학생들이 만족할 만한 학업 등급 또는 노력 등급을 받지 못했거나 학업 등급이나 노력 등급에 의미 있는 변화(향상 또는 하락)가 일어날 때마다 학업 진척도 보고서(Interim Reports)를 학부모에게 보낸다. 이와 같이 이 학교는 학생의 평가 계획과 결과 기록이 철저하게 이루어지고 있었고, 모든 기록은 학교 자체의 DB에 기록 · 보관하고 있었다. 학생에 관한 어떠한 기록도 정해진 사람(본인, 학부모, 교사, 진학부장 또는 교장)의 허락 없이는 열람이나 전송할 수 없도록 규정하고 있었다. 물론 이 기록은 대학에서 요구하면 입시 사정 자료로 제출되기도 한다.

참.고.자.료.2

◘ 미국의 대학 입학사정관제도

우리 일행의 미국에서의 마지막 임무는 미국의 대학 선발 정책이 고등학교 교육과정에 미치는 영향을 조사하는 일이었다. 그래서 우선 윈체스터 서스턴 고등학교 및 셰이디사이드 고등학교에서 학생 성적 관리에 대해 탐문하고 워싱턴 D.C. 부근의 명문공립학교로 알려진 월트 휘트먼 고등학교(Walt Whitman High School, Bethesda, MD)를 방문하기로 하였다. 윈체스터 서스턴 학교에서는 진로지도실을 방문하여 자세한 입학 서류를 소개받았고, 셰이디사이드 고등학교에서는 AP 학점(이 학교는 역사 교과 특성화 학교임)이 대학 진학에 미치는 영향을 탐문했다. 월트 휘트먼 고등학교에서는 제롬 마르코(Dr. Jerome M. Marco) 교장으로부터 공립학교의 대학 진학 실태를 탐문했다.

이어서 우리는 주립대학인 피츠버그 대학교(University of Pittsburgh)를 비롯하여 명문사립학교인 카네기멜론 대학교(Carnegie Mellon University: CMU), 그리고 보스턴의 하버드 대학교(Harvard University) 및 MIT 공과대학의 입시제도에 대해서 탐문했다. 이들 일련의 대학에서는 주로 입학사정관들을 면담하면서 미국의 입학사정관제도에 대해서 자세히 그 실태를 파악할 수 있었다. 당시 교육혁신위원회에서 '2008년도 대학입시제도 개선안 마련'을 앞두고 본격적으로 활동을 시작하기 전이었는데, 2004년

12월에 대통령에게 보고한 '공교육 정상화 대책' 중의 하나로 '교육이력철과 입학사정관제'를 이미 기획하고 있어서 그에 대한 실증 자료를 확보하기 위해 미국의 입학사정관제도를 연구했던 것이다. 참고로 이 제도는 2005년도 대학 입시 개선안 논의가 진행될 당시는 전혀 주목을 받지 못하고 무시되었다. 그런데 2009년도 이명박 정부가 이 제도를 교육과학기술부를 통해 우선적으로 추진하여 전국의 대학이 이 제도 도입에 열을 올리고 있다.

미국의 고등학교에서 대학에 제출하는 서류와 시험 성적

대학에서 학생 선발과 관련하여 고려하는 학교 성적은 대개 9학년부터 12학년까지(고교)의 성적이다. 대학은 고등학교에서 제출한 학생기록부(Portfolio, 우리나라의 학생부와 비슷함)를 검토하여 지원 학생의 모교가 얼마나 엄격하게 평가하는지, 그 학교에서 높은 성적을 받기가 얼마나 어려운지 등을 검토하고, 그 학교 출신의 미국 내 대학에 진학한 과거 실적도 함께 고려하여 학교를 평가한다. 이는 학생 개인의 전체 성적뿐만 아니라 어떤 수준의 과목에서 어느 수준의 등급을 받았는지를 평가하는 것이고, 특히 AP 코스에서 어떤 학점을 받았는지도 고려한다고 한다. 그중에서도 고등학교 4년간의 성적이 입학사정 결정의 제1 요소라고 했다〔윈체스터 서스턴 고등학교 데이비드 시워드 진학지도실장(Dr. David Seward)〕.

미국에서 대학 진학을 위해서 치르는 표준화 시험 중에서 중요한 것은 다음과 같다.

① SAT I: 논리(Reasoning), 언어(Verbal), 수학(Mathematics)에 관한 학습 능력 평가

② SAT II: 쓰기, 문학, 미국사, 세계사, 생물학, 물리학, 화학, 수학, 외국어 등 교과별 시험

③ ACT: 영어(English), 수학(mathematics), 독서(reading), 과학(science)의 과목별 시험

④ AP Test: AP 코스에 대한 표준화된 시험. AP 과목을 이수하지 않고 독학 후에 시험을 치를 수도 있다. 5점 만점으로 평가되며, 이 시험 성적이 있어야 대학에서 학점을 인정받을 수 있다. 대개 상위권 대학에서는 4점 이상의 성적을 얻어야 해당 과목에 대해 학점 이수를 인정한다고 한다.

방문한 대학별 학생 선발 체제 면담 결과

피츠버그 대학교(University of Pittsburgh)

주립대학인 이 학교는 조기모집(Early Decision)과 정시모집으로 학생을 선발한다. 학교 성적과 SAT 또는 ACT 성적으로 입학을 결정하며 추천서나 에세이는 고려하지 않는다. 이 학교는 이 대학에 관심이 있는 고등학교 졸업 예정자 2십만 명에 대해 데이터베이스(DB)를 구축해서 관리하고 있다고 한다. 그런 학생들에게는 입학 관련 정보를 대학이 개인별로 직접 제공한다. 학교 성적 5% 이내, SAT 1,300점 이상 학생은 우수 선발 대상자(Honor' s College)로 자료를 관리하고 적극적으로 유치 노력(Target recruitment)을 한다고 했다(피츠버그 대학교 입학사정관실장 벳시 포터 박사〔Director, Office of Admissions and Financial Aid: Dr. Betsy Poter)의 증언, 2005년 2월 13일 방문〕.

이 학교의 학생 선발 과정은 다음과 같이 7가지로 요약해 볼 수 있다.

첫째, 고등학교의 학부모와 학생을 방문하는 데 예산을 가장 많이 배정하고 있다는 점이다. 이는 좋은 학생을 유치하는 일(Target Recruitment)에 가장 힘을 쏟고 있다는 것이다.

둘째, 입학 대상자들의 자료를 데이터베이스에 입력하여 관리한다는 점이다. 피츠버그 대학교는 매년 20만 명 정도의 입학 대상의 데이터를 관리하고 있는데, 그중 4만 명 정도가 진짜로 이 학교에 관심을 가지고 있으며 실제로 원서를 내는 학생은 약 2만 명이 된다고 했다.

셋째, 학생이 제출하는 자료는 입학원서와 SAT(혹은 ACT) 점수, 그리고 에세이(선택)와 추천서(선택)를 선택적으로 제출한다고 한다.

넷째, 고등학교마다 교육과정이 다르고 성적 기준이 다르기 때문에 대학 입학처에서는 자체적으로 기준을 가지고 고등학교를 평가한다고 했다.

다섯째, 입학사정관(Admission Counselor) 30명(전문 직원, 평생 입학 업무만 담당)이 성적에 따라 학생과 학부모, 대학을 설득할 수 있을 정도로 지원자를 분류한다고 했다. 그중 장학생, 입학 가능 학생, 대학 기준에 충족되지 못하는 학생으로 분류하여 모든 질문에 답변을 할 수 있도록 준비한다고 했다.

입학사정관 실장의 말에 따르면, 입학사정관의 역할은 고등학교를 방문하여 학교를 설명하는 일, 학교 방문자에게 설명과 홍보 자료를 제공하는 일, 입학 관련 자료 정리 및 처리, 입학 지원 자료 검토(Review), 대학 입학위원회에 지원자 검토 결과를 보고하는 일(이때 입학과 탈락에 대한 이유를 설명해야 함)이라고 했다. 입학위원회는 매일매일 그때의 상황에 따라 입학사정관 중 5명을 선정하여 위원회를 구성하고 투표로 하나하나 학생의 입학을 결정한다고 했다.

여섯째, 학장, 부학장 등과 학생 정원에 대한 협의를 진행하여 매년 3천 명의 선발을 기준으로 정한다고 했다. 그러나 정원에 융통성이 있고 4개 대학별로 선발을 한다고 했다. 학생은 입학 후 1년 뒤에 전공 학과에 진입하고 그 2년 뒤라야 자기의 전공이 무엇이라고 말할 수 있게 된다고 했다.

일곱 번째, 교수나 학장, 처장들의 경우는 입학사정관에게 입학 시 고려 기준에 대한 제언을 할 수 있을 뿐 입학 사정에 일체 관여하지 않는다. 이는 다른 대학들도 마찬가지라고 했다.

그 밖에 입학사정관제도에 대해서 덧붙인 내용들은 다음과 같다.

매번 입학 사정을 하고 나면 모든 탈락자는 불평을 하므로 학교에서는 입학사정관을 잘 훈련시켜서 모든 경우에 정당한 답변을 할 수 있도록 입학 사정의 평가를 엄밀히 해야 한다고 했다. 고등학교에서도 매년 반복되는 결과를 가지고 소문으로 이미 이 학교는 어떤 학생이 떨어질 것이라는 것을 알고 있다고 했다. 입학사정관은 대학의 정식 직원이고 계약제가 아니라고 한다. 입학처장(입학 업무만 총괄하는 직원)이 입학사정관에 대한 철저한 지도와 교육을 통해서 어느 정도 수준에 올라온 직원만을 입학사정관으로 활용한다고 했다. 입학사정관은 극단적인 문제를 일으킨 경우에만 타 부서로 전출시키고 입학처가 총체적으로 입학 관련 문제에 대한 책임을 지기 때문에 입학사정관의 신분 보장은 잘되어 있다고 했다. 결국 학생 개인의 요구와 대학의 요구가 일치하는 지점에서 입학이 결정되므로 미국에서는 모든 학생이 원하는 대학을 찾아갈 수 있을 만큼 대학이 충분히 있기 때문에 이와 같은 입학사정관의 활동을 통한 입시제도가 가능하다고 했다.

카네기멜론 대학교(Carnegie Mellon University: CMU)

이 학교의 학생 선발은 1년에 15,000명 지원자 중에서 1,360명을 선발한다고 했다. 17명의 입학사정관이 5개월 동안 입학원서를 읽고 입학을 결정하는데, 입학한 학생의 80%는 학교에 잘 적응하고 있기 때문에 입학 사정이 잘되고 있는 것으로 판단한다고 했다(입학처 부처장 윌리엄 엘리엇, Vice President for Enrollment: Mr. William F. Elliot, 2월 13일 방문).

이 학교는 모든 지원자의 입학원서 및 관련 서류를 꼼꼼히 2번 이상 읽고 선발을 하며 전 세계와 미국 전역에서 다른 배경, 다른 인종, 다른 재능을 가진 학생들을 선발하고자 하는 것이 원칙이라고 한다. 우리는 이 학교가 사람이 가진 다양한 능력과 특성을 중요한 선발 기준으로 삼고 있다고 판단하고 그러한 원칙이 무슨 의미를 가진 것이냐고 다시 그에게 물었다. 그는 자신 있게, 이 학교는 카네기가 세운 학교인데 아시다시피 카네기는 학교에 다닐 때 전 과목 성적이 중 · 하위권이었는데, 다만 몇 과목만이 우수했다고 한다. 만일 우리 학교가 똑같은 과목 우수자 두 명을 뽑는다면 그것 때문에 탈락한 다른 학생이 혹시 카네기가 될 수 있을지 어떻게 아느냐고 말했다. 카네기 설립자의 정신이 입학 사정의 원칙에 관철되고 있다는 것을 보고 속으로 좀 놀랐다.

이 학교가 입학 사정을 할 때 고려하는 사항들을 정리해 보면 다음과 같다.

첫째, 학생 성적이 얼마나 좋은가를 본다. 성적이 좋다는 것은 성적표의 평점과 어떤 과목을 이수했는가를 고려하여 얼마나 어려운 코스에서 어떤 성적을 얻었는가를 의미한다.

둘째, 출신 학교의 기록을 검사한다. 학교에서 제출한 자료를 통해서 그 학교의 교육과정 운영, 학교의 사회 · 경제적 조건, 학점 시스템 등을 고려하여 학생 평가에 반영한다. 이런 방식은 우리나라 같으면 고교등급제로 논란을 일으킬 수도 있으나 미국에서는 고등학교 교육의 질을 평가하여 학생의 성적을 평가하는 것을 당연하게 생각하고 있다.

셋째, 그 학생의 SAT I과 SAT II의 점수다.

넷째, 학교의 추천서다. 추천서를 볼 때는 우선 교사(교과 교사와 진학부장 교사)가 학생에 대해 어떻게 말하고 있는가를 중요하게 고려한다고 했다.

다섯째, 학생의 활동 기록(Activity)을 평가한다. 지원한 학생이 고등학교에서 어떤 활동을 했는가, 활동한 내용으로 볼 때 이 학생이 이 대학을 위해 무엇을 할 수 있는가, 그리고 이 학생이 학교 밖 지역사회를 위해 무엇을 할 수 있는가를 알기 위해서 특별활동 상황(Extra Curriculum)을 자세히 본다고 했다.

이상에서 특징적인 것은 학교 기록을 먼저 보고 그다음에 학생의 SAT I, SAT II 성적을 본다는 것인데, 그 이유는 학교의 기록은 좋은데 학생의 SAT 성적이 나쁘면 이 학생에 대해 좋은 점수를 부여할 수가 없기 때문이라고 한다.

여섯째, 학생을 11개 단과대학(Institute)별로 학생 입학 사정을 하는 것이 특징인데, 학생을 가) 우수학생, 나) 성적이 나쁘고 활동 경험이 없는 학생→탈락 대상자, 다) 중간 집단→보류, 라)로 분류하여 단과대학 별로 가)에 분류된 학생 수가 250명이 되면 종료하고(실제 등록 학생은 훨씬 적기 때문에 더 많은 학생에게 입학 허가를 줌) 부족하면 중간 집단의 입학원서를 다시 읽어 우수한 학생을 가) 분류 집단으로 채워 넣는 방식으로 입학 사정을 한다고 했다. 이러한 과정을 가) 집단이 250명이 될 때까지 반복한다고 했다.

선발 과정의 거의 마지막 단계에서 추천서를 고려하는 이유는 추천서가 편견이 있다는 것을 인정하기 때문에 17명의 사정관이 동일한 추천서를 읽고 서로 판정하는 신중성을 보이기 위해서라고 한다.

우리가 인터뷰한 입학사정관 실장은 입학 사정 자료 중에 어느 하나를 포기하라면 SAT I(종합 학과 능력 시험)을 포기할 수 있다고 했다. SAT 점수가 없어도 학생에 관한 다른 모든 기록을 보면 좋은 학생을 뽑을 수 있기 때문이라고 한다. 입학 사정은 결정하는 일이다. 보다 좋은 결정을 할 수 있는 자료가 많으면 많을수록 좋은 학생을 선발할 수 있다. SAT II(과목별로 치르는 SAT)는 중요한 입학사정 자료라서 포기할 수 없다고 했다.

참고로 이 대학의 입학사정관은 채용 후 1년의 인턴 과정을 거친 후 입학사정관으로 근무하게 된다고 했다.

하버드 대학교와 매사추세츠 공과대학(Harvard University와 MIT)

하버드에는 30명의 입학사정관이 있다. 그중 2/3가 30년 이상 같은 일에 근무하고 있는 사람들이다. 그러나 대부분은 하버드 출신이 아니다. 입학사정관의 출신 전공 분야도 다양한데 그들은 그 일이 자신의 경력이 되도록 전문적으로 일을 한다고 한다. 학생을 선발하고 구분하는 일은 매우 전문적인 일이라고 할 수 있다. MIT에도 17명의 입학사정관이 있다고 한다. 우리는 미리 연락을 해서 약속되어 있던 안젤라 서(Angela Suh Um, 한국계 2세)를 2005년 2월 17일에 하버드 대학교 후문에 있는 그녀의 사무실에서 만났다. 그녀는 하버드 대학교 및 MIT 공과대학 입학사정관을 역임하고 당시도 하버드 대학교 입학사정관 및 보스턴 대학 컨설팅 회사(Boston Academic Consulting Group) 대표를 겸임하고 있었다. 카네기멜론이나 피츠버그 대학교 입학사정관들에 비해서 영어가 아닌 우리말로 할 수 있어서 아주 자세한 인터뷰가 되었다.

하버드 대학교가 학생 선발을 할 때 요구하는 서류는 다음과 같다. 고려하는 기록에서 학생이 통제 가능한 요인인 학교 성적, 표준화 검사 성적(SAT 등), 활동(Activity, Extra Curriculum) 기록, 학생이 통제할 수 없는 요인인 교사 추천서, 에세이, 인터뷰 간에 균형을 이루어 선발에 고려한다. 그래서 제출을 요구하는 서류는 다음 여섯 가지다.

첫째, 9학년부터 12학년까지의 학교 성적이다. 하버드 대학교 학생들의 학교 성적은 모두 최고의 성적일 것 같지만 반드시 그렇지만은 않다고 한다. 입학사정관들의 활동을 통해서 혹시 학기 중에 B학점이 나왔다고 하더라도 그 사유를 확인한다. 그 학기에 부친이 사망하여 학교 출석을 장기간 못하거나 시험을 치르지 못했을 수도 있기 때문이다. 정당한 사유가 있는 성적은 감안된다고 한다.

둘째, SAT Ⅰ, SAT Ⅱ, AP Test 성적이다. 이 성적 검토를 통해서 매년 약 20,000명의 지원자 중에서 4,000명 정도가 탈락된다고 했다. 미국에서 SAT 성적은 중요하다. 그런데 SAT는 우리나라의 수능시험과 같이 한날한시에 전 과목을 치르는 것이 아니다. 과목별로 고등학교 3년 과정 동안 몇 번이건 시험을 쳐서 최고 점수를 대학에 제출하면 된다. AP 과목은 앞에서 몇 차례 소개했듯 고등학교 성적 중에서 가장 중시해서 보는 성적이다. 해당 고등학교의 수준에 따라서 반드시 A학점이 아니라도 높은 점수로 쳐 주는 학교도 있고 때로는 AP 점수 B학점이 일반과목 점수 A학점보다 더 높게 계산되는 경우도 있다고 한다.

셋째, 학생 에세이(Essay)다. 하버드 대학교 입학시험에서 에세이는 대단히 중요하다. 그것은 하버드 대학교 주변의 서점에 가 보면 알 수 있다. 매년 하버드 대학교 입학시험에서 모범적으로 좋은 성적을 얻은 에세이집을 몇 권씩 발행해서 팔고 있다. 에세이는 자기가 이 대학에 들어와서 어떤 계획을 가지고 어떻게 공부할 것이며, 장래 이 사회를 위해서 어떻게 공헌할 것인가를 밝히는 자필로 쓴 글이다.

넷째, 특별활동(Extra Curriculum)에 관한 기록이다. 다른 학교도 그렇지만 미국의 대학 중 아이비리그에 속하는 학교들은 그 학교와 학과가 특별히 중요시하는 특별활동, 봉사활동, 체험활동에 대한 실적과 기록을 중시한다. 이를테면, 예일 대학교(Yale University)는 리더십을 매우 중요시하기 때문에 학생회장이나 정치적인 단체에서 인턴십으로 일한 경력 등을 중요시한다. 하버드에 들어가려면 봉사활동 등의 체험적인 활동 분야에서 그야말로 실제로 입증될 만한 실적을 상당히 많이 쌓아야 한다고 했다.

다섯째, 두 명에게서 받은 2개의 추천서다. 그중 하나는 학교 진학부장(진로부장) 교사의 추천서여야 한다. 학교장 추천서를 받지 않고 진로부장의 추천서를 받는 것이 특징이다. 다른 하나의 추천서는 전공 목적에 따라 다양하다. 자기가 사는 지역의 존경할 만한 의사가 추천서를 써서 의과대학에 갈 수도 있고, 시장의 추천서를 가지고 행정학과나 정치학과에 응시할 수도 있다.

여섯째, 학생 인터뷰 결과다. 학생에 대한 인터뷰는 2회에 걸쳐서 하는데 1차는 학생이 사는 지역에 있는 하버드 졸업생(Alumni)에게 의뢰를 해서 인터뷰를 한다. 이를테면, 한국에 사는 학생이 하버드에 응모를 하면 한국에 사는 하버드 졸업생을 담당 입학사정관(입학사정관은 세계를 약 17개 권역으로 나누어 응시 학생의 주소지에 따라 담당 사정관이 정해짐)이 수소문하여 1차 인터뷰 의뢰를 시킨다. 1차 인터뷰 결과를 참고로 하여 담당 입학사정관이 2차 인터뷰를 한다. 인터뷰 기록은 정보의 진실성을 확인하는 것이므로 당락에 대단히 중요한 영향을 미친다. 한마디로 하버드 대학교에 들어가려면 우선 담당 입학사정관의 인터뷰에 통과를 해야 하고 그렇지 못하면 들어갈 수가 없다는 것이다.

하버드에서는 매년 2만 개 정도의 지원서를 검토한다. 그중 4천 개는 고등학교 성적으로 쉽게 탈락 대상이 되고 나머지 학생에 대해 심층적으로 입학 사정을 하여 30명의 입학사정관 전원이 투표로 입학을 결정한다. 최종 결정 투표 때는 며칠간 호텔에서 학생 하나하나를 구체적으로 전원이 검토한다. 합격하려면 과반수의 표를 획득해야 한다.

MIT에서는 각 지역의 훈련받은 동창들에게 인터뷰를 하도록 하는데 지역에 따라서는 이렇게 훈련받은 동창들이 많지 않아 어려움이 많다고 한다. 그러나 하버드는 1, 2차 인터뷰를 반드시 한다. 하버드에서는 최소 17,000개의 입학원서와 기록을 30명의 입학사정관이 모두 읽어 낼 뿐만 아니라 일일이 확인을 한다고 했다.

입학사정관은 미국을 17개 권역으로 분리하여 지역별로 담당한다. 담당자는 평소에도 각 지역을 자주 방문하여 학교를 샅샅이 조사해서 알고 있다고 한다. 대개 1년 중 8~11월에 담당 지역 고등학교를 방문한다. 지역의 문제 학교나 우수한 학교를 방문한다. 한 번 출장에 20개 고등학교를 방문하여 학생부장, 진로부장 교사를 만나고 일반 교사도 만난다고 했다. 중요한 교과의 교사들이나 AP 코스 담당 교사들을 자주 만난다. 그리고 저녁에는 그 지역 동창을 만나 고등학교에 관한 정보를 획득한다.

지역별 담당 입학사정관이 해당 지역 지원자의 입학원서 및 기록을 읽고 사정관 전원으로 구성된 입학위원회에서 학생에 대한 설명(Presentation)을 한다. 다른 사정관들의 질문과 이의 제기가 있으면 해명하고 변론을 할 때도 있다. 그러고 나서 과반수 투표로 입학 여부를 결정한다. 전년도에 해당 고교에서 몇 명 합격했는지 등 학교에 대한 5년간의 기록과 학교에 대한 정보를 고려한다. 입학사정관들은 담당 지역을 매년 4개월 이상 출장 가서 살다시피 하고 맡은 지역을 30년간 담당해 오고 있기 때문에 지역 사정을 너무나 잘 안다. 때로는 다른 학교 입학사정관들과도 교류하며 해당 지역의 정보를 교류하기 때문에 성적을 부풀리거나 실적을 조작하는 등 거짓말을 하면 금방 들통 나게 되어 있다. 한 번 속인 것이 들통 나면 어느 학교에서도 그 학교의 자료를 신뢰하지 않는다고 했다.

입학위원회에서 결정이 어려운 학생에 대해서는 2~3회 토론을 더 거친다. 필요하면 관련 학과의 교수도 불러 자문을 구한다. 또는 그 지역에 있는 교사에게 전화로 자문을 구하기도 한다. 하버드는 성적이 최고인 학생만을 뽑는 것이 아니라 '입학사정관이 4년 동안 룸메이트를 하고 싶은 학생을 뽑는다.' 고 했다. 혹은 입학사정관이 생각했을 때 'Social engineer로서 일할 최고의 클래스를 만들어야 한다.' 고 하면 그런 클래스를 만든다고 했다. 모든 면에서 'Healthy Balance가 이루어지도록 17명을 뽑아야 한다.' 고 하면 그렇게 뽑는다. 해당 학과 교수는 필요할 때 자문에 응할 뿐 학생 선발에 대해서는 아무런 영향을 미치지 못한다. 그런 의미에서 입학사정관들은 보수도 낮고 사회적 직급도 높지 않지만 소신과 보람을 가지고 일한다. 그래서 한 번 맡으면 20~30년을 그만두지 않고 계속 일한다고 했다.

입학사정관들은 응시한 학생 중 어려운 환경에서도 노력한 학생을 좋아한다. 좋은 환경 출신은 환경이 어려운 학생보다 더 많은 요구를 한다. 대학은 근본적으로 믿을 만한 학생을 선발하고자 한다. 서류에서만 훌륭한 학생이 아니라 진짜 훌륭한 학생을 뽑고자 한다. 이런 원칙이 사정관들의 합의된 의견이 되고 그것이 정착되어 하버드 대학교의 학생 모집 전통이 되는 것이다. 안젤라 서(Angela Suh)는 인터뷰 말미에 다음과 같은 극적인 실제 경험 사례를 소개했다.

한 번은 자기가 입학사정관을 담당하고 있는 한국 학생이 원서를 제출했다. 자기는 한국계여서 주로 한국이나 동양 계통의 학생들을 맡는다고 했다. 같은 민족이라 그런지 아무래도 한국 학생이 하버드에 많이 합격하기를 바란다고 했다. 그런데 응시한 이 학생이 다른 서류는 의문이 별로 없는데, 아버지의 직업란에 CEO라고 기재한 부분이 의문이 나서 한국에 전화를 했다고 한다. 마침 아버지가 전화를 받아서 물었다. "아버님이 입학원서에 CEO라고 적었는데 무슨 회사에 근무하시고 직급이 어떻게 됩니까?" 그런데 아버지는 머뭇거리기만 하면서 대답을 못하더라는 것이었다. 그래서 사정관은 이런 정보는 반드시 확인을 해서 기록하게 되어 있다고 강조를 하자 아버지는 한참 망설이다가 사실을 털어놓았다. 사실 조그마한 구멍가게를 하나 하고 있는데 내세울 것이 없어서 그냥 그렇게 썼노라고. 이에 안젤라 사정관은 아버님께 간곡히 부탁을 했다. 하버드 대학교는 오히려 집안이 가난한데 공부를 잘하는 학생을 더 좋아한다고. 그래서 사실대로 쓰는 것이 더 유리하다고. 그러나 아버지는 미국 하버드 대학교까지 가려면 그래가지고 되겠느냐고 처음에는 도무지 응낙하려고 하지 않았는데 몇 번 간곡히 설득해서 사실대로 기록했다고 한다. 그리고는 이 학생을 사정위원회에서 설명할 때 아버지의 그런 이야기까지 소개하면서 어려운 가정에서 공부를 잘하는 똑똑한 학생이라고 소개하여 합격을 시켰다고 자랑스럽게 이야기했다.

제3부

'배움의 공동체 운동'과 일본 단위제 고등학교

일본 학교 방문은 서울시 학군 조정 방안 연구 중 동경도(東京都) 학군 조정 사례 연구와 학군 조정 결과에 따른 교육 방법과 교육 프로그램 개발 문제에 대한 시사점을 얻기 위한 것이었다. 1차 방문은 2006년 1월 19~22일 사이에 이루어진 것인데 이는 본 연구의 프로젝트와는 관계없이 이루어진 연구 방문이었지만 연구를 위한 2차 방문의 준비 성격이 있었다.

이 방문에는 많은 사람이 참여하였다. 모두 26명의 방문단이 3박 4일간의 연구 여행을 했다. 그만큼 한국에서 학교 연구에 대한 열의가 높다는 것을 보여 주는 증거라고 해야 할 것 같다. 우선 이번 방문을 주선하고 처음부터 끝까지 안내와 해설을 해 주신 분은 당시 부산대학교 교육연구소에 근무하던 손우정 박사였다. 그녀는 배움의 공동체 운동의 실질적인 리더인 사토 마나부 교수를 지도 교수로 하여 동경대학교에서 교육학 박사학위를 취

득한 분이다. 그리고 그녀는 이 운동을 한국에 전파하기 위해서 여러 모로 노력을 기울이고 있기도 했다. 방문 팀은 대체로 네 그룹이었다. 먼저 현장 교사들로 구성된 '새로운 교재를 만드는 사람들(삶이 있는 교실: daumcafe.nalamal21)' 의 교사들로서 이우경(천안여자중학교) 선생과 그 팀의 교사들 8명이었다. 다음은 작은 학교 연구 팀의 서길원 선생 등이 참가하였고, 도심 속의 대안학교를 만들어 가고 있던 성미산학교 선생님들, 그리고 부산의 송수갑 교장선생님 등이 참가하였으며, 동국대학교에서 서울시 연구 프로젝트를 수행하던 박부권 교수, 남경희 박사, 그리고 필자 등 대규모 연구 방문 팀이었다. 동경대학교에 갔을 때는 사토 마나부 교수의 배움의 공동체 운동에 관심을 갖고 연구하고 있던 하자작업장학교 조한혜정 교수도 와 있었다.

1차 방문에서 일본 가나가와(神奈川) 현 하마노고(濱の鄉) 초등학교를 방문하고 동경도 학군 조정에 대한 기초 자료와 일본의 배움의 공동체 운동(學びの 共同體 運動) 사례를 수집하였다. 2차 방문은 2006년 2월 22~25일 사이에 서울시 학군 조정 연구 프로젝트의 일환으로 이루어진 것인데, 이때는 좀 단출한 연구 방문 팀이었다. 필자와 박부권 교수, 서울시 장학사이고 당시 노원구에 있는 자운고등학교의 교감으로 있는 김진호 장학사, 이렇게 세 명이었다. 배움의 공동체 운동의 중 · 고등학교 사례를 보기 위해 시즈오카(靜岡) 현 후지(富士) 시에 있는 가쿠요(岳陽) 중학교와 동경도 내에 있는 동경대학교 부속고등학교를 방문하였다. 2차 방문 때는 일본 도쿄 주일 대사관에 근무하는 사무관과 교육 연구사로부터 도쿄 학군 조정의 역사에 대한 대략적인 소개를 받았다. 동시에 이번 연구에서 연구진으로 활동하면서 같이 동행한 서울시 교육청 장학사로부터 서울시 학생 배정 업무에 관한 브리핑을 받고 서울시 학군 운영에 관한 주요한 자료를 수집할 수도 있었다. 2차례 방문을 통해서 관찰한 세 학교의 내용을 소개한다.

학습사회를 선도하는 배움의 공동체 운동 1:

하마노고 초등학교(濱の鄉小學校)

배움의 공동체 운동이란

이미 아는 것과 같이 일본 학교교육의 위기는 우리나라보다 더 심각하다. 만성적인 등교 거부 학생〔일본에서는 이를 부등교(不登校) 학생이라고 한다〕의 발생, 교실에서 괴성을 지르거나 자리에 가만히 앉아 있지 못하고 왔다 갔다 하는 학생들, 자폐증에 시달리는 아이들, 교사에게 대들거나 심지어 교사를 폭행하는 사례들이 빈발하고 있다는 보도는 쉽게 접하는 일상이 되고 있다. 심지어는 1990년대 초반에 고베(神戶) 시에서는 성적이 좋고 멀쩡하게 생긴 중학생이 초등학생의 머리를 잘라서 새벽에 학교 정문에 던져 놓고 거기에다가 '무색 무취한 공교육을 비판한다.'는 쪽지를 남겨 놓아 온 사회를 발칵 뒤집어 놓는 사건까지 있었다.

이와 같은 학교 위기 혹은 학급 붕괴라는 교육 위기에 직면한 일본에서도 약 10년 전부터 주목할 만한 학교 개혁 운동이 전개되고 있다. 일본 동경대학교 대학원 사토 마나부(佐藤學) 교수가 중심이 되고 전 일본에서 약 1,000개의 초·중·고등학교가 참가하고 있는 소위 '배움의 공동체 운동'이 그것이다.* 배움의 공동체 운동이란 일본의 학교 개혁 운동인데 수업 개혁과 교실 개혁에 초점을 맞추어 학생, 교사뿐만 아니라 학부모 및 지역사회의 시민들이 참여하여 서로 돕고 함께 배우며 성장하는 교육 공동체 운동

---

* 사토 마나부(佐藤學), 『교육개혁을 디자인한다』(손우정 역, 공감, 2001).

을 말한다. 이하에서 이 운동의 배경과 중심 사상 및 개혁 운동의 사례를 소개한다.

일본 신자유주의 교육 개혁에 대응한 대안적인 학교 개혁 운동 신자유주의 교육 개혁은 영국의 대처 정권, 미국의 레이건·부시 정권, 그리고 일본의 나카소네 정권이 냉전 구조 붕괴 후 세계화의 흐름을 타고 시도한 교육 개혁 정책으로, 대부분 성공을 거두지 못하고 1990년대에 들어서서 미국과 유럽 대부분의 국가들은 사회민주주의적인 개혁으로 돌아섰다. 신자유주의 교육 개혁이 개인의 선택과 경쟁을 위주로 시장을 통한 교육 통제를 시도하는 데 비해서, 사회민주주의적인 교육 개혁은 지금까지 국가가 통제하고 관리해 오던 교육을 사람들의 연대와 네트워크를 통해 교육을 발전시키자는 개혁의 철학을 가지고 있다. 다시 말해, 학생과 교사, 학부모와 지역사회의 시민이 참여하는 학교 개혁을 시도한다는 의미다. 이러한 학교 개혁 운동의 한 전형을 만들기 위해 노력하고 있는 사례가 사토 마나부의 '배움의 공동체 운동'이다. '배움의 공동체 운동'의 원리를 정리하면 다음과 같이 세 가지로 요약할 수가 있다.

첫째, 교육의 공공성을 사람들의 네트워크를 중심으로 재구축하자는 것이다. 교육의 주체는 지역에 사는 아이들, 학부모, 시민 그리고 학교교육의 책임을 맡고 있는 교사 자신들이며, 이들이 상호 네트워크를 형성하여 교육 개혁을 추진한다는 것이다.

둘째, 다양성과 개성을 존중하는 민주주의의 원칙을 실현하는 것이다. 민주주의란 듀이가 정의하듯 '삶의 방식(Way of Living)'으로서의 민주주의를 말하기 때문에 '다양한 사람이 더불어 살아가는 일(Associated Living)'을 말한다(佐藤學, 2001, p. 64).

셋째, 학교를 배움의 공동체로 재정의하고 재구축하는 일이다. 지금까지의 학교는 교사들이 가르치고 학생들이 배우는 장소였다. 그러나 이제 '배움의 공동체로서의 학교'는 아이들이 서로 배우면서 성장하는 장소일 뿐만 아니라, 교사들도 교육 전문가로서 서로 배우면서 성장하는 장소이고, 나아가 학부모나 시민, 교육 행정의 담당자도 학교의 교육활동에 참가해서 서로 배우면서 성장하는 장소로 보고 있는 것이다.

학교 교실 개혁에서부터 교육 개혁의 실천 '배움의 공동체 운동'이 가진 가장 특징적인 점은 교육 개혁 운동을 학교 교실 개혁에서부터 시작하고 수업 개혁을 중심에 놓은 실천성에 있다. 사토 마나부 교수는 수업 개혁이 교육 개혁의 중심에 놓여야 하는 이유를 다음과 같이 분석, 설명하고 있다.

첫째, 지금까지 학교가 하는 일이 학생들이 공부(勉强)를 하는 것이었는데 이제는 공부가 아니라 배움(學ぶ)이 일어나도록 해야 한다는 것이다. 공부가 혼자서 아무런 매개도 없이 교사의 가르침에 따라 무리하게 힘을 들여서 지식을 쌓는 일이라면, 배움은 학생과 학생, 학생과 교사 등이 공동으로 협력하여 세상과 사물을 매개로 하여 즐겁게 서로를 성장시켜 나가는 일이라는 것이다.

둘째, 공부에서 배움으로의 전환에서 가장 두드러진 특징은 말하기보다 듣기, 즉 서로 들어주는 관계의 형성이 결정적으로 중요하다는 것이다. 우선 교사의 역할부터 들어주기로의 방향 전환이 일어나야 학생들도 서로 들어주는 관계가 형성된다. 조용히 귀 기울여 들어주는 관계의 형성은 가장 중요한 인격 형성이 가능하게 하며 배움이 일어나게 하는 기본 요건이다. 이는 교육철학자 넬 노딩(Nell Nodding)이 말한 것처럼 상대방의 '존재'를 인식하는 일이며 교사가 학생을 개성을 가진 존재로 받아들이는 일이 된다.

셋째, 이와 같은 '배움의 공동체 운동'에서 중요시하는 일은 교육과정의 편성과 운영을 전환시키는 것이다. 지금까지 학교에서 실시해 온 교육과정의 편성은 '목표 · 달성 · 평가'라는 모델인데, 이를 '주제 · 탐구 · 표현'이라는 새로운 교육과정으로 전환시켜야 한다는 것이다.

'목표 · 달성 · 평가' 모델은 교육과정 연구자 보빗(F. Bobbitt)이 근대적인 노무관리 시스템을 원용한 테일러 포드 시스템(Tayler-Ford System)을 교육과정에 원용한 것이다. 이러한 노무관리 시스템은 이미 산업 생산 시스템이 '소품종 대량 생산 시스템에서 다품종 소량 생산 시스템으로 전환'한 지금은 잘 사용하지 않는 노무관리 시스템이다. '주제 · 탐구 · 표현'이라는 교육과정운동은 이미 오래전부터 전 세계적으로 시도하고 있는 교육과정 개혁모델인데, 교과서 지식을 효율적으로 습득하는 것이 아니라 주제를 중심으로 협동적으로 탐구 학습을 하여 이를 보고서, 책, 연극 등 여러 가지 형태로 표현하도록 하는 수업을 말한다.

넷째, '학급왕국'을 파괴하는 일이다. 학교에서 배움이 일어나지 못하도록 장벽을 치고 있는 것은 학교와 교육과정이 교과 조직, 학급 조직, 사무분장 조직 그리고 각종 비공식적인 조직으로 높은 장벽을 치고 있기 때문이라고 분석했다. 이러한 현상은 캐나다의 교육학자 앤디 하그리브스(Andy Hargreves)가 '발칸제국화'라고 부른, 이른바 학교가 각각의 도당들로 분열되어 독자의 왕국을 이루고 있는 상황을 잘 표현해 주고 있는 말이다. 사토 마나부 교수는 학교의 이러한 발칸제국화를 깨부수는 방안으로 '수업 공개'라는 방안을 내놓았다. 이는 참으로 획기적인 학교 개혁 방안이라고 볼 수 있다. '학급 붕괴'라는 학교교육의 위기를 '수업 공개와 수업 참가'라는 형태로 극복하려는 교육 실천 운동인 것이다.

하마노고 초등학교(濱の鄕小學校)의 학교 개혁 실천 모델 창조

배움의 공동체 운동의 구체적인 실천은 하마노고 초등학교에서부터 시작되었다. 이 학교는 가나가와(神奈川) 현 치가사키 시의 신흥 주택 지구에 있는데 1998년 4월에 개교하였다. 개교 때부터 현 교육위원회 지도과장이었던 오오세 도시야키(大瀨敏昭) 씨가 초대교장으로 부임하고 사토 마나부 교수가 자문위원으로 위촉받아 '배움의 공동체'로 학교 개혁을 구상하여 교육 계획을 시장에게 승인받고 출범했다. 당시 치가사키 시는 교육위원회와 교원노조와의 대립, 교육위원회와 시민운동과의 대립으로 학교 개혁의 방향을 둘러싸고 심각한 갈등을 겪고 있었다. 그래서 그러한 문제점을 극복하는 새로운 모델을 만드는 데 대한 기대도 컸고, 지금은 고인이 되었지만 오오세 교장의 헌신적인 노력의 결과로 현재 이 운동의 원조가 되어 전국에서 수많은 학교가 이 학교의 모델을 배우러 방문하고 있다. 이 학교의 교육 개혁 모델은 일본 자국 내에서뿐만 아니라 전 세계적으로 알려져서, 지금은 한국, 타이완 등 이웃 나라는 물론이고 학교 개혁에 관심이 있는 많은 사람이 학교방문을 오고 있다. 앞에서 인용한 책과 직접 방문을 통해서 목격한 이 학교의 특징을 정리해 보면 다음과 같다.

첫째, 학습을 중심으로 교실 개혁을 추진하여 새로운 수업 모델을 창조하고 있었다. 이 학교는 종래 칠판, 분필, 교과서를 중심으로 하던 수업을 과감하게 벗어던지고 사물과 대화하고 친구와 대화하고 자기 자신과 대화하는 수업과 학교생활로 전환하였다. 그래서 수업뿐만 아니라 반마다 개성 있는 교실 만들기, 과목마다 독특한 수업 만들기를 꾸준히 실천해 나가고 있다.

둘째, 시간표를 과감하고 융통성 있게 운영하고 있다. 교사의 창의성과 학

치가사키 시 하마노고 초등학교 1

하마노고 초등학교 건물(햇빛이 잘 들도록 설계되어 있어서 밝은 분위기)

생의 질 높은 학습 경험을 유도하기 위해 오전은 90분 2시간, 오후는 45분 1시간으로 운영하고 그 범위 안에서 교사의 판단으로 자유롭게 변형하여 운영이 가능하도록 했다. 또한 수업을 중심으로 많은 시간을 할애하기 위해서 조회를 폐지했고, 15분간의 독서로 조용한 하루 일과를 시작한다.

셋째, 수업 공개와 수업 사례 연구를 학교 경영의 중심에 두었다. 월 1회 수업 공개의 날과 교내 연수에는 지역사회의 시민과 학부모뿐만 아니라 전국에서 이 학교의 수업 사례를 참관하러 온다. 매월 2회 전 교사의 수업 참관 및 비디오 기록 검토 연구회 등을 통해서 교사와 학생 관계 및 학생 상호 관계를 관찰하는 데 초점을 두고 수업 연구를 진행했다. 그렇게 하여 1년간 약 100회 수업 공개를 했다. 오오세 교장도 사회과 수업 교재를 개발하여 수업의 모범을 보여 주며 솔선수범하는 모습을 보였다.

넷째, 이렇게 수업 개혁을 학교 운영의 중심에 두기 위해서 학교 조직을 철저하게 단순화시켰다. 수업 연구 및 교육과정 개발을 위해 1인 1분장의 업무분장 체제를 개혁하여 자기가 맡은 일을 한 달에 한 번 전체 회의에서 통과시키고 책임을 지는 형태로 운영했다. 그래서 모든 교사가 업무 시간의 80%를 수업 연구에 힘씀으로써 '학급왕국'의 구습을 깨트리는 계기를 만들었다.

다섯째, 학부모와 지역사회의 시민들이 교사, 학생과 함께 수업에 직접 참가하는 모델을 만들었다. 지역사회에 학교를 개방하여 모든 교실에 '학습 참가제도'를 도입하였다. 이는 지역 학습 공동체를 만들어 나가는 계기가 된다. 그리고 '남의 이야기를 들어주는 인간관계 구축'이라는 슬로건하에 교사–학생–학부모 연대를 통해 서로 배우는 공동체 만들기를 실현시켜 나갔다.

이 학교는 교육 개혁을 통해 교육과정에 민주주의를 관철시키고 교육의 공공성을 옹호하고 발전시키고자 하였다. 그리하여 다음과 같은 다섯 가지의 원리를 학교교육에 구현하려고 한다.

첫째, 모든 아이에게 학습할 권리에 입각하여 스스로의 가능성에 도전할 자유를 보장하려고 했다.

둘째, 교육 평등의 원리를 보다 철저하게 구현하여 학급당 인원 수를 30명 수준까지 축소하고, 교육에서 어떤 아동도 차별이나 배제를 당하지 않도록 했다.

셋째, 아동과 청소년의 시민적 권리와 자유를 보장하기 위해서 제복, 두발 규제를 완화하고, 폭력, 체벌 금지를 철저히 했다. 그리고 구성원들의 사회 참여와 정치 참여의 기회를 확대하고 18세까지의 선거권 부여를 공식적으로 주장했다.

넷째, 교직의 전문성과 학교의 자율성을 강화하기 위해 전향적인 교육 개혁안을 마련하여 스스로 실천하고 각계에 다음과 같은 주장을 전달했다. 즉, 교원의 학력을 대학원 단계로 상향시키고 교장은 교육학 박사로 해야 한다. 단위 학교의 교육과정의 자율성을 신장시키기 위해서 국가는 최소한의 교육과정을 제시하고 자율성을 교사 집단에게 양도하는 일이 필수적이다. 학교 재정의 자율성을 높이고, 자주적 재정 계획을 수립하도록 하며 학교에서 기부금을 자유롭게 모금할 수 있도록 해야 한다.

다섯째, 양육(Caring)과 교육의 열린 네트워크를 구축하였다. 이 학교는 이와 같이 '남의 이야기를 들어주는 관계'에서 시작하여 교실과 수업 개혁에 착수한 지 불과 한 학기 만에 한 학급에 몇 명씩 있게 마련인 수업 시간에 가만히 앉아 있지 못하는 아이나 괴성을 지르는 아이가 줄어들기 시작했다고 한다. 그리고 등교 거부를 하던 아이들이 모두 학교에 나오기 시작했다고 한다. 이러한 변화에 교사들이 기뻐서 환호성을 질렀는데 그럴수록 차분히 신중하게 학교 개혁을 추진하여 지역사회에 개방된 네트워크의 모델을 만들어 놓고 있었다.

하마노고 초등학교 교실 모습

하마노고 초등학교 학생들의 자습 시간

하마노고 초등학교 학교 운영의 기본 구상

① 학교교육의 목표: 서로 배우고 성장하는 '배움의 공동체' 로서의 학교 창조(Learning Community)

② 학교교육의 기본 방향:

- 서로 배우는 배움으로 학습발달론 바로잡기
- 교사의 자율적 연대로 동료성 구축, 학교 밖 사람들과의 네트워크를 구축하여 학교 만들기
- 생활공동체로서의 학교: 거처와 마음의 안식처 확보

③ 학교교육과정 개발(Curriculum Development): 교육과정의 재구축

- 학습 경험의 총체로서의 교육과정관 확보
  - 교과과정과 인생의 이력이라는 교육과정의 두 가지 의미 이해
  - 플랜으로부터 지원으로
  - 적게, 깊게 배우는 교육과정
  - 등산형 양식에 의한 구성
- 공통 교양의 구성
  - 문화적으로 가치 높은 경험의 조직화
  - 교과 학습의 주체화
  - 학습 경험의 단위에 의한 구성
  - 현대적인 과제를 중심으로 종합 단원의 개발

④ 학교 경영의 중핵으로서 교내 연수: 교사들의 질 높은 자기 자신의 수업 창조

사토 마나부 교수가 작사한 교가

하마노고 초등학교가 배움의 공동체 운동의 첫 번째 실험학교가 된 것은 이 학교의 학생, 교사 및 학부모와 지역사회의 시민들이 마음을 하나로 합쳐서 연대한 덕분이었다. 이와 같은 단결을 가져오는 데 중요한 역할을 한 것이 바로 '교가' 였다고 사토 마나부 교수는 술회하고 있다. 이 교가는 사토 교수 자신이 직접 작사를 하고 작곡가 미요시 아키라(三善晃) 씨가 만들었다. 가사를 보면 우선 이 학교의 교육활동의 정서를 잘 읽을 수 있다.

바람의 가락(혹은 바람결)

하마노고 초등학교 교가, 작사 사토 마나부, 작곡 미요시 아키라

바람결에 풀잎은 속삭인다.
나뭇가지 끝에서도 울려 퍼지는 노랫소리
부드럽게 단아하게
생명의 숨결 서로 주고받는 하마노고

물결따라 생활은 돈다.
정성(마음)을 다해 배우는 기쁨
경쾌하게 상쾌하게
생명의 함성 서로 새기는 하마노고

하늘은 파랗고 바다는 아득한 저편

눈부신 희망이 빛을 발하고

고요하게 선명하게

생명의 모양(형체) 서로 비추는 하마노고

작곡가 미요시 씨의 곡은 학습하는 신체의 유동성과 응답성을 선율에 담아, 이 학교 학습의 메아리를 겹겹이 중복되는 목소리로 본떠 표현한 멋진 합창곡이라고 한다. 이 교가를 2001년에 실시한 교가 발표회에서 학생 68명과 교사 30명이 대합창을 했고, 합창이 끝나자 발표회장의 학부모와 시민들이 감동의 함성을 질렀다고 한다.

수업참관에 대한 소감

이 학교를 방문한 날은 월 1회의 수업 공개가 있는 날이었다. 일본 홋카이도를 비롯하여 전국에서 약 200명이 넘는 손님들이 학교 여기저기서 수업참관을 하고 있었고 우리 일행 약 20명이 가세하니 학교는 더욱 복잡했다. 손우정 교수가 동시통역기를 이용하여 자세하게 통역을 해 주어서 우리 일행은 수업과 연구협의회의 내용을 자세하게 전달받을 수 있었다.

우리는 음악 시간과 자연 시간에 참관을 했다. 그리고 오후 3시에는 복도로 연결된 광장과 같은 큰 강당에서 수업연구협의회를 관람했다. 수업연구

수업 공개 장면

수업 공개 후 수업연구협의회 장면

협의회는 두 수업을 참관한 교내 교사들 및 참관자들과 수업에 대한 의견을 교환하고 토론하는 자리였는데, 일명 교사연수라고도 하였으며 무려 2시간 반 이상이나 계속되었다.

음악 시간에 본 교사는 수업을 정말로 열심히 준비하여 열정적으로 가르치는 교사였다. 잘하는 학생과 못하는 학생을 나누어 역할을 따로 맡기고 계속해서 긴장을 멈추지 않고 명령하고 열심히 따라 하며 연주회를 연습하는 수업이었다. 수업을 관람할 때는 참 열심히 잘 가르치는 수업이라고 생각했는데 연구협의회에서 그 교사는 엄청나게 비판을 받았다. 명령적인 말투, 전체 모양에만 신경 쓰고 아이들 하나하나는 전혀 배려하지 않는 자세, 교사가 위에서 군림하는 자세, 이해는 하지만 감동과 울림이 없는 수업 등등 정말 날카로운 비판이 쏟아졌다. 그러면서 모두는 그 교사에게 터닝 포인트가 필요하다고 권유했다. 자신의 눈높이를 아이들의 눈높이로 낮추고 왕좌에서

학생들의 사물함

학생 작품들

내려와 함께하는 수업이 되면 얼마나 좋겠느냐고 권했다. 조언을 하러 온 한 대학 교수는, 이제는 어미에게 돌려주었지만 예전에 자신이 기르던 아기 북극곰이 물에 빠졌을 때 직접 물에 뛰어들어 구해 주었던 것과 북극곰의 행복을 자기의 행복보다 우선시했던 사례를 들어 가며 이 교사에게 전환이 필요함을 권유했다.

가쿠요 중학교(岳陽中學校) 교장으로 정년퇴임을 한 사토 마사아키(佐藤雅彰) 선생은 “가르칠 때는 선생님이 한 발 뒤로 조금 물러나서 배울 수 있는 여유가 필요하다. 그래야 아이와 아이들 사이의 교류가 보이고 교사와 아이들 사이의 관계가 보인다.”라고 말했다. 아이들과의 관계에서 교류가 일어나지 않으면 선생님은 피상적인 교실 분위기에만 신경을 쓰고 아이가 이 맥락에서 배우고 있구나 하는 배움과 돌봄(Caring)의 관계가 일어나지 않는다는 것이다. 그러한 수업은 감동을 주는 수업이 되지 못하며 감동과 울림이 없는 수업은 재미가 없고 괴로운 수업이 된다는 것이다. 아이들이 수업 시간에 울고 싶은 심정은 그런 경우에 일어난다는 것이다. 그러면 음악이 정말 싫어질 것이라고 했다.

자연 시간은 버저가 소리를 내는 모형과 원리를 배우는 시간이었다. 네 명이 모둠으로 나누어 모형을 한 개씩 가지고 소리가 나는 원리를 토론하며 알아내는 수업이었다. 이번 수업은 좀 지루하다는 느낌을 받았는데 연구협의회에서는 단점에 대한 지적보다는 칭찬이 많았다. 팔짱을 끼고 있는 시간이 많은 점, 이미 답을 알고 있는 학생이 몇 명 있는 것이 문제였다는 점 등이 지적되었으나 30분 이상이나 끈기 있게 학생들이 답을 알아낼 때까지 꾸준히 기다리는 자세가 칭찬의 대상이었다. 특히 교장은 그의 수업에 대해서 칭찬을 아끼지 않았다. 팔짱을 끼고 다니지만 그 교사는 귀가 밝은 교사라고 했다. 그래서 그룹에서 토론이 일어나고 있는지 아닌지를 세밀히 관찰하고 있으며 마치 모형에서 전류가 이어지고 끊어지고 하는 것처럼 학생들이 배움이 일어나고 있는지, 도약(Jumping)가 일어나고 있는지를 잘 관찰하는 교사라고 했다. 여타의 사람들도 이 교사의 수업은 긍정과 보완으로 일관했다.

두 수업과 연구협의회를 참관하고 난 느낌은 한마디로 우리 일행 누군가가 표현했듯이 '근대적 교사상이 능지처참을 당하는 광경'을 본 느낌이었다. 어떻게 보면 우리의 기준으로 성실하고 열심히 잘 가르치는 음악 선생이 마치 왕처럼 군림하고 전체만 보고 획일적인 교육을 하고 있는 굳은 표정의 교사로 관찰되고 비판을 받으며 새로운 시각으로 터닝 포인트를 맞이할 것을 권고하는 매우 인상적인 교사 연수의 자리를 본 셈이다. 그것이 배움의 공동체 운동의 한 진면목임을 알았다. 팀별로 나누어 교류를 통해서 배움이 일어나는 광경은 좀 더 나이가 중 · 고등학교의 수업에서 관찰이 가능하다는 결론을 맺고 이 운동의 또 하나의 원조인 가쿠요 중학교를 견학하기로 마음을 먹었다.

학습사회를 선도하는 배움의 공동체 운동 2:

가쿠요 중학교(岳陽中學校)

삼류 학교에서 일류 학교로 발전한 지방 중·소도시의 중학교

일본 가나가와(神奈川) 현 치가사키 시 하마노고 초등학교(濱の鄕小學校)가 배움의 공동체 운동의 출발점이고 초등학교에서 하나의 모델을 만들었다면, 이 운동이 중등학교로 확산되면서 중학교에서 성공을 거두어 하나의 모델을 창조한 배움의 공동체 학교가 바로 시즈오카(靜岡) 현 후지(富士) 시에 위치한 가쿠요(岳陽) 중학교다. 이 학교는 지방 중·소도시이면서 공업 도시인 후지 시 중앙에 자리 잡고 있었다. 1~2학년은 7개 반씩, 3학년은 8개 반으로 모두 22개 반이고, 한 반에 약 37~38명쯤 되는 학생이 공부하는 보통의 지방 도시 중학교였다. 주변 지역이 공장 지대라 학부모의 직업은 공장 노동자가 가장 많고 대체로 중하층의 가정 배경을 가진 학생들이 이 학교에 다니고 있었다.

운 좋게도 첫 번째 방문학교인 하마노고 초등학교에서 가쿠요 중학교의 전 교장인 사토 마사아키(佐藤雅彰) 씨를 만나 학교에 대한 간단한 브리핑을 받을 수 있었다. 그의 주장은 수준별 수업을 하면 잘하는 학생과 못하는 학생 사이에 학력 격차가 더욱 커지는 반면에 조별 학습을 통해서 잘하는 학생과 못하는 학생 사이에 돌봄(Caring)이 일어나게 되면 못하는 학생에게 도약(Jumping)이 일어나 전체적으로 학력이 높아진다는 것이다. 그 구체적인 성공 사례가 가쿠요 중학교였다. 이 학교는 시에서 가장 학력이 낮은 소위 삼류 학교였는데 배움의 공동체 운동을 통해서 시에서 가장 우수한 학교가 되었다고 했다.

교장의 리더십이 중요한 학교 개혁

가쿠요 중학교의 오늘이 있기까지는 많은 사람의 노력이 있었지만 특히 이 학교를 이만큼 발전된 모습으로 만든 것은 두 번이나 이 학교에 근무한 사토 마사아키(佐藤雅彰) 선생 덕분이라고 해도 반대할 사람이 없을 것이다. 일본도 우리나라와 같이 교사와 교장이 순환 근무를 하기 때문에 사토 마사아키 교장은 처음 이 학교에 근무할 당시에는 배움의 공동체 운동에 대해서 몰랐다고 한다. 아마 알아도 그때는 초등학교에서 배움의 공동체 운동이 태동되고 있는 단계였기에 중학교에 적용할 만큼 준비가 되어 있지 않았는지도 모른다. 그러나 두 번째로 희망을 해서 이 학교에 교장으로 부임했을 때(2002년)는 그가 학교에 대한 정보를 잘 알고 있을 뿐만 아니라 학교의 변화에 대한 구상을 세우기에도 훨씬 용이한 상황이었을 것이다. 우리나라의 경우도 한 학교를 변화시키는 개혁을 추진하려고 할 때 교장이 자주 바뀌면 아무것도 안 된다는 것을 너무나 많이 경험한다. 이 학교는 사토 마사아키 교장의 안정된 리더십이라는 조건이 있었기에 개혁이 가능했다고 할 수 있다.

또 하나 학교 개혁 운동에서 필요한 것은 전문가의 도움이다. '이론 없는 혁명은 없다.'는 고전적인 혁명론을 거론하지 않더라도 학교 개혁은 일종의 혁명(교육혁명)인데 이러한 개혁에는 깊이 있는 교육철학을 내포한 이론이 필요하다. 이 학교의 개혁에는 또 한 명의 사토라는 성을 가진 사토 마나부 교수의 힘이 절대적이었다. 사토 마나부 교수는 이미 앞에서 소개한 가나가와 현 하마노고 초등학교에서 오오세 교장을 도와 배움의 공동체 운동을 일

으켜 성공적인 모델을 만들고 있는 학자이자 이론가였다. 교장과 전문가의 조화로운 만남이 중·소도시의 삼류 학교를 일류 학교로 만들었을 뿐만 아니라 지금은 일본 각지에서뿐만 아니라 외국에서도 사례를 배우러 오는 명문학교로 만들었다. 가쿠요 중학교의 경험은 사토 마사아키 교장이 주로 작성하고 사토 마나부 교수가 감수한 『공립중학교의 도전(公立中學校の 挑戰, 2003)』이라는 책을 통해서 우리도 자세하게 전수받을 수 있게 되었다.

학교 개혁을 시작하는 어려움과 학교 개혁의 5가지 원칙

사토 마사아키 교장은 이 학교에 두 번째로 부임해 와서 학교 개혁을 시작하려고 했던 당시의 어려움을 다음과 같이 피력하고 있다.

> 당연한 일이지만 새로운 학교에 부임했을 때는 이미 학교교육 목표, 교육과정, 교무 분장, 담당 학년, 담당 교과 시간수 등이 거의 결정된 채 일하게 된다. 그런 만큼 4월 초에 갑자기 상황을 크게 변화시키려고 하면 교사들로부터 반발을 초래할 뿐이다. 학교 개혁, 다시 말해 수업 개혁은 교장 한 사람만으로는 추진하지 못한다. 지금까지의 흐름을 계승하면서 느긋하게 개혁할 수밖에 없는 것이다. 느긋한 개혁에 관해서 사토 마나부(佐藤學) 선생은 "3년은 걸릴 거라고 생각해 주십시오."라고 말했지만 중학교의 개혁은 생활지도나 부서 활동 지도 등 초등학생 때와는 다른 과제가 쌓여 있고, 이를 해결하기 위해서

> 는 좀 더 시간이 걸리는 것이 아닌가 생각했다. 특히 사회규범에 대한 이해가 부족한 아이들의 생활지도를 어떻게 할까, 진로지도라는 틀 안에 얽매이지 않고 수업 개혁을 단행할 수 있는 것일까, 그리고 보호자와의 연대 등 불안한 출발이었다(사토 마사아키, 2003. p. 7).

그러나 개혁을 처음 시작했을 때는 그보다 더 어려운 난제들이 쌓여 있었다. 그래서 느긋하게 시작하되 연차적인 개혁 플랜을 수립하여 하나하나 해결해 나갈 수밖에 없었다. 사토 마사아키 교장은 다음과 같은 다섯 가지 원칙을 세워서 추진했다. 그중 네 가지 과제는 앞의 하마노고 초등학교에서 이미 경험적으로 쌓은 학교 개혁의 원칙이었다.

첫째, 지금까지 학교가 해 온 일은 학생들이 공부(勉强)를 하도록 하는 것이었는데, 이제부터 가장 중요한 것은 공부가 아니라 배움(學ぶ)이 일어나도록 해야 한다는 것이다.

둘째, 공부에서 배움으로의 전환에서 가장 두드러진 특징은 말하기보다 듣기, 즉 서로 들어주는 관계의 형성이 결정적으로 중요하다는 것이다.

셋째, '배움의 공동체 운동'에서 중요시하는 일은 교육과정의 편성과 운영을 바꾸는 일이다. 지금까지 학교에서 실시해 온 교육과정의 편성은 '목표 · 달성 · 평가'라는 모델인데 이를 '주제 · 탐구 · 표현'이라는 새로운 교육과정으로 전환시켜야 한다는 것이다.

넷째, '학급왕국'을 파괴하는 일이다. 학교에서 배움이 일어나지 못하도록 장벽을 치고 있는 것은 학교와 교육과정이 교과 조직, 학급 조직, 사무분장 조직 그리고 각종 비공식적인 조직으로 높은 장벽을 치고 있기 때문이라고 분석했다. 사토 마나부 교수는 학교의 이러한 발칸제국화를 깨부수는 방안으로 '수업 공개'라는 방안을 내놓았다. 이는 참으로 획기적인 학교 개혁 방안이라고 볼 수 있다.

다섯째, 지역사회에 학교를 개방하여 모든 교실에 '학습참가제도'를 도입하고 열린 지역 학습 공동체를 만들어 나가는 것이다. '남의 이야기를 들어주는 인간관계 구축'이라는 슬로건하에 교사-학생-학부모 연대를 통해 서로 배우는 공동체 만들기를 실현시켜 나가는 것이었다.

이 학교의 교육개혁의 원칙은 교육과정에 민주주의를 관철시키는 일과 교육의 공공성을 옹호하고 발전시키는 일이었다.

교사 역할의 중요성

학교 개혁은 사람이 하는 것이다. 그것도 혼자서 하는 것이 아니라 사람들이 공동으로 협동해서 하는 것이다. 그런데 학교 개혁을 시작할 때 가장 중요한 것은 교사들을 이해시키고 함께하게 하는 일이다. 사토 교장은 가쿠요 중학교에서 학교 개혁을 하려고 1년차 계획을 추진하면서 제일 먼저 해야 할 것들을 나열해 보니 1년차 네 가지 일 중에서 세 가지가 교사들에게 요구해야 하는 일들이었다고 쓰고 있다.

공부에서 배움으로 전환시키기 위해서 서로 들어주는 관계를 형성하고,

교육과정을 주제-탐구-표현으로 바꾸어 내는 일은 교사들이 해야 하는 일이다. 그리고 학급왕국을 깨트리는 일도 교사 자신들의 혁신을 필요로 하는 일이다. 그래서 그는 1년차 학교 개혁의 과제를 명시하면서 교사들의 과제를 다음과 같이 명료하게 하였다.

① 교사의 '소리' '말' '몸짓'에 온화함을 갖기 바란다.
② 교사가 일방적으로 말하는 수업에 소그룹 활동을 도입하여 될 수 있는 한 학생의 '질문(주제)-탐구-표현' 학습으로 변화시킨다.
③ 교사 전원이 연 1회는 수업 공개를 하고, 연구협의회를 충실히 한다.

이 세 가지는 모두 교사가 해야 할 일들이다. 나머지는 학교를 개방하여 학부모와 시민을 참여시키는 일이다. 그것도 결국 교사들의 일거수일투족을 모든 사람에게 공개하는 일이니 교사의 노력과 동의 없이는 불가능한 일이었다. 결국 학교 개혁은 교사들이 하는 것이라는 결론에 도달했다. 교사들의 교육 공동체 형성을 향한 자발적인 열의와 참여 없이 학교 개혁은 한 발짝도 나갈 수 없음을 알았다고 한다.

학교 개혁을 시작할 때 교사가 해야 할 가장 중요한 첫 번째 원칙은 교사가 소리, 말, 몸짓을 부드럽게 하여 화난 목소리로 학생을 통제하지 않는 일이다.

이것이 쉬울 것 같지만 사실 매우 어려운 일이다. 일본을 비롯하여 개발도상국의 교사들은 국가와 전통사회의 권위를 가지고 교육을 해 왔기 때문에 보통 근엄하고 엄격하며 딱딱하게 굳은 표정으로 교실에서 유일한 절대자로

군림하는 것이 습관화되어 있다. 그래서 하루아침에 교사들의 언행을 부드럽게 고치는 일은 쉬운 일이 아니다.

교사의 말, 몸짓에 따라 아이들은 마음을 열기도 하고 닫기도 한다. 중학교 교사에게 아이들의 기호를 맞추는 장치가 있다면 아이들을 좀 더 생기발랄하게 할 수 있다. "교사는 배우가 되어야 한다."라고 하는 사람이 있지만, 적어도 몸짓만이라도 부드러워지면 좋고, 성급한 판단을 하지 않으며, 아이의 기분에 신경 쓰는 데 유의할 수 있을 것이다. 이것이 가능해지면 자신의 기분을 억누르지 않고 솔직히 이야기하면 될 것이다. 그러나 다음 사례를 보면 교사가 한 번도 화내지 않고 아이들을 지도하는 일이 얼마나 어려운 일인지를 잘 보여 준다.

어떤 담임이 복도에서 바지를 내리고 있는 아이를 지도하고 있다. 처음에는 온화한 어조로 "바지를 올리렴."이라고 주의를 줬지만 아이는 딴 데를 보고 있다. 담임은 꾹 참으며 다시 한 번 명령조로 주의를 준다.

담임: 바지 올려라…….

아이는 담임의 명령을 들으려 하지도 않고 그곳에서 떠나려고 한다.

담임: 바지 올리라고 했지.

아이: 시끄러.

이쯤부터 교사의 긴장도가 올라간다.

담임: 시끄럽다니, 뭐라고?

아이: 시끄러워서 시끄럽다고 말한 건데.

이러한 상황이 되면 교사는 가는 말이 고와야 오는 말도 곱다고, 큰 소리로 화내기 시작한다.

담임: 나를 지금 깔보는 거야?

아이: 선생님 목소리가 시끄럽다고.

교사의 긴장도가 올라감에 따라 아이의 불안도 고조된다. 대단히 제멋대로인 아이이다. 엄격할 필요가 있다고 생각한다. 그러나 아무리 화내도 아이에게는 그 주의가 미치지를 못한다. 흥분했을 때는 상대(아이)의 말에 귀를 기울이는 여유가 없기 때문이다. 힘으로 아이의 행동을 억제하려는 것은 아이가 교사의 지도를 어겼을 경우에 불행한 결과를 초래하게 된다. 그렇게 되지 않기 위해서 느닷없이 화내지 말고, 큰 소리 치지 않는 것을 기본 자세로 하며, 아이라고 할지라도 한 사람의 성인으로 대하는 것이다. 이 경우에 상대(아이)의 변명에도 귀를 기울이고 보호자와 보호위원 등과의 제휴를 계획하면서 아이와 거리감이 줄어들기까지 시간을 들여 대화한다(佐藤雅彰, 2003. p. 9).

생활지도가 먼저인가, 수업 개혁이 먼저인가

사토 마사아키 교장은 이렇게 답답한 상황 가운데 부임하고 나서 '화내며

질책하는 지도보다는 수업 개혁으로 학생들을 바꾸어 보자.' 는 제안을 해서 생활지도의 방향을 크게 전환하기로 하였다. 그것은 우선 학생지도(생활지도)에서 진부한 생각을 버리고, 수업을 바꾸면 자연히 학생의 모든 문제는 없어질 것이라는 생각으로 학생들과 접촉을 하는 것이다.

나는 '학교를 변화시키는 데는 학생지도가 핵심' 이라고 생각하며 노력해 왔다. 교사들은 지금까지 해 온 자신의 수업에 나름대로의 자신을 갖고 있지만, "수업을 변화시킨다고 해도 하루아침에 바뀌는 것은 아니라고 생각했다. 그래서 학생지도 담당 교사들로부터 '힘으로 학생을 억압하지 않고 실제로 학생지도가 잘될 것인가' '먼저 학생지도를 확실히 하고, 예의범절을 먼저 가르치지 않으면 수업을 할 수 없을 것이다.' 라는 불안과 반대의 목소리가 분출했었다. 또 학생지도 담당이 아닌 많은 교사는 직접적으로 비판을 하지 않았으나, '교장이 말한 그대로가 좋은 것인가' 라는 의문과 매우 걱정스러운 상황에서 우리의 수업 개혁은 시작되었다.

시작 연도의 과제는 협동적인 배움을 수업에 도입하는 것이었다. 구체적으로 각 교과에서 1시간의 수업에 소그룹 활동을 도입하여 학생들 간의 관계와 유대를 중요시하는 것이었다. 처음 시작했을 때는 소그룹 활동에 당황한 학생도 있었지만, 곧 그룹 내의 리더격 학생이 수업 중에 졸고 있는 학생이나 소극적이고 수동적인 학생에게 '모르겠으면 거리낌 없이 물어봐.' 라는 등의 말을 걸게 되었다. 그랬더니 교사가 수업에 참가시키기 위해서 무척이나 애를 써서 말을 걸어도 싫다고 했던 학생이 친구들이 말을 걸면 그때만큼은 수업에 참가하게 되었다. 그러나 이 단계에서도 학생지도상의 많은 문제는 결코 좋은 방향으로 바뀌지는 않았다. 이미 여름방학이 지나고 있었다.

그러나 이와 같은 방안을 계속 진행해 가는 사이에 수업 중에 학생들의 반응이 조금씩 변화하는 것을 볼 수 있게 되었다. 어쩌면 지금까지 리더인 학생에게 끌려다녔던 학생이 소그룹 활동을 할 때는 '나 이거 모르겠어.' '이 문제 어떻게 푸는 거야.' 등의 말을 친구들에게 하게 된 것이다. 수업 중 이와 같은 말이 많아지는데 비례하여 그토록 많던 학생지도상의 문제, 즉 비행문제나 등교하지 않는 학생 문제 등이 감소되었다.

사토 교장은 이러한 경험을 통해서 '배움을 그만두지 않는 아이는 생활이 흐트러지지 않는다.' '학교를 만드는 것은 수업 개혁이다.'라는 신념을 가지고 가쿠요 중학교 개혁의 키워드로 삼았다고 한다.

의욕적인 출발과 시작 연도의 마무리-동료의식의 성장

학교 개혁에서 교사가 해야 할 두 번째로 중요한 일은 교사가 일방적으로 말하는 수업에서 소그룹을 만들어 가급적이면 묻고 탐구하고 표현하는 것을 통해 수업을 배움이 일어나는 하나의 과정으로 만드는 일이다. 여기에는 경청이 대단히 중요한 조건이 된다.

중학생의 마음은 신체의 성장에 비례해서 학업 문제, 친구 문제, 부서 활동

문제, 가정 문제 등 다양한 스트레스를 안고 있다. 극히 평범한 아이라도 그 내면은 복잡하고 불만에 가득 차 있다. 그래서 그런 문제가 나타나기 전에 평소에 아이들과의 대화를 중시해야 한다. 그렇지만 교과목마다 교사가 바뀌는 중학교에서는 담임이 학생과 만나는 시간과 장소가 제한적이다. 그만큼 담임뿐만 아니라 교과 담당 교사나 부서 활동 고문이 학생들에게 말을 걸려는 노력을 하거나, 아이들의 상태가 평소와 다른 무언가를 느끼면 담임에게 알리거나 하는 등 교사의 협동 체제가 필요하다. 그러한 협동적인 수업을 시도하기에는 경험이 부족했던 시작 연도의 개혁에서는 성과보다는 시도 자체에 의미를 둘 수밖에 없었다.

학교 개혁에서 교사들이 해야 할 세 번째 중요한 일은 교사 전원이 연 1회 수업을 공개하고 연구협의회를 충실히 해내는 일이었다. 이 일도 1년차에는 무사히 해냈다. 이런 과정을 거치면서 학교가 변한 것이 있다면 동료의식이 성장한 것이었다.

사토 마사아키 교장이 이 학교에 부임해 왔을 때 그는 수업을 '교제'와 '유대'를 키워드로 하는 배움으로 변화시키고, 학생의 생활도 변화시키고자 하였다. 그러나 이러한 새로운 문화의 창조는 교직원들이 좀처럼 받아들이지 않았다. 그만큼 중학교 현장은 눈앞에 닥친 생활지도로 바빴기 때문이었다. 그는 하나의 일을 정하면 강하게 끝까지 해내고 싶은 마음이 있었지만, 동료와 같은 방향으로 노력하기에는 꽤 긴 시간을 필요로 했다. 그러나 1년이 경과했을 무렵에는 교직원실의 분위기가 변해 가고 있었다. 무어라 확실히 말할 수는 없었지만 다음과 같은 일이 눈에 띄게 변했다.

교사는 자신의 느낌을 동료와 공유하고, 담임뿐만 아니라 전체 교사들이 아이들의 문제를 공유한다. 이러한 협동이 연대의식을 만들어 분위기를 변화시키는 것이었다. 또 한 가지는 학년주임이 학년 교사와 아이들을 대하는 방법이 변한 것이었다. 자신의 학년을 '작은 학교'로 비유해서 책임을 가지고 교육적인 리더십을 발휘하게 되었다. 이와 같이 좋은 분위기가 조성되자 아이들까지도 영향을 받았다. 세상의 모든 일이 그러하듯 이 학교의 개혁 과정에서도 이러한 변화의 흐름을 받아들이지 못하고 부정적으로 생각하는 사람이 없지 않았다. 그러나 이 학교에서는 다음과 같은 네 가지 과제를 꾸준히 실천하기로 다짐을 하고 2차 연도로 진입했다.

① 교사와 학생 사이에 부드러운 인간관계를 구축하는 '대화'

② 배움을 중심으로 하는 '수업의 창조'

③ 배움의 동료성이 있는 '교사 집단의 창조'

④ 부모가 아이의 배움에 참가하는 '부모의 학습 참가'

개혁 2년차의 과제

시작 연도의 개혁으로 교사 전원의 수업 공개는 100% 달성했다. 물론 교사 전원이 공개했다고는 해도 '배움'으로까지는 바뀌지 못하였다. 그래도 수업 개혁에 몰두하는 교사의 바람직한 자세는 높이 평가할 만했다. 또 교사와 아이들과의 관계도 강압적이고 강제적인 지도에서 꾸짖어야 할 것은 꾸짖은 후에 아이들의 생각을 듣기도 하고 사후 관리를 확실히 하는 방향으로 변화해 왔다. 이를 통해 아이들의 대부분이 안정되었지만 완전히 안정되지는 못했다.

개혁 2년차는 이 개혁이 성공하느냐 실패하게 되느냐의 갈림길이 되는 해였다. 그런 의미에서 2년차는 학습관의 공유와 연구협의회의 충실을 당면 목표로 삼고 시작했다고 한다. 그 구체적인 과제는 다음과 같았다.

① 교사와 아이들의 관계를 한층 더 부드럽게 한다.
② 친구들과의 대화를 중시하는 의미에서 교실 책상 배치를 'ㄷ자형'으로 한다.
③ 수업 공개와 연구협의회를 세트로 하는 교내 연수를 실시한다.
④ 수업 1시간 안에 교과서 외의 것을 가능한 많이 준비하기도 하고, 소그룹 활동을 도입하기도 하며, 이야기의 문맥을 파악해 함께 이야기하기도 하는 활동을 짜 넣도록 한다.

ㄷ자형의 책상 배치-대화형의 수업 조직 설계

개혁 시작 연도 3월의 연수회에서 사토 마나부(佐藤學) 교수가 교실 좌석 배치를 다시 생각해 보라고 제안했었다. 지금까지의 중학교 교실 풍경은 일

ㄷ자형 교실 배치란?

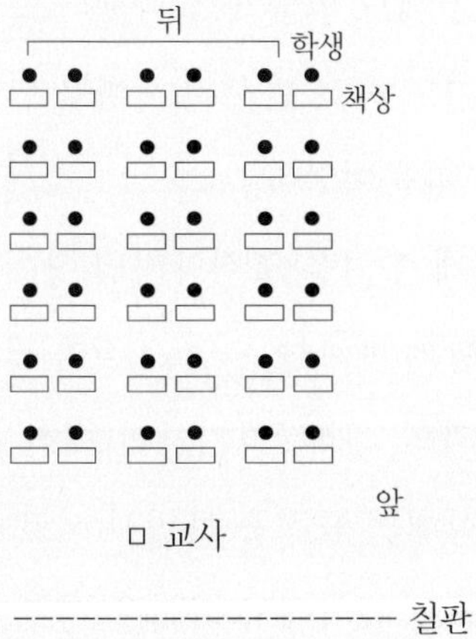

교사를 향해 앞으로 보고 앉은 학생들
(가로 6줄, 세로 6줄, 보통의 교실)

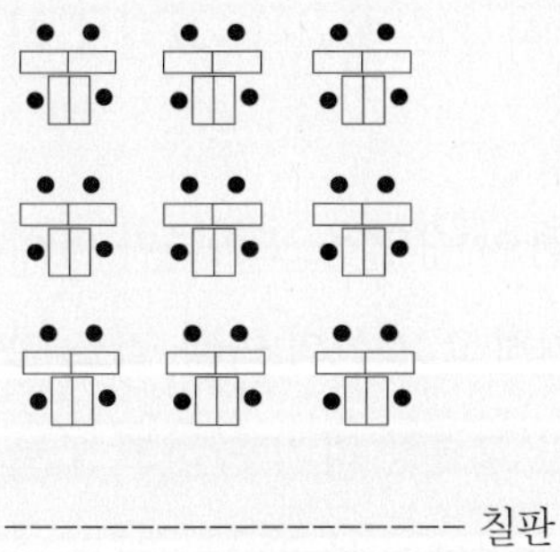

뒷줄의 학생은 앞으로 향함(2명씩 책상 간격을 붙임)
다음 줄 학생은 책상을 돌려서 두 명씩 마주 봄
(4명씩 1조가 되게 앉는다. ㄷ자형)

ㅁ 교사(앞에 있을 필요 없이 조를 순회함, 강의할 때는 위의 배열로 돌아감.)

※ 보통 때의 책상 배열은 교사가 강의를 할 때 앞으로 집중하기에 좋다, 그러나 두 번째 ㄷ자형은 4명 1개 조로 조별 학습을 하기에 적당하다. 이러한 배열을 수업 시간 중에 자유자재로 변형시키며 수업을 한다.

제학습을 위한 강의식 책상 배치로 이루어진 모습이 대부분이었다. 이런 식으로 가르치는 것에 완전히 익숙해진 교사는 강의식 수업에 아무런 의문을 갖지 않았다. 사토 마사아키 교장도 그때까지만 해도 그렇게 생각했다고 한다. 강의식 수업은 아이들이 교사의 해설을 듣기도 하고 판서된 사항을 받아 적기도 하는 경우에는 효율적인 수업 방식이기 때문이었다.

그러나 공부가 아니라 배움을 중심으로 새롭게 수업을 조직하려면 아이들의 커뮤니케이션을 중심으로 하는, 함께 듣고 함께 배우는 수업 조직이 필요했다. 배움의 공동체는 '대상과의 대화, 타인과의 대화, 자기와의 대화'를 목표로 하고 있었다. 대화 중심의 수업에서는 상대의 표정을 보면서 서로 이야기하는 것이 커뮤니케이션의 기본이 된다. 그런 의미에서 좌석을 서로 마주 보는 형태로 하는 것이 옳은 발상이었지만 교사 중에는 "책상 배치 등은 어떻게 해도 상관없지 않은가."라고 반발하는 사람도 있었다. 그래서 시작 연도에는 이를 실시하지 않았다.

2년차에 와서 책상의 배치를 면대면형으로 하여 수업을 조직하자 아이들에게 변화가 나타났다. 친구와 마주 보고 이야기하고 자신의 눈과 귀로 집중해서 듣는 것이 가능해졌다. 더욱이 친구와 의견 교류를 하기도 하고 모르는 것을 물어서 듣기도 하는 광경이 많이 늘었다. 학교에서 배운다는 것은 단지 판서 사항을 받아 적는 작업은 아니다. 미지(未知)의 과제를 친구와 함께 해결해 나가기도 하고, 의견을 교류해 가기도 하면서 기지(旣知)가 되도록 하는 것이다. 물론 1시간 내내 'ㄷ자형'을 요구하는 것은 아니지만 아이들의 수업 감상을 보면 함께 들어주는 즐거움을 읽을 수 있었다.

학교 경영 구상도 만들기-2년차의 과제

개혁 2년차에서 가장 중요한 것은 학교 경영 구상도를 만드는 일이었다. 우리나라의 학교 중에서 공모제 교장을 두게 되는 경우 교장은 대개 그 학교에 부임하기도 전에 미리 학교 경영계획을 만들어 두고, 부임 후 그 계획에 따라 학교 경영을 하는 것을 당연시한다. 이는 학교 개혁의 원칙상 잘못된 것이다. 왜냐하면 학교 경영계획은 학교를 함께 만들어 나갈 교사와 학생들이 참여하여 만들어야 하기 때문이다. 이 학교는 새로운 교장이 부임해서 1년 동안 자기의 구상을 한 번 실천해 보고 2년차에 가서 교사와 학생이 모두 참여하여 학교 경영 구상도를 만들었다. 가쿠요 중학교의 학교 경영 구상은 참으로 특징적이다.

학교교육의 목표: 스스로의 배움을 서로 표현하는 학교　이 목표는 학교가 배움의 공동체로서 신뢰받는 학교를 만들기 위해 표방하고 있는 학교교육의 목표다.

학교교육 목표는 개혁 비전을 비추는 거울이고 개개인의 소망을 실현하는 것이어야 한다. '스스로의 배움'에서 '스스로'는 아이들만을 의미하는 것은 아니다. 아이들의 주변에 있는 어른들도 포함하여 자립적이고 주체적으로 배운다는 의미를 담고 있다. 또 '서로 표현한다'는 아이들의 표현만을 문제시하는 것이 아니라 교사와 부모, 지역주민들에게도 확대될 수 있다는 생각을 담았다.

그러나 '서로 표현한다'는 오해받기가 쉬웠다. '밝고 활발하게 표현한다'고 하면 동료의 표현을 차분히 듣고 자신이 느낀 것, 생각한 것을 '자신의 말로 서로 전달한다.'는 뉘앙스로 받아들이지 않기 때문에 '서로 표현한다'의 '서로 ~하다'를 중요시하게 되었다. 즉, 표현하기 위해서는 우선 사람의 이야기를 확실히 듣는다는 행위가 전제로 되어야 한다. 보통 자기 주장만 선행하고 듣는 것에 소홀한 현상이 지배적이기 때문이다.

학교의 특징

① 후지(富士) 시 수업 연구 시범학교: 이렇게 말하면 처음은 다소 과장된 표현으로 들릴지 모르지만 학교생활의 중심이 수업인 것을 생각해 보면 교사와 학생도 이 정도의 기강과 절개, 그리고 목표를 가지고 하루하루 학교생활을 해내야 한다는 의미를 담고 있다고 본다.

② 지적인 것의 습관화

- 남의 이야기를 제대로 듣고 생각한다.
- 친구들끼리 '협동'하여 생각한다.
- '왜' '모른다'라고 말할 수 있어야 한다.
- 현실 사회와의 관련을 생각한다.
- '무리다, 안 된다, 할 수 없다'는 말을 하지 않고 도전한다.

  부정적인 사고를 가진 교사일수록 '무리다, 안 된다, 할 수 없다'를 연발한다. 아이들도 마찬가지다. 교육이 크게 변화하고 있는데도 제도적인 틀에 얽매여 '무리다'라고 변화하는 것을 거부하거나 전례나 사례가 없기에 '할 수 없다' '안 된다' 라고 말한다. 문부과학성으로부터 초등학교 생활지도 사례집이 나와 있는데 초등학교 생활과가 그러하듯이 그것이 전국의 학교에서 일률적인 지침이 되어 생활지도를 한다. 모두 같은 것을 하고 있으면 교사들은 안심한다. 그렇지만 누군가가 한 것을 그대로 하기만 하고 스스로 찾아 나가지 않으면 학교는 붕괴되고 말 것이다.

③ 학교 외의 누구라도 상담이 가능: 교실에서 학급 친구들과 같이 공부할 수 없는 아이가 있다. 다른 친구와 비교해 보고 '자기에게는 아무런 값어치가 없다.' 고 단정지어 버리는 아이들이다. 그러한 아이들은 자기의 감정을 억누르고 부정적인 생각을 한다. 이 아이들이 교사 이외의 사람에게도 부담 없이 상담할 수 있는 시스템과 환경을 갖추어야 한다. 이 학교에서는 학교 카운슬러 외에 매일 상담실에서 이러한 아이들을 기다리고 있는 교육봉사자나 지역의 사람들이 있다. 남에게 의존할 줄 아는 사람은 그 자신이 자립하여 남을 도와줄 수도 있다.

④ 표현 교육을 중시: 표현 교육이라고 하면 원래는 예술 교육이 전부였다. 그러나 이 학교의 실정으로는 학생들에게 예술성보다 개개인의 생각을 자유롭게 표현할 수 있게 하는 쪽이 급선무였다. 중학교 수업에서는 학년이 올라감에 따라 발표 기회가 적어진다. 지금은 옛날과 달리 말하지 않고 가만히 있으면 알 수 있는 시대가 아니다. 자기 주장을 할 수 있는 아이들로 키워야 한다.

수업의 변화: 활동적이고 협동적이며 표현적인 배움(사람, 물건, 사건의 대화)

① 활동적: 읽기, 관찰, 계산, 조사, 흉내, 개인적 사고, 호기심

② 협동적: 동료 간에 서로 돕기

③ 표현의 공유: 친구들의 발언에서 자기 자신의 생각과 자세를 음미

- 이를 통해 교사와 학생 간의 관계 변화, 학생 상호 간의 관계 변화
  - –교사의 자율성, 동료성을 기름
  - –교내 연수 중심의 학교 운영
  - –획일적 지도 방법에서 탈피
  - –왜 그것을 배우는가, 배움의 필요성을 확실히 함
- 교사의 신체 기법
  - –아이들의 보이지 않는 부분을 읽어 내어 흐름에 맞추어 끌어냄
  - –교사에게는 아이들을 끌어들이는 연기도 필요

부모와 시민과의 관계 변화

① 가쿠요 중학교 운영협의회 구성

- 구성: 교사, 부모, 학생, 시민
- 내용:
  - – 학교 운영에 대한 요망 · 의견
  - – 학교 평가의 검토

② 부모와 지역 시민의 학습 참가

③ 지역 단체의 학교 지원 회의

차분한 아침 시간을 독서로 시작하는 학교

학교는 하루 생활을 어떤 분위기에서 시작하는가가 중요하다. 차분한 분위기에서 첫째 시간 수업을 시작하기 위해 아침 회의 내용을 간단하게 하고 독서 시간을 만들었다. 시간은 15분 정도다. 아이가 묵독으로 집중할 수 있는 한도는 15분 정도라고 생각했기 때문이다. 가와도시 료타의 저서 『음독하면 머리가 좋아진다』(다치바나 출판사)를 읽어 보면 묵독보다 음독이 뇌를 보다 활성화시키는 것 같지만 아이들이 같은 책을 읽지 않기 때문에 묵독으로 하는 것이 더 낫다. 아이들의 습관에 맞춘 것이다.

이와 같이 매일 아이들은 아침 독서를 하고 있다. 처음 실시했을 때는 중학생들이 차분하게 읽을지 의문이 들기도 했지만 그것은 쓸데없는 걱정에 불과했다. 집중해서 읽는 아이들이 늘어났다. 집에 돌아가고 나서도 책을 읽는 아이들도 있었다. 아침 독서로 머리가 좋아진다는 것은 아니다. 최근 "○○을 하면 명문대학에 들어갈 수 있다."라고 쓴 책이 베스트셀러가 되었다. 물론 하지 않는 것보다 하는 것이 더 낫지만 그것만으로는 안 된다. 아침 독서에서 중요한 것은 교사도 아이들과 같이 책을 읽는 것이다. 아침 독서는 교사 자신의 뇌를 활성화시키는 동시에 아침 독서를 하고 나서 아이들과 대화를 할 수 있게 되기 때문이다. 그런데 처음부터 아침 독서가 잘되지는 않았다.

독서를 아침 시간에 넣은 뒤 4개월 후 교사들로부터 불만이 나왔다. 조회 등이 아침 시간대(화요일 아침)에 있기 때문에 생활 리듬이 깨지고 회의가 늘어나서 첫째 시간에 수업 시작이 늦어진다는 것이다.

그래서 회의(조회 · 학생 집회 · 학년 집회)는 모두 화요일 6교시 종료 후 청소를 미루고 실시하는 것으로 바꾸자, 모든 요일의 아침시간에 아침 독서를 할 수 있게 되었다. 그래서 이 시간은 학교 전체가 차분한 분위기로 독서하는 시간이 되었다. 아침 독서는 차분해진 학교생활의 출발을 만들어 주는 것만이 아니다. 아이들의 집중력이나 마음이 풍부해지는 것을 아이들의 감상문에서 읽을 수 있었다.

> 요즘은 학교가 즐겁습니다. 아침 독서에서 읽고 있는 책에 매우 감동했습니다. 독서를 이렇게 진지하게 한 것은 태어나서 처음일지도 모릅니다. 앞으로도 독서를 해서 마음을 움직이게 하고 싶습니다(3학년 학생 감상문에서).

신뢰받는 학교 만들기

부모님이나 지역으로부터 신뢰받는 학교를 만들기 위해서는 우선 부모님으로 하여금 학교 현실을 알게 해야 한다. 그러기 위해서는 학교에 와서 수업이나 아이들의 모습을 보는 것이 제일 좋은 방법이라고 생각하여 학교와 관련이 있는 여러 단체를 초대하여 학교를 보여 주었다. 또 보호자나 지역

분들로부터 의견을 듣는 기회로서 가쿠요 중학교 운영위원회를 만들고 이를 학교 운영에 활용하였다.

민생육아위원 · 주임육아위원과의 간담 민생육아위원은 각 지역에서 아이들을 도와주고 있지만 학교에 오는 것은 대부분 준 · 요(準 · 要) 보호 학생의 인정 수속 때뿐이었다. 수속을 밟을 때 학교 상황을 교사에게 듣고 또 교사도 가정의 모습을 민생육아위원으로부터 들을 뿐이었다. 그러나 아이들을 둘러싼 가정이나 지역의 환경은 급격하게 변화해 왔다. 그래서 이 학교의 현실을 고려하여 2002년부터 민생육아위원 대표와의 간담회를 정기적으로 가지기로 했다. 히로미(廣見) · 구량(丘兩)에서 많은 사람이 참가해 주었고, 두 달에 한 번 수업 참관과 연락 회의를 실시하고 있다.

이 회의에서 화제가 된 아이들에 대해서는 담당 지구의 민생육아위원이 가정방문 등을 통해 바로 대응해 주기 때문에 담임에게도 상당히 도움이 되고 있다. 또한 연락 회의를 계속 반복함에 따라 학교의 생각이나 대응 방법이 지역에 정확하게 전달되고, 이것이 학교에 대한 신뢰로 연결된다. 특히 민생육아위원은 지역에서 신뢰받고 있는 사람들로 이루어져 있기 때문에 이러한 분들에게 학교의 현실을 정확하게 알려 주는 것은 중요했다.

보호자와의 간담 2002년부터 학교에서 민생육아위원과 같이 보호자와의 간담회를 두 달에 한 번 가졌다. 민생육아위원은 주로 경제적으로 힘든 가정의 아이들에 대해 상담해 주고 있지만, 보호자는 생활 면에서 돌보아 주고 싶은 아이들에 대해 상담을 하고 있다. 보호자에게도 교실을 둘러보게 하고 아이들의 학습 모습을 참관하게 하고 있다.

그뿐만 아니라 아이들이 희망하면 보호자와 상담할 수 있도록 하기도 한다. 처음에는 아이들이 보호자에게 어떻게 반응할지 걱정도 되었지만 이야기하는 가운데 긴장도 풀리고 자기를 둘러싸고 있던 고민이나 가정의 문제들을 스스로 이야기하게 되어 보호자도 정중하게 대응하고 격려하게 되었다. 보호자가 학교 근처에 사는 사람이라는 것을 알면 아이들 중에는 "다음에 상담하러 가겠습니다."라고 말하는 아이들도 있었다. 그 후 이 아이는 졸업할 때까지 두 번 더 상담하러 왔다고 한다.

보호자의 일 중 주된 일은 범죄를 저지른 아이를 다시 학교생활에 적응시키는 것이다. 그러나 학교에서는 범죄예방활동이나 억제활동도 하고 있기 때문에 2003년 여름방학 전에 보호자와 아이들 간의 대화 모임을 가졌다. 두 학급이 한 그룹이 되어 두 사람의 보호자가 사회를 보고 보호자로부터는 보호자가 하고 있는 일이나 이제까지 경험했던 사례를 이야기했다. 또는 최근의 소년범죄에 대해 아이들의 생각을 듣기도 하는 형식의 집회를 가졌다. 나가사키 유아살해사건이나 오키나와 중학생 살해 시체 유기 사건 등이 취급됐지만, 학생들의 가정에서는 이 사건이 별로 화제가 되지 않았다는 사실을 알고 보호자들은 크게 놀랐다고 한다.

학교운영협의회의 설치 2002년에 '가쿠요 중학교의 현재와 미래'에 대해서 의견 교환을 하기 위해 교직원, 보호자 대표, 학생 대표, 지역주민 대표로 구성된 가쿠요 중학교 운영협의회를 설치했다. 제1회 운영협의회는 2003년도부터 실시하고 싶었던 '학교 2학기제'에 대해서 토의했다.

교장은 이 회의가 학교교육계획에 교원, 부모, 학생을 참가시켜 운영하기로 결정한 보스턴의 미션 힐 스쿨을 모델로 생각한 것이라는 점과 2003년도부터는 실시하고 싶은 '학교 2학기제'에 대한 장단점에 대한 의견 교환을 하는 일, 그리고 가을방학에 대한 계획 등을 논의하자고 설명하였다.

부모들로부터는 '시험은 언제 볼까?' '전기와 후기를 바꾸어 방학을 늘려 여유를 가지고 싶다. 지금처럼 방학을 하면 마음의 여유가 없이 2학기를 시작하기 때문에 가을방학을 가지고 싶다.'는 의견이 있었다. 가을방학에 대한 학교의 시안은 3일간이었다. 그러나 아이들로부터 '방학은 3일이 아니고 좀 더 길었으면 한다.'는 의견이 나왔고, 부모로부터도 '우리 학교는 새로운 것을 시도하려고 하고 있기 때문에 가을방학을 충분하게 가졌으면 좋겠다.'는 의견이 있어서 가을방학을 6일간으로 변경하였다.

이와 같이 다음 연도의 연간 행사 계획을 아이들과 부모의 의견을 들어서 결정하였다. 그 밖에도 보호자 면담, 가정방문, 학생회 활동 등에 대해서 의견이 나왔지만 아이들의 의견이 가장 중시된 것이 무엇보다 큰 수확이었다. 그 이후 회의는 2번이나 더 개최되었다. 보호자나 지역주민은 '부모의 의견을 듣고 그것을 받아들여 주는 것은 매우 기쁜 일로 받아들였다. 물론 학교의 운영은 교장이 바뀌면 변하게 된다. 그러나 이러한 학교의 운영이 변하지 않도록 해 주길 바란다.'는 의견이 있어서 학교운영협의회가 그와 같은 염려를 미리 차단하기도 했다. 부모나 지역주민이 연중 학교에 대한 기대를 크게 하고 이를 학교 운영에 참가시키는 방안이 학교의 신뢰를 얻는 데 큰 도움이 되었다.

공부(勉强)에서 배움(學ぶ)으로 1
-새로운 수업의 창조와 공유

아키야마 진(秋山仁) 동해대학(東海大學) 교수는 아사히 신문 주최 심포지엄에서 현재 중학교와 고등학교의 수업에서 이뤄지는 교사 주도의 주입식 '공부(勉强)' 는 다음과 같은 결함을 가지고 있다고 지적하였다.

① 아이들이 배우는 의미와 기쁨을 느끼지 못한다.
② 학문의 진정한 재미를 알 수 있는 체험이 적다.
③ 주입식 학습이기 때문에 이해가 얕다.
④ 과정을 존중하지 않고 결과를 중시한다.
⑤ 지루해하는 아이들이 생기는 일제식 수업을 한다.
⑥ 교사가 혼자 연출하는 수업으로 아이들의 주체성이 약화되어 있다.

'공부' 와 '배움' 의 차이에 대해서 사토 마나부(佐藤學) 교수는 다음과 같이 말한다.

'공부' 와 '배움' 은 다른 것이다. '공부' 란 물건 · 타인 · 자신이 서로 만나지 않고 오로지 교과서와 선생님이 제공하는 지식만을 기억하는 것이다. '배움' 이란 동료(친구)와 함께 진행하는 것으로, 타인과의 커뮤니케이션을 빼놓을 수 없다. 잘 이해하고 있는 아이가 쓰는 말이나 개념을 잘 이해하지 못한 아이가 바로 써 본다. 한 번 써 보는 사이에 그 지식을 자연히 익힌다. ……중략…… 친구와의 (의견) 차이를 중요시 하면서 협동하여 배워 나가는 수업을 만들고…… 자신의 말로서 정확히 이야기할 수 있는 지식을 습득하기도 하고, 그것을 친구들과 음미하기도 하며 의미의 연관성을 발견하기도 하는, 표현하고 공유하며 서로 음미하는 '배움' 을 만드는 것이다(『潮』, 2002년 4월호).

사토 마나부(佐藤學)의 저서 『배움으로부터 도주하는 아이들』에는 "배움이란 교과서와의 만남과 대화이고, 교실 안의 동료(친구)와의 만남과 대화이며, 자기 자신과의 대화다." 라고 쓰여 있다.

이런 철학을 바탕으로 수업을 구상하여 교직원 연수를 통해서 공유하였다. 다음 표와 같이 지금까지는 교재 해석이 중심이었던 교재 연구 방식에 덧붙여 지도의 점선 안의 연계성을 생각해 보면서 수업 구상을 다듬었다. 예를 들면, 아이가 교과서와의 만남에서 '어떤 질문을 할까' 를 생각해서, 그 질문을 '인생과 사물과 사건' 과 관련시키면서 해결하기도 하고, 지식을 획득하기도 하는 커리큘럼을 개발할 필요가 있었다.

배움의 창조에서 중요한 것은 아이의 입장에서 학습을 도와주는 것이다. 아무리 좋은 수업을 구상하더라도 아이의 현실에서 벗어난 것은 아무런 의

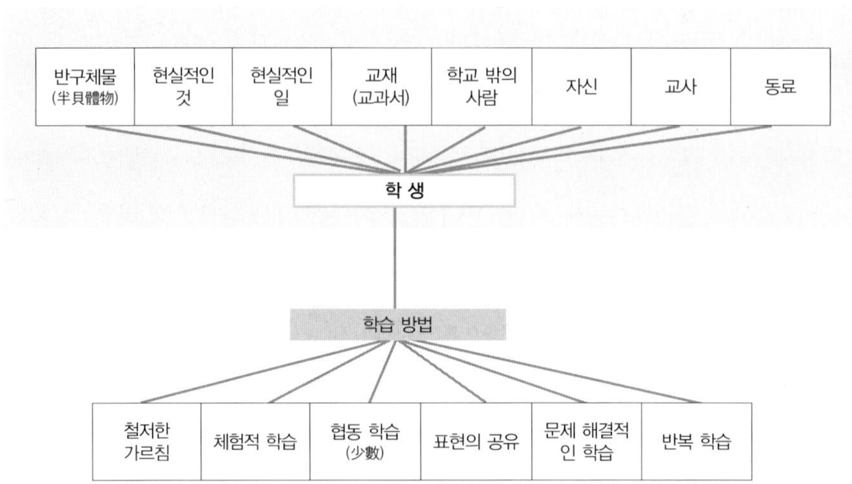

미가 없다. 실제 수업에서는 아이들의 입장에 맞추어 진행하고 싶지만 대부분의 교사는 아이보다는 교사의 입장에 맞추어 수업을 이끌어 나가 버린다. 교실에서의 배움은 한 사람 한 사람의 생각을 존중하고 수업 구상에도 얽매이지 않고 진행해야 한다. 그러기 위해서는 수업 전에 만들어 놓은 지도안을 버릴 용기도 필요하다. 수업 구상을 세우는 힘과 아이들의 현실에 맞는 배움을 조화롭게 하는 힘은 서로 다르겠지만, 상호 보완하는 것이 중요하다.

배움을 창조하는 것은 개인적으로도 실천할 수 있다. 그러나 타인에게 비평받지 않는다면 독선에 빠지거나 자신의 결점을 모르고 지나칠 수도 있다. 의미 있게 개인적으로 실천하기 위해서는 다른 교사에게 교실을 공개하는 방법이 있다.

이 학교에서는 각 교사의 자율성을 존중하면서도 교실을 개방하기 위해 학교 전체적으로 학습에 대한 관점(학습관)을 공유할 계획을 세우고 있었다. 어떤 의미에서 보면 교사는 자율성을 구속받는다. 그러나 공통적인 방향성을 가지는 것은 개인의 독선을 막고 개인의 힘을 집약할 수 있으며, 배움의 공동체를 성립할 수 있다. 물론 학습관의 공유가 유형화(pattern化)된 지도 과정을 만들어서는 안 된다. 그럼에도 불구하고 자율성이 없는 교사일수록 형식적인 수업 패턴을 요구한다. 새로운 형식을 만들었다고 해도 금세 또 다른 새로운 형태가 생겨난다. 형식에만 일관하는 교사는 자립할 수 없다. 교사의 자율성 · 자립성을 구속하지 않기 위해서 유형화된 지도 과정은 만들지 않고, 그 대신에 학습관을 공유하기로 하였다. 그러나 이것은 '지도 방식의 통일화' 라는 측면에서 보면 결점이기도 하며 그 결점이 이 학교의 특색이기도 하다.

어차피 지도 과정을 유형화하여 그 매뉴얼을 바탕으로 수업한다고 해도 전문성을 키울 수 있는 것은 아니다. 그러므로 교사의 주체성을 인정받고, 다양한 사고(思考)로 지도하는 것이 교사가 수업을 만들어 가는 방식을 깊이 있게 할 수 있는 방안이다.

이 학교의 새로운 수업이 갖는 가장 특징적인 것은 학습관뿐만 아니라 수업을 공유하는 것이다. 배움을 공유하는 일이 바로 '배움의 공동체' 의 생명이기 때문이다.

배움의 공유　아이들이 다양한 사람, 사물 및 사건과 관련하여 친구들의 의견에 충돌하기도 하고 도움을 받기도 하는 '교제' 를 하면서 자신의 인식과 감각을 넓혀 가는, '활동적이고 협동적이며 표현하는 배움'을 만들어 간다. 구체적으로 다음과 같은 것들을 공유하며 수업에 적용한다.

① 학습의 기본이 되는 것으로서는 '묻기(질문)-탐구-표현(해결)'이라는 문제 해결적인 활동이 된다.
② 한 시간 안에 '활동' '소그룹에서의 협동' '표현의 공유'라고 하는 활동을 적용한 수업을 실시한다. 특히 가능한 한 교과서 외의 것을 준비한다. 소그룹 활동을 하여 사람들과 관계(교제)를 갖도록 한다.
③ 일제 수업형의 과정에서 많이 하는 의미(문맥)의 '관련성'을 발견하기도 하고, 친구들의 표현과의 '관련성'을 느끼기도 하면서 텍스트와 '관련' 지어 보기도 하고, 자신의 생각을 음미하며 그것을 더 깊이 생각해 보기도 하는 '표현의 공유'를 실시한다.
④ 친구들의 대화를 중시한다는 의미에서 교실 책상 배치를 ㄷ자형으로 한다.
⑤ 한 사람 한 사람의 존엄성을 중요시함과 동시에 모든 아이가 수업에 참가하도록 노력한다. 수업 중에 자는(사고가 정지되어 있는) 아이는 나오지 않는다.

'지식의 양'보다는 '배움의 질'을 높여서 결과적으로 학력(學力)을 높일 수 있는 배움을 추구한다.

한 시간 수업 안에 '활동' '협동' '표현의 공유' 를 적용 '활동' '협동' '표현의 공유' 는 '활동적이고 협동적이며 표현적인 배움' 의 키워드이기도 하다. 이 활동이 수업을 돌이켜 생각해 보는 시점이 되기도 한다.

① 활동적으로: 기본적으로는 문제를 해결하기 위한 사고의 활동과 배운 것을 활용하는 활동이다.

- 관찰하는 것, 되풀이하여 읽는 것, 생각을 정리하는 것, 확인하는 것, 조작적인 활동을 하는 것, 반구체물을 통한 사고, 배운 것을 활용하는 것 등의 지적(知的)인 활동이다.
- 실제 물체를 사용하여 추론하거나 탐구하기도 하는 '문제 해결적인 사고 활동' 이다.
- 스스로 무언가 자신의 견해를 갖는 활동이다. 자신의 생각을 갖기 위해서는 시간을 보장받는 것이 중요하다. 자신의 생각을 갖는 시간을 'Thinking Time' 이라고 한다.

② 협동적으로: 그룹활동을 도입하는 것이다. 사람 수가 적기 때문에 친구들과 의사소통을 하기 쉬워진다. 아이들에게는 친구들과 대화하는 것이 배움의 기쁨으로 연결되는 경우도 있다. 그룹 구성원을 3~4명이 한 조로 남녀혼합을 기본으로 짜는 것은 이러한 구성이 대화하는 데 최적이기 때문이다. '협동적인 배움' 의 목표는 타인의 생각을 듣고, 자신의 생각을 보강하거나 발전시키려는 것이지 그룹 안에서 하나의 의견으로 모으려는 것은 아니다. 따라서 그룹별 대화 후에 '우리 조에서는……'

이라는 식의 발표는 반드시 금지하고 싶다. 소그룹 활동에서 서로 이야기를 나누었다고는 해도 마지막에는 자신의 의견을 '나는……' 으로 시작하는 표현을 할 수 있게 해야 한다.

또 그룹 활동은 수업 내용을 모르는 아이들이 친구들에게 스스로 "가르쳐 줘."라고 말할 수 있는 기회이기도 하다. 반대로 질문을 받은 아이는 책임감을 가지고 친구에게 대답해야 한다. 친구들 사이에 서로 배우는 것은 타인을 알고 서로를 의지하는 관계를 만들어 가는 것이기도 하다.

- 소그룹 활동이기 때문에 쉽게 자신의 의견을 말할 수 있고 배움에 참여 할 수 있다.
- 알 때까지 친구에게 물어볼 수 있다.
- 교사는 도움이 필요한 아이에게 필요한 도움을 줄 수 있다(개별지도).
- 교사가 개별적으로 지도할 수 있는 학생 수는 한계가 있다. 잘하는 학생이 뒤처지는 학생들을 돌보고 집단의 학력 향상으로 연결할 수 있다.

③ 표현적으로 — '모놀로그' 에서 '다이얼로그' 로: 수업 시간에 문제를 냈을 때 큰 목소리로 밝고 힘차게 표현하고 적극적으로 손을 들어 발표하는 것이 '표현적인 배움' 이라고 오해하는 경우가 있다. 그래서 최근에는 '표현적인 배움' 을 '표현의 공유' 로 바꾸는 추세다. 표현의 공유라는 것은 타인의 표현에 귀와 눈을 집중하여 듣고 그에 대한 자신의 생각을 부딪혀 보기도 하는 배움을 가리킨다.

표현의 공유는 소그룹 활동에서도 이루어지지만 특히 일제 수업형 과정을 '표현의 공유화' 장(場)으로 삼고 싶다. 예를 들면, 노트에 쓴 자신의 생각을 발표하는 것으로 끝나 버리는 발언은 모놀로그, 'ㅇㅇ의 의견 때문에 생각 난 것인데……' 'ㅇㅇ의 의견과는 좀 다르지만……'과 같은 친구의 발언을 받아들여 발언하는 것이 다이얼로그다. 갓난아기가 부모의 언어를 받아들이는 것처럼 타인의 표현을 모방하여 사용함으로써 습득하는 것이다.

- 친구의 생각이나 느끼는 방법과 관련된 발언을 할 수 있다(문맥을 파악할 수 있다).
- 발표한 아이의 생각을 우선 받아들여 타인의 표현으로부터 자신의 생각을 음미하여 반성하거나 보강하기도 하고 (사고를) 확산시켜서 자신만의 의견으로 만들 수도 있다.
- 친구들끼리 논의하고 이야기하는 가운데 자기 나름대로의 생각을 가질 수 있다.
- 이야기하면서 탐구에 대한 연대의식을 북돋울 수 있다.
- 스스로 얻은 지식을 확인하기 위해서 표현을 한다.

공부에서 배움으로 2
–'연계'와 '교제'와 '(텍스트로)돌아가기'

교실에서의 배움을 디자인하는 것은 교사의 역할이다. 단 한 번의 수업을 잘하고 싶어서 어떤 교육학자는 "아이의 좋은 의견을 선정하여 그것을 판서

하면서 수업을 진행한다면 좋은 수업을 할 수 있다."라고 하였다. 과연 그것이 배움일까? 가르치는 것을 주된 업무로 삼고 있는 교사일수록 아이의 의견을 소홀히 한다. 예를 들면, 아이의 의견도 인정하고 있는 것처럼 "그 생각도 재미있지만, 나중에 생각해 보기로 하자."라고 말하는데 대개 '나중'이라는 것이 없다.

또 아이의 발언에 "응. 그렇구나."라고 말하면서 좀 더 다른 답은 없을까라고 '배움'을 잘라 버린다. 게다가 아이의 의견을 "○○는 ~라서 ~다'라고 생각했던 거구나."라고 자신이 편리한 대로 결론을 내리는 경향이 있다.

교사는 아이의 발언이 누구의 생각과 '관련이 있다'는 것을 알아야 하며, 아이의 표현을 친구의 의견에 '연결'해 주어야 하고, 배움을 풍부하게 하기 위해서 사물과 사건과 친구와 '연결'시켜야 하는 것이다. 특히 친구와 관계를 맺는 수단으로 그룹활동인 '교제'를 중시한다.

또 한 사람의 발언을 함께 공유하는 활동으로 '되돌아가기'라는 활동이 있다. 예를 들면, 1학년 사회 과목에서 '왜 다이카개혁(大化改新)이 일어났던 것인가?'라는 주제에 관해서 "소가시(蘇我氏)가 횡포를 부려서……."라고 대답했다. 이때 교사는 "그건 교과서에서 나오는 말이죠, 아니면 자신의 생각인가요?"라고 질문을 던졌다. 곤토오 군(近藤君)이 "교과서입니다."라고 대답한다면 교사는 "교과서를 읽어 봅시다."라고 텍스트로 돌아가 생각해 보려고 하였다. 이렇듯 한 사람의 발언을 모두 함께 공유하는 '되돌아가기'를 할 수 있는 것은 교사만이 할 수 있는 일이다.

무엇과 무엇을 연관 지을 것인가

텍스트와의 만남을 중요하게 여긴다

어떤 학생이라도 수업이 시작될 때는 의욕을 가지고 있다. 그래서 좋은 교사는 시작 부분을 중요시한다.

모치츠키(望月) 교사가 2학년 사회 '공해에 대해서'의 수업을 맡았다. 그는 전날에 아이들에게 어떠한 공해가 있을까에 대해 조사하도록 숙제를 내주었다. 당연히 수업은 숙제를 확인하면서 시작하였다. 아이들은 잇달아서 차례차례로 조사해 온 공해에 대한 이름들을 씩씩하게 발표했다. 그러나 10명 정도 발표하자 '하품'을 하거나 '흥미 없는 표정'을 짓는 아이들이 눈에 띄기 시작하였다. 다른 사람의 발언을 열심히(눈과 귀로) 듣고 있지 않다. 그렇게 되기까지는 불과 5~6분이다. 사토 마나부(佐藤學) 교수는 수업이 시작되고 나서 10분 정도면 그 수업이 어떠한 결말을 가져올 것인지를 알 수 있다고 한다.

모치츠키 교사는 학생들이 조사해 온 다양한 공해의 명칭이 나오면 구마모토(熊本) 현의 미나마타병(水俣病, 폐수 · 공해가 원인이 되어 발생하는 중독성 질환의 한 가지. 1953년경 일본 구마모토의 미나마타 지방에서 발생하였음)으로 수렴해 갈 것이라고 예상하고 있었으나 아이들은 같은 공해의 이름은 말하면 안 된다고 착각하여 좀처럼 미나마타병으로 수렴할 수 없었다.

교과서 외의 현실에서 나타나는 현상과 일들을 연관시킨다

교과서 외의 현상과의 만남이 지적 호기심을 환기시킨다는 것은 잘 알고 있다. 특히 사회과, 기술과, 가정과 등에서는 교과서 위주의 학습에서 탈피하여 현실 사회에서 발생하고 있는 일과 통계 데이터에서 정보를 아는 힘을 키우는 것도 중요하다.

그러나 현실은 수험 학력을 높이기 위해서 교과서와 문제집만으로 학습하는 데 집중하고 현실 세계의 현상과 일들로부터 정보를 얻어 낸다든지, 미디어를 이용한다든지 하는 배울 필요성을 갖게 하는 공부는 이루어지지 않는다. 예를 들어, 수학 과목의 미조구치(溝口) 교사는 '각뿔의 2등분' 을 가르치면서 동해 대지진과 관련시켜서 건축물의 내진 보강을 하기 위해서 각뿔에 2등분선을 긋는 것을 과제로 내주었다. 이것은 현실적 문제와 연관시켜서 학습을 시키는 좋은 도입 방법이었다. 쓰기자와(杉澤) 교사는 국어 과목 수업 공개에서 '알(卵)' 을 제재로 수업을 하였다. 쓰기자와 교사는 닭의 알, 알 껍데기 그리고 병아리를 교실에 가지고 들어왔다. 국어 시간에 진짜 사물을 사용하는 경우는 거의 없다. 본교에 부임한 지 얼마 되지 않은 사노 다츠오(佐野龍男) 교사는 문장의 해석이 중심인 수업만 봐 왔기 때문에 놀라움을 금할 수 없었다고 한다.

쓰기자와 교사의 국어 '알(卵)' 수업을 참관했을 때의 일이다. '소년이 알 껍데기를 매우 조심스럽게 손바닥 위에 올려놓고 있다.' 는 장면을 막 생각하려고 하는데 실제 알, 알 껍데기와 병아리가 교실에 등장하였다. 아이들은 알 껍데기를 손으로 만져서 감촉을 확인하기도 하고, 병아리를 살며시 만져

보고, 조심스럽게 옆자리 친구에게 건네주는 모습을 보여 주었다.

'현실 속의 물건' 을 통해 생각한다는 것은 이러한 것인가, '현실에 있는 물건' 이 가진 힘의 크기에 매우 놀랐다. 지금까지 몰랐던 것을 깨우치게 되었다(佐野龍男).

현실에서 일어날 수 있는 일과 연관시킨다

이 수업은 '~가(が)' 와 '~는(は)' 의 사용 방법을 배우는 국어 수업 시간이었다. 보통 교과서에 나온 대로 '~가' 와 '~는' 의 사용 방법에 대한 해설부터 들어가지만 이날 선생님은 조금 궁리를 하였다.

ALT라는 학생의 선생님이 " '나는 스즈키입니다.' 를 어떻게 분별하여 쓸 것인가?" 라고 질문했지만 능숙하게 설명하지 못했다. 그래서 그 일을 텍스트로 다루어 본 것이다. "여러분이라면 어떻게 설명할 건가요?"

'~가' 와 '~는' 의 차이를 학습하는 것이 현실에 존재하는 ALT의 고민이라고 생각한다고 깊게 느낄 수 있다. "아이들은 어떻게 설명할 것인가?" 하고 의욕적으로 생각하기 시작했다. 교사의 작은 궁리가 아이들의 탐구력을 환기시킬 수 있었던 좋은 예다.

현실에서 일어날 수 있는 일과 사물과 사건을 연결시킨다

'쿨링오프(cooling off; 할부판매 계약 취소 보증제도)' 라는 말은 무엇일까? 교과서를 읽고 외우기만 한다면 '배움' 이라고 할 수 없다. 후카자와(深澤) 교사는 쿨링오프를 현실에서 나타나는 일로 생각하게 하기 위해서 통신판매를

테마로 수업을 하였다.

우선 비디오 감상을 했다. 개요는 주인공이 통신판매로 목걸이를 산다. 실제로 물건이 도착해 받아 보았더니 마음에 들지 않는다. 그래서 주인공은 "이런 물건은 필요 없어."라며 물건을 책상 구석으로 치워 버린다. 드라마지만 아이들은 신중히 비디오를 보았다. 그리고 비디오 감상을 종료하였다. 후카자와 교사는 자신이 통신판매로 산 '행복해지는 목걸이'의 실화를 들려주었다. "아무리 기다려도 행복해지지 않는다."라고 하는 교사의 이야기에 아이들은 크게 웃는다. 훈훈한 기운이 교실 안에 감돌고 있다.

이제부터 생각하는 배움이 시작된다. 선생님이 "마음에 안 들었을 때 여러분이라면 어떻게 할 것인가?"라고 질문하였더니 몇 명의 아이들이 손을 들었다. 일반적으로 선생님들은 여기서 의견을 들어 보지만, 후카자와 선생은 아이들이 차분하게 생각할 수 있도록 자신의 생각을 포스트잇에 적도록 하였다. 모두 다 적자마자 그룹 활동이 이루어진다. 그룹 활동은 생각을 서로 발표하는 것이 아니라 우선 웨빙법(가장자리를 두드리는 방식-역주)으로 생각을 유형화하기 시작하였다. 웨빙법은 종합적인 학습에서는 자주 사용되지만 교과 학습에서 사용되는 것은 드물지도 모른다. 후카자와 교사는 유형화함에 따라서 '반품한다' 외에 소수의 의견을 중요하게 여기고 싶어 했다. 다른 그룹에 '반품한다' 외의 생각이 한 가지는 있었다. 그중에 "반품하지 않고 친구에게 비싸게 팔겠습니다."라고 웃음을 자아내려는 의견이 있었다. 재미있기는 하지만 그것에 관련된 의견은 거의 나오지 않았다. 오히려 '반품할 수 없으니까 단념한다.'에 대해서 사실일 것인가가 문제시되었다. 결국 그룹 안에서 해결하지 못하고 무시하게 되었다.

후카자와 교사는 평소에 모르고 넘어가 버리는 배움을 극복하고 싶었다. 그래서 해결에 이르는 과정에서 생긴 의문을 '질문' 하여 모두 함께 끊임없이 추궁해 보는 것이 중요하다는 것을 알았다.

아이들끼리는 아무리 생각해도 알 수 없다. 후카자와 교사는 여기서 신문 스크랩을 꺼낸다. '반품을 할 수 있을까 할 수 없을까?'에 대해 생각하기 위한 새로운 자료(광고)를 보여 주고 있다. 하나의 집단에서 생겨난 물음(질문)은 아이들 전원이 공유하는 배움을 거쳐 주어진 데이터를 어떻게 간파하는가의 배움으로 바뀌게 된다. 선생님의 지시로 신문 스크랩 자료와 광고지 등을 꼼꼼히 읽는다. 재차 그룹 활동에 들어가지만 대부분의 아이가 광고에 작게 적힌 "통신판매는 원칙적으로 쿨링오프가 불가능합니다."라는 것을 알게 되었다. 현실에 있는 물건을 이용한 배움은 어느새 현명한 소비자를 만드는 목적으로 변화하였다.

아이들을 서로 연결시켜 주는 그룹활동

많은 수업을 보며 느끼는 것은 아이들이 자신의 생각을 다른 사람에게 말하고 싶어 한다는 것이다. 그런데도 많은 사람 앞에서는 자신이 없어서 잠자코 있다. 아이들이 발언하지 않으면 수업은 진행되지 않는다. 그래서 교사의 일부는 발표 횟수를 기록하여 성적 평가에 반영하는 방법으로 의견을 끌어내려고 한다. 하지만 이러한 것을 강제로 하기 때문에 배움이 성립되지 않는 것이다.

누구나 틀리면 창피해진다. 창피함을 없애기 위해서 그룹 활동을 도입해 보고 싶다. 아이들은 "전체 학생들 앞에서 말하려고 하면 창피해서 발표할 수 없지만, 그룹 활동에서라면 어쩐지 발표하기 쉽다."라고 생각하는 경우가 있다. 자신이 있거나 없거나 신경 쓰지 않고 자신의 의견을 이야기할 수 있다는 것이다. 또 자신이 없는 아이가 친구에게 가볍게 도움을 요구하는 광경을 볼 수 있게 되었다. 친구에게 의존함으로써 몰랐던 것을 알고, 학력 향상으로까지 연결된다.

게다가 중학생이 되면 이성(異性)을 의식하게 된다. 성별의 차이를 넘어서 극히 자연스럽게 남녀가 교제를 가질 수 있다면 생활 면에서도 안정적이게 된다. 이성과의 교제가 의외로 생활 면의 안정과 저학력층의 학력 향상에 효과가 있다는 것을 이 학교에서 입증하고 있다.

그러나 그룹 활동을 반드시 수업에 넣어야 하는 중학교는 적다. 그래서 이 학교로 전입해 온 선생님들은 모두 당황하였다. 4월 초 전입해 온 교사들은 "그룹 활동은 반드시 해야 합니까?"라고 질문하는 경우가 많다. 나는 "속는 셈 치고 해 주세요."라고 대답하였다. "반드시 하라고 하는 것은 아닙니다. 동료들과 생각을 부딪혀 보기도 하고 서로 받쳐 주기도 하다 보면 책상에 엎드려 있는 아이가 생기지 않습니다. 결과적으로 저학력층 아이의 학력을 끌어올리는 방법을 생각해서 다른 선생님에게 알려 주세요."

교사가 그룹 활동을 싫어하는 이유는 무엇일까? 첫째로 어떤 교사는 실제로 해 보면 교실 안이 시끄러워진다고 한다. '조용히 선생님의 이야기를 듣자!' '수업 중에는 조용히 하자!'라는 말에 습관이 된 교사는 이러한 떠들썩

한 분위기를 받아들이기 어려울 것이다. 그러나 생각하기도 하고 배울 수 있기도 한다면 어느 정도의 소란스러움은 신경 쓰이지 않는 법이다. 아이들이 발표하는 것에 익숙해지면 목소리는 작아진다.

둘째, 제멋대로 떠드는 아이가 있어서 곤란하다고 한다. 이것은 아이에게 말할 때 지켜야 할 예절이 몸에 배어 있지 않았기 때문이다. 그렇기 때문에 이럴 경우는 혼내는 것보다는 교사가 이야기의 방향성을 정해 주는 것이 좋다. 교과 학습 전체를 이러한 방식으로 진행하면 제멋대로 떠드는 일은 사라질 것이다.

셋째, 그룹의 성격(質)에 따라 이야기를 할 수 있는 부분과 할 수 없는 부분이 있어서 곤란하다고 한다. 이야기를 할 수 없는 그룹은 교사가 도와주면 된다. 경우에 따라서 이야기가 끝난 그룹의 아이들이 다른 그룹의 요청을 받아서 참여하는 관계가 될 수 있어서 좋다.

단, 그룹 활동을 도입했다고 해서 그것으로 아이들을 서로 연결시켜 주었다고 할 수 없다. 예를 들어, 학생들에게 학습지에 개인적인 생각을 써 넣게 하는 것뿐이라면 혼자 배울 때와 조금도 변화가 없는 것이다. 단순히 '그룹 활동을 도입하면 좋다.'는 것이 아니다. 의미 있는 그룹 활동이 될 것인지 아닌지 항상 뜻 깊게 새겨 두어야 할 필요가 있다.

다음은 아이의 감상(感想)이다.

> 고바야시(小林): 내가 잘 모르는 것을 친구에게 물어보기 쉽다. 모르는 사람에게 가르쳐 주기도 쉽다.

야마다(山田): 주변의 사람에게 모르는 부분을 확실하게 배울 수 있다.

스즈키(鈴木): 그룹 활동은 굉장히 재미있고 초등학교 때보다 많기 때문에 좋다고 생각한다.

이다가키(板垣): 가르침으로서 이해가 깊어진다. 다른 의견을 들을 수 있어서 즐겁다. 반 전체적으로 할 때보다 여러 의견이 나온다.

다키(瀧): 그룹 활동이 많아져서 여러 사람과 의논할 기회를 가질 수 있다.

야마구치(山口): 그룹 활동은 하기 싫어하는 사람이 모이면 곤란하겠지만 그룹활동은 좋은 것이다. 의논을 많이 할 수 있게 된다.

오오이시(大石): 반 전체적으로 하면 창피해서 발표를 할 수 없었지만 작은 그룹이라서 어쩐지 발표를 하기가 쉽다. 남녀 친구의 사이도 좋아진다고 생각한다.

스즈키(鈴木): 소그룹에서 대화할 때는 개인의 의견을 말하기 쉽다. (한 그룹에) 네 명이 좋다.

아사이(淺井): 스스로 몰랐던 부분을 그룹 활동을 통해서 알게 되었다.

모리(森): 함께 생각해서 금방 문제를 풀 수 있게 되었다.

가토오(加藤): 내 생각뿐만 아니라 다른 사람들의 의견도 받아들여 생각할 수 있는 점이 좋다.

대부분의 아이는 그룹 활동이 재미있다고 한다. 사람과 사람과의 관계가 희박해지는 요즈음 이러한 활동은 동료의식을 높여 주었다.

배움을 멈추게 하는 수업-반대화적 수업

교사가 예상하지 못했던 표현을 아이가 하는 경우가 있다. 이런 경우는 이 발언을 받아들일 것인가, 그렇지 않을 것인가의 결단을 내리기 어렵다. 농담 같은 발언이 아니라 모처럼 아이가 발언을 했을 경우를 말한다. 그 발언을 자르지 않고 누군가에게 연결하여 진행해야 한다.

문부성의 도덕교육 연구 지정 학교가 되었을 때, 요코야마 도시히로(横山利弘) 선생(당시 교과조사관)을 교내 연수에 초빙하였다. 수업 공개는 문부성 자료인 '라이벌' 이었다. 수업의 현장에 도착했을 때 교사는 이미 마음에 두고 있던 아이를 의도적으로 지명하였다.

> 데라우치(寺內) 선생: 아오키(青木) 군, 언제나 발표하더니 오늘은 발표 안 하니?
>
> 아오키(青木): 발표하고 싶지 않아요.
>
> 데라우치(寺內) 선생: 어째서?
>
> 아오키(青木): 이 자료들이 거짓부렁이잖아요. 인생은 그런 게 아니잖아요.

기회를 놓치지 않고 사카이(酒井)가 손을 들었다. 이 아이도 언제나 발표하는 아이다.

> 사카이(酒井): 저도 그렇게 생각합니다. NHK의 '중학생 일기' 도 같은 것

> 입니다. 처음에 나쁜 짓을 했던 것일까, 실패한 주인공이 등장해서 자신이 한 일 때문에 괴로워하고 누군가와 의논해서 마지막에는 반드시 반성해서 좋은 사람이 되며 끝이 납니다. 그러나 인간이란 그렇게 간단히 변할 수 없습니다.

라고 덧붙였다. 우등생 두 사람이 교과조사관 앞에서 문부성을 비판하는 것이다. 예기하지 못했던 발언에 당황한 교사의 심정을 너무도 잘 알 수 있었다.

배움을 멈추게 하는 말 담임은 잠시 고민한 뒤에 "두 사람의 발언은 나중에 이야기하기로 하자."라고 말한 뒤 지도안대로 수업을 진행하였다. 교사는 "나중에 생각하자."라고 말하면서 대부분 '나중'이 없다. 이렇게 아이의 배움을 잘라 버린다. 수업 후에, "왜 배움을 잘라 버렸던 걸까?" 하고 물어보면, "예상도 하지 못했던 아이의 생각에 어떻게 하면 좋을까?" 하고 머릿속이 하얗게 되어 앞이 안 보이고 당황해서 "나중에……"라고 해 버렸다고 한다.

수업 후, 요코야마(横山) 선생의 강의 평가는 엄격했다. "아이들은 정말로 잘 배우고 있다. 아오키(青木)와 사카이(酒井)는 진심으로 말하는 것이 대단했다. 진심을 말할 수 있는 것은 학급 경영이 잘 이루어지고 있기 때문이다." 라며 담임의 학급 경영은 칭찬을 받았다. 그러나 "교사의 지도는 어설프다. 그렇게 훌륭한 발언을 어째서 잘라 버리는 것인가. 그럴 때 아오키가 "인생은 그런 게 아니잖아요?"라고 했다고 해도 "인생은 어떤 것이니?"라고 질문을 던졌다면 굉장히 재미있는 수업이 되었을지도 모른다. 유감스럽다. 지도

안대로 수업을 전개하는 것만이 좋은 수업이라고 할 수 없다. 아이의 표층적인 말로 시종일관하는 수업은 그만두는 편이 낫다."라고 지도를 받았다. 아이들이 무심코 하는 말과 진심을 함께할 수 있는 용기를 갖는 것도 교사의 역량인 것이다.

이 사례는 도덕 시간에 있었던 일이지만 매 수업 중에 교사가 배움을 잘라버리는 경우는 꽤 많다. 그중에서도 교사가 자주 쓰는 '또 다른~?'이라는 말로 시작하는 질문은 대부분 배움을 멈추게 한다.

배움을 연결시키는 말　중학교 수업에서는 아이들의 의견이 좀처럼 연결되지 않는다. 아이의 생각을 연결시켜 주어야 된다고 염두에 두고 있는 교사는 배움을 연결시키는 말을 자연스럽게 한다. 예를 들면,

"~라고 말했는데, 어떤 것을 말하는 거니?"

"앞서 ○○ 씨가 ~라고 말했는데, 이 의견과 어떻게 다를까?"

"(의견에) 비례한 이야기인데, 왜 비례하고 있니?"

"좀 더 이야기해 주겠니?"

"그 생각은 어느 부분에서 그렇게 생각했던 것이니?"

"만약에 ○○부분을 ~로 바꾸어 본다면 어떨까?" 등이다.

공부에서 배움으로 3-배움의 질을 높이기

배움의 질을 높이는 것은 배움을 풍부하게 만들어 주는 것이기도 하다. 교실 안에서의 배움을 풍부한 배움으로 만들기 위해서는 '배움의 질 = (기초적인 학력)×(물건과 사건의 연관성)×(사람과의 교제)'의 종속함수로서 파악해 보기로 하자.

'학력 저하론'에서 사용되는 많은 데이터는 구체적 문제인 '분수 계산을 할 수 없다.' 등과 같은 학력 조사의 결과다. 기초적인 학력을 단순히 성취 결과라고 보면 알기 쉽기 때문이다. 중학교에서 나타나는 현상을 보더라도 개개인의 학습 방법을 평가한다고 하면서 결과적으로는 '시험 문제를 풀 수 있는가, 없는가?'가 중시된다. 이러한 사고를 타인과의 의사소통과 현실에 있는 물건과 사건에 대한 지적 호기심(수동적 능동성)을 높이는 '대화적 배움'으로 바꾸어 결과적으로는 기초 학력을 향상시키는 배움을 구축하고 싶다는 것이다.

수업에서는 아이들이 다양한 '사람, 사물, 사건'과 만나서 들어주고 배우는 경험을 통해 배움의 질을 높이도록 요구하고 싶다. 배움이 풍부해지는가, 빈약해지는가에 관한 것도 교사의 역량인 것이다.

흑백을 아는 공부에서 색깔 있는 배움으로 지식 전달을 위해 교과서 내용을 가르치기만 하는 것은 간단한 일이다. '배움'에서는 지금까지 교과서에만 치중하던 것을 반성하고, 될 수 있는 한 여러 사람과 사물과 사건을 '연관시

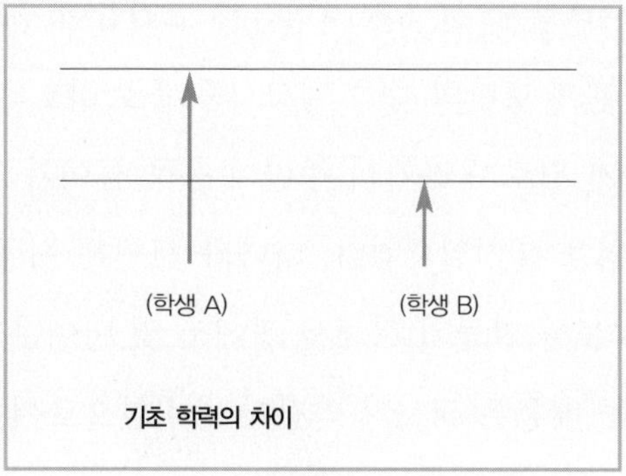

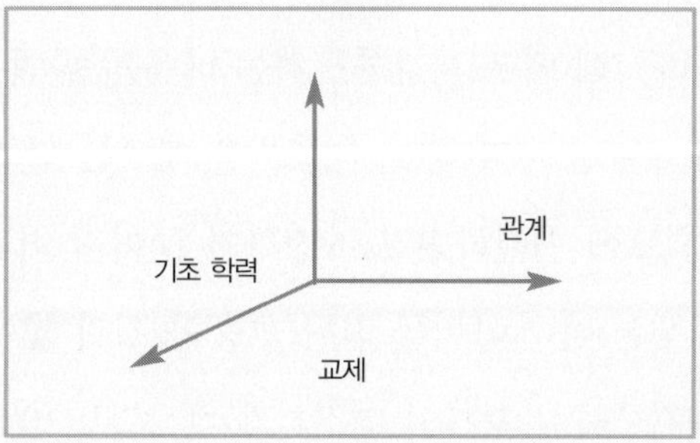

키는' 연구를 하고 싶다. 다양한 색을 가짐으로써 배울 의욕이 생기게 되고 아이들의 사고가 풍부해진다.

예를 들어, 지진의 원리를 배울 경우에 참고서의 지도를 사용해서 설명하는 것보다 곤약을 사용하여 실험으로 확인하는 것이 이해하기 쉽다. 맨틀의 흐름을 타고 한쪽의 지반(널빤지 모양의 곤약)이 상부에 있는 다른 한쪽의 지반(널빤지 모양의 곤약) 아래에 잠겨서 상부의 지반이 견디지 못하고 튕겨 오른다. 이처럼 간단한 실험으로 지진이 왜 일어나는지를 해설할 수 있다.

다나카 아키에(田中章惠) 선생은 저기압과 고기압이 생겨나는 원리를 알려 주기 위해 프라이팬에 토란의 즙을 넣고 2중 풍로(화로의 한 종류)에 불을 피우면 내부의 온수가 위로 올라가서 주변이 움푹 들어가 보이는 모습을 관찰시킴으로써 호기심을 불러일으켰다. 다나카 선생은 이 실험에 사용되는 토란 즙의 적당한 농도를 만들기 위해서 집에서 몇 번이나 시행착오를 거쳤다고 한다. 색깔 있는 배움은 교사가 약간만 준비함으로써 아이들의 흥미 · 관심을 끌 수 있다.

색깔 있는 배움은 배움에 풍요로움을 더해 줄 뿐만 아니라 '무엇일까?' 라는 질문이 생기게 한다. "왜 배우는 걸까?" 하는 배움의 필연성을 가지게 하는 것도 중요한 것이다. 2학년 이과(理科) '전압' 을 배우는 단계에서 꼬마전구 1개를 200볼트의 콘센트에 연결하면 꼬마전구가 끊어져 버린다. 다나카 선생과 무사미(宇佐美) 선생은 이때 아이들 전원(37명)을 칠판 앞에 집합시켜, 한 사람 한 사람에게 꼬마전구를 가져가서 연결하게 해 보고, 100볼트의 콘센트에 연결하면 꼬마전구가 끊어질지 어떻게 될 것인지를 직접 확인하도록 하고 있다. 그러면 "꼬마전구는 왜 끊어지지 않는 걸까?" 하는 추적이 시작된다.

아이들의 학력(學力)을 올려 주는 협동적인 배움

『아사히 신문』의 조간 '일본의 학력(學力)—전환기의 교육—⑦' 에서 노구치 소노다(野口克海園田學園) 여자대학교 교수는 "평균 점수로 학력을 생각해 보았자 의미가 없다. 하위층의 아이들의 의욕을 상승시켜 전체의 수준을 끌어올리는 것이 아닌 이상, 일부의 엘리트와 나머지 다수의 학생 사이에는 이상한 양극화가 생겨 학력은 오히려 저하되어 버릴 것이다."라고 말하였다.

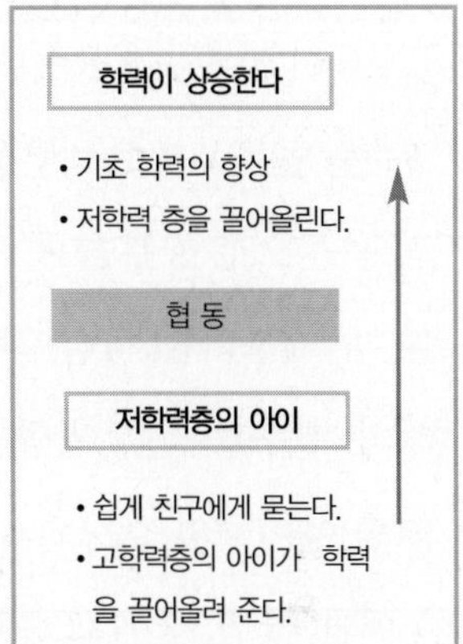

게다가 이치가와 신이치(市川伸一) 동경대학교 교수는 "교육자는 '저학력층의 아이들에게 오늘날의 수업은 과연 적절한가' 라는 관점을 가져야 한다."(『배우고 싶은 의욕의 심리학』 書)라고 한다. 이제부터 배움을 진행해 갈 때 모르는데도 아는 척 하는 아이들을 간과해서는 안 된다. 모를 때 '모르겠다' 고 말할 수 있는 분위기를 만드는 것이 필요하다. 그러나 아이들은 말하고 싶은 의견이 있거나 혹은 모르는 것이 있어도 전체적인 분위기에서 좀처럼 발언하기 어려워한다. 그러나 소수라면 의논하기도 쉽고 발언하기도 쉬운 분위기가 된다. 그래서 아이들끼리 서로 생각을 모으기도 하고 모르는 부분을 쉽게 의논하기도 할 목적으로 수업 시간에 그룹별 협동적인 배움을 편성하기로 한 것이다.

그룹 활동의 장점은 친구와 의견을 교류할 수 있을 뿐만 아니라 기초 학력을 끌어올릴 수 있다는 점이다. 한 사람의 교사가 수업 중에 도와줄 수 있는 학생 수는 한정적이다. 그런 의미에서 이해하지 못하는 아이가 이해하는 아이에게 도움을 요청하여 도움을 받는 시스템은 기초 학력 향상과 연결된다. 또 전체의 수준이 올라가면 더욱 발전적인 문제에 도전할 수도 있고 배움의 질을 높일 수도 있게 된다. 아이들끼리 서로 의존할 수 있는 관계를 만드는 것은 고학력층의 아이에게는 자기 지식을 보다 확실히 하게 되고, 저학력층 아이들에게는 배움을 단념하지 않는 상승효과를 기대할 수 있다.

수준 높은 과제로 학력을 높여 주는 협동적 배움 앞에서 소집단 활동의 하나의 목적으로 공부를 못하는 아이들의 학력을 높여 주는 데 대해 생각해 보았다. 이제부터는 학습 지도 요령에 대한 것이 아니라 높은 수준의 과제를 설정하여 주로 그룹 활동을 활용해서 저학력층의 학력을 높임과 동시에 고학력층 아이들의 발상력과 창조성을 북돋우는 배움에 대해서 알아보자.

예를 들면, 중학교 2학년 수학 과목에 '연립 2원 1차 방정식'이라는 단원이 있다. 야마다(山田) 선생은 고등학교에서 다루는 연립 3원 1차 방정식의 해법에 도전하도록 하였다. 이 문제는 '신학습지도요령'의 내용을 넘어선 발전적인 문제였다. 당연히 최종 목적이 연립 3원 1차 방정식을 푸는 것이 아니라, 해결하는 과정에서 지금까지 배운 연립 2원 1차 방정식을 복습하는 것, 학력 수준이 높은 아이들에게는 난이도 높은 문제를 자신의 손으로 직접 풀어 보라는 의미에서 창조력을 높여 주는 훈련의 기회가 되는 것이었다.

구체적으로는 지금까지 배운 대입법과 가감법을 사용해서 3개의 문자를 하나씩 소거하면 답을 구할 수 있다는 것을 깨닫는 것이다. 이 수업에 참관했던 많은 교사는 공부를 못하는 아이들에게는 이 문제가 어렵다고 생각했다. 그러나 아이들끼리 서로 도우면서 예상했던 것 이상으로 해답을 찾아내는 아이들이 많았다.

우리 교사들은 공부를 못하는 아이에게 높은 수준의 문제를 내주면 풀지 못할 것이라는 오해를 하고, 수준을 낮추어서 쉬운 문제를 몇 번이고 풀게 하는 경우가 많다. 그러나 어느 아이에게든지 '발돋움과 도약(Jumping)' 이 필요할 때가 있다. 교사의 빈틈없는 준비와 그룹 활동은 보다 높은 배움으로의 도전을 가능하게 했다고 말해도 과언이 아니다. 특히 그룹 내에서 공부를 잘하는 아이가 이 해법을 생각해 냄으로써 자기 유능감이나 배움의 즐거움을 느끼고 있는 것이 인상적이었다.

이 학교에서는 이러한 높은 수준의 문제를 개발하기 위해서 새로운 과제가 생기게 되었지만 점차 실천 사례가 많아져서 공유할 수 있는 재산을 늘려가고 있다.

다양한 생각을 접하여 자기 인식이 풍부해진다 이 학교에서는 '표현의 공유' 라는 활동을 중시한다. 배움 가운데 다양한 가치관과 느끼는 법을 접하면서 배움이 풍요로워지기 때문이다. 경우에 따라서는 이를 통해 인식을 새롭게 하기도 하고 다른 생각을 촉발시켜 보다 깊은 탐구로 연결되기도 한다. 예를 들면, 가와사키(川崎) 선생의 3학년 국어 '하이쿠(俳句)' 수업이다.

〈사고와 사고를 연결하다〉

다양한 사고방식을 바탕으로 찬성, 반대, 보충, 발전 등 아이들이 자신의 생각을 말하고 최종적으로는 개인에게 돌아오는 배움을 만들어 내는 것이 중요하다. 가와사키 선생은 평소에 교과서 외의 사물을 수업에 등장시키거나 배울 의욕을 높일 수 있는 연구를 하고 있다.

'3월 아마나토의 우후후후' 와 '3월 히나 인형의 우후후후'

이 두 개의 구(句)를 사용하여 '좋은 하이쿠(俳句, 5 · 7 · 5의 3구 17음절로 된 일본 고유의 단시-역주)란 무엇일까'에 대해서 생각해 보는 수업이었다. 생각하기 전에 우선 아마나토(甘納豆: 팥 · 강낭콩 · 누에콩 등을 삶아서 달게 졸여 설탕에 버무린 과자-역주)를 시식하였다. 국어 시간에 사물이 등장하는 것은 본교에서는 별로 이상한 일도 아니다. 전날 가와사키 선생이 일부러 후지 시에서도 유명한 과자 가게에서 수소문해 사 온 과자다. 사전 조사를 했는데, 36명 가운데 20명의 아이가 '아마나토'를 몰라서 과자를 사야겠다고 생각했다고 한다. 말과 지식이 일치하지 않으면 깊이 이해할 수 없다고 생각하는 것이다. 지금까지는 국어 수업 시간에 말의 의미를 직접 알려 주는 경험을 하게 한 적이 거의 없었다. 가와사키 선생은 말의 의미를 직접 몸으로 느끼게 해 주었던 것이다.

이 수업에 교장이 참관하고 있었다. '아마나토'를 먹어 본 경험이 없는 아이들은 교장을 히나 인형(ひな人形: 옛날의 천황 · 황후를 중심으로 좌우 대신 · 궁녀 · 음악 반주자 등을 상징하는 일본 고유의 옷을 입힌 인형-역주)에 비유하여 '우후후후후'라고 웃음을 떠올리면서 먹는다. 가와사키 선생은 하이쿠에 비어 있는 말풍선이 그려진 프린트를 전원에게 나누어 주고 "누가 어떤 생각으로 이 하이쿠를 읊은 것일까? 생각해 보기 바란다."라고 하였다. 학생들은 제 나름대로 말풍선에 써넣기 시작했다.

오오이시(大石): 아이가 몰래 먹으면서 웃음을 참고 있다.

스즈키(鈴木): 단발머리 소녀가 자기 전에 몰래 '아마나토'를 먹으면서 남자친구를 떠올리고 있다.

그러나 사노(左野)가 "오오이시(大石)와는 조금 다른 의견이지만, 아버지가 아이의 '아마나토' 를 몰래 먹는 것이 행복해 보인다."라고 새로운 생각을 말했다. 교실 안에서 '응~? 정말?'이라며 웅성거리기 시작했다. 그 웅성거림 가운데 가네모치(金指)는 "아이가 몰래 먹고 웃는 것이 아니라, '아마나토' 가 웃고 있는 것이다."라고 하는 것이다.

다양한 생각과 의견이 대립되면서 배움이 활발해지기 시작한다. 문제는 이 대립을 어떻게 배움으로 성립시키는가에 있다. 가와사키 선생은 우선 오오이시의 '아이가~' 와 사노(左野)의 '아버지가 아이의 아마나토를~' 의 대립에 대해서 아이들의 의견을 들어 보았다. 대부분의 아이는 전자의 의견에 납득하였다. 그러나 사노(左野)의 말을 듣고는 본인의 생각이 흔들리게 되었다. 같은 의견의 연결보다 다양한 생각을 이끌어 내서 아이들의 생각을 연결하는 방법이 배움의 범위를 넓힐 수 있다.

질문을 해결한 경우도 '만약~ 라면 어떨까?' '그래도……' '왜?' 와 같은 아이들의 혼잣말도 중요시해야 한다. 조건을 조금만 변경해도 거기에서 새로운 과제가 생겨날 수 있기 때문이다. 이러한 말이 배움을 발전시키는 것이다.

예를 들면, 가와시마 리쿠타(川島陸太) 씨의 『자신의 뇌는 스스로 키운다』(구몬출판사)에는 "단순한 계산을 하더라도 뇌의 여러 부분이 활발하게 움직이기 때문에 복잡한 계산을 하면 좀 더 활발하게 활동을 할 것이라고 생각하여 거듭해서 실험을 했다."라고 쓰여 있다. 배움을 향상시키기 위해서 단순한 것부터 복잡한 것으로 또는 조건을 교환해 보기도 하면 배움이 넓어지기도 하고 배움의 내용의 깊이가 깊어지기도 하는 좋은 예다.

또 '왜?' '어째서'도 중요하다. 예를 들면, 후지 시가 역사의 무대에 등장한 적이 있다. 그것은 '겐지(源氏)와 헤이케(平家) 사이에 있었던 후지가와(富士川) 교전(合戰)'이었다. 후지 시 교육위원회가 발행한 사회과 부독본(副讀本) 『후지』에 따르면, 헤이케의 본영은 후지가와 서쪽(지금의 후지가와쵸), 겐지의 본영은 기세가와(黃瀨川) 동쪽〔지금의 누마즈 시(沼津市)〕으로 되어 있다. 양 군사의 선봉은 후지 시 동단에 있는 우키시마 소택지(浮島沼) 부근에서 대치하고 있었던 것 같다. 한밤중에 우키시마 소택지에 보금자리를 틀고 있던 물새가 갑자기 날아갔다. 헤이케 군(軍)은 그 소리를 겐지 군의 야습이라고 착각해서 싸우지도 않고 도망쳤다. 이것이 헤이케 멸망의 시초가 되었다.

중학생 시절 나는 "헤이케의 군인이나 되는 사람이 겨우 물새가 날아가는 소리에 왜 도망갔던 것일까?"라고 생각했다. 선생님께 질문했지만 대답을 들을 수가 없었다. 교사가 되어서 옛 전쟁터였던 우키시마 누마가(浮島沼街) 학구(學區)로 지정되어 있는 중학교로 부임했다. 어쩐지 중학생 시절 과제가 떠올라 어떻게 해서든지 해결하고 싶었다. 조사해 보았더니 뜻밖의 사실을 알게 되었다. 당시의 전쟁은 개전(開戰) 시각이 사전에 '내일 새벽 6시'라고 정해져 있었던 것이다. 개전을 앞두고 양쪽 군은 전날 밤에 이승을 하직할 것처럼 진탕 마시고 소란스러운 잔치를 벌여 만취했기 때문에 싸울 수 있는 상황이 아니었을 것이다. 그런데도 왜 헤이케 군은 겐지 군이 야습했다고 착각했던 것일까? 착각할 만한 어떤 정보가 헤이케 군에 전해지고 있었다고 밖에 생각할 수 없었다. 만약에 '미나모토 요시츠네(源義經)가 참전했던 것과는 관련이 없는 것일까?' 이렇게 생각해 보면 배움은 미지(未知)를 기지(旣知)로 만들고 다시금 미지(未知)를 낳는다. 계속해서 이렇게 되풀이됨으로써 배움은 심화되는 것이다. 특히 종합적 학습 시간에는 이러한 배움의 과정을 작성할 수 있게 되었으면 좋겠다.

(이상의 구체적인 학습 방법에 대한 이야기는 사토 마사아키, 앞의 책에서 인용한 것임).

학교 방문 소감-자는 학생이 한 명도 없는 활발한 학교

우리가 이 학교를 방문해 보니 수업 중인 교실 내에서 공동학습을 위한 팀별 좌석 배치와 교사의 강의를 듣기 위한 전체적인 좌석 배치가 수업의 흐름에 따라 유기적으로 전환되고 있었다. 보통 교사가 강의를 할 때는 정면에 칠판과 교사가 강의하는 낮은 교탁이 있고 학생들은 ㄷ자형으로 배열된다. 그러나 일단 팀별 토론이나 심화학습이 필요할 때는 한 시간에 수차례씩이나 팀별 학습으로 전환한다. 약 40명의 학생들은 9~10개 조로 나누어 토론한다. 그 유기적 전환이 빠르면 단 10초 만에도 가능할 정도로 자연스럽게 숙달되어 있었다.

팀의 구성 방법은 다양하다. 학년 초에 담임이 남녀 성별, 학습 능력 등을 고려해서 조를 나누지만 3개월에 한 번 바뀌거나 그냥 제비뽑기로(이 경우도 남녀 배합은 동등하게 함) 나눌 때도 있다. 중요한 것은 기계적으로 나누는 것이 아니라 교사가 각 팀의 성격과 수준을 잘 파악하여 적절한 지도를 하는가가 더 중요하다고 한다(스즈키 교사와의 면담).

시험 다음날이라 수업 공개가 없는 평상시였지만 자는 학생들은 없었고 수업 집중도가 대단히 높았다. 그리고 활발했다. 교사들도 게임 학습, 시청각 매체를 활용한 수업 등 수업방법론에 대한 능력을 갖추고 있었다. 교육위원회 등에서 연수를 통해서 배우느냐고 물었는데 그런 연수는 없고 스스로 알아서 방법을 터득한다고 대답했다.

이 학교는 후지 시의 14개 공립학교 중에서 성적으로 1~2위 안에 들고 이 학교의 영향으로 시내의 3개 학교가 이 학교에서 하는 배움의 공동체 운동을 시도하고 있다고 했다. 공식적인 수업 공개 날이 아니라 일상적인 모습을 관찰하고 왔으나 학교가 매우 활발하다는 인상을 받았다. 교장을 비롯하여 교과 선생님들도 매우 친절하게 자기가 하고 있는 수업과 학교 운영에 대해서 솔직하게 보여 주려고 최선을 다하고 있다는 인상을 받았다. 이 학교의 교훈은 '스스로의 배움을 표현하게 하는 학교(自らの 學びを 表現しあう 學校)'였다.

사토 마나부 교수는 『배움으로부터 도주하는 아이들』이라는 자신의 책에서 분명히 수준별 이동 학습에 반대하고 있다. 그는 수준별 이동수업이 공부를 못하는 아이들을 좌절시키는 비인도적인 교육 방법일 뿐만 아니라 학습 효과적인 면에서도 성공적이지 못하다고 비판하고 있다. 그래서 남녀, 공부 잘하는 학생 못하는 학생 등을 섞어서 학생 상호간에 그리고 교사와 학생 간에 서로 보살핌(Caring)이 일어나는 협동학습을 통해서 학습 효과도 생기고 인간 교육이 이루어질 수 있다는 교육철학적 확신을 피력하고 있다. 그리고 그러한 입장이 교육 현장에서 받아들이고 입증하였기에 일본에서 1,000개 이상의 학교가 이 운동에 참여하고 있다고 한다. 우리가 관찰한 것은 협동학습을 통해 적어도 과거에 학생들이 수업 시간에 떠들거나 자고, 나아가 폭력을 휘두르고 집단적으로 이지메하는 그런 교실의 모습을 상당히 치유한 활발한 모습이었다는 것이다. 성적 향상에서도 가쿠요 중학교의 경우는 분명히 뚜렷한 향상을 보인 것으로 나타나는데 다른 학교의 사례는 아직 관찰하지 못했다. 동경 대학교 부속고등학교의 경우는 대학 입시에서 인성 교육, 체험활동들이 강화되는 추세에 맞추어 면접 시험에는 이러한 협동학습이 확실히 유리하다고 했다.

고등학교에서의 배움의 공동체 운동 사례 -동경 대학교 사범대학 부속고등학교

일본 동경 대학교 사범대학 부속고등학교는 동경 대학교 교육학과 시오미(汐見) 교수가 교장으로 있고 부교장은 쿠사가와 오카노마히도(草川岡人)였다. 보통 일본은 교감을 교두(校頭)라고 부르는데, 이 학교는 부교장이라고 하고 사실상 이 학교를 기획하고 이끌어 가는 사람이었다. 쿠사가와 부교장은 일본의 69학번 세대 운동권 출신으로 지금도 학생 때와 다름없는 열정으로 학교 개혁을 이끌고 있는 듯이 보였다. 부교장은 사토 교수가 이끌고 있는 가쿠요 중학교 사례를 관찰하고 나서 자기 학교를 그렇게 바꾸어야겠다는 결심을 하고 발을 벗고 나서서 교직원을 설득하고 직접 발로 뛰면서 이 학교를 개혁해 가고 있는 분이었다. 이 학교는 중 · 고등학교 통합 학교로서 중 1학년부터 고 3학년까지 6년제 중등학교인데 그냥 1학년부터 6학년으로 학년제를 운영하고 있었다. 이 학교에서 관찰할 수 있었던 것은 다음 세 가지였다.

첫째는 하마노고와 같은 초등학교에서는 학생들이 아직 나이가 어려서 조별 협동학습이 잘 일어나지 않고 선생님의 일방적인 수업 진행이 중심이 되는 경우가 많았는데 고등학교는 조별 협동학습을 본격적으로 시도하고 있었다는 점이다.

둘째는 종합학습–세미나–졸업 논문으로 이어지는 교육과정상의 변화가 시도되고 있는 사례를 관찰할 수 있는 점이다.

셋째는 역사 수업에 참관했을 때 한국 문제에 관한 학생들의 종합 발표 수업을 보며 느낀 것인데, 이 학교의 교육 방침에 한일 우호 관계를 지향하는 일본 양심 세력의 교육관이 관철되고 있었다는 점이다.

조별 협동학습을 할 수 있는 교실의 좌석 배치와 교사의 수업 운영 기술들을 잘 관찰할 수 있었다.

한 여 선생님이 지도하는 고 2학년 영어 수업을 참관할 때 조별 학습의 구체적인 사례를 관찰했다. 조별 성격이 다양했지만 그 시간은 영어 공부를 단계별로 접근하는 수업이었다. 1단계로 자기들이 관심 있는 주제를 정해서 토론을 (일본말로) 하고 나눠 준 용지에 그것을 기록한다. 그다음에는 기록한 것을 영문으로 번역하고 번역된 것을 가지고 다시 토론을 해서 최종적으로는 영문으로 된 주제에 대한 토론 내용을 전체 앞에서 발표하는 형태로 공부를 하였다. 내가 유심히 관찰한 한 조는 네 명이었는데 한 학생(남)은 계속 엎드려 자거나 깨어 있어도 수업에 관심이 없었다. 또 한 학생(여)은 주의가 산만해서 참관하러 온 우리에게 관심을 기울이고 쳐다보고 웃고 하면서 수업에는 건성이었다. 또 한 학생(남)은 그저 조용하기만 하고 얌전하게 앉아 있으면서 듣기만 했다. 그리고 나머지 한 학생(여)은 아주 공부를 잘하는 학생이었다. 네 명이 한 팀이 되어 에이즈 등 질병에 대해서 공부를 하는데 토론을 할 때는 서로 웃으면서 얘기하다가 다시 영문으로 옮기거나 할 때는 다른 학생들은 모두 딴짓을 하지만 공부 잘하는 학생은 열심히 번역을 하고 있었다.

그러자 선생님이 이 학생에게 다가와서는 옆에 졸거나 딴짓을 하는 학생에게는 전혀 관심을 주지 않고 잘하는 학생이 번역한 문장을 꼼꼼히 고쳐 주고 있었다. 그리고는 또 다른 조로 이동했다. 그래서 나는 그 선생님에게 저기 자는 학생에 대해서는 어떻게 생각하느냐고 물었다. 그러자 그녀는 "It happens, Japanese schools.", 즉 그런 경우가 일본 학교에서 흔히 있는 일이라고 했다. 그러면서 조별 학습 내에서 공동학습이 일어나기를 기다린다고 했다. 잘하는 학생을 업그레이드시키면서 조별로 서로 돌보는 관계를 유도하고 기다리는 방식이었다. 자지 말라고 깨우거나 나무라는 일은 하지 않았다. 한 시간 중에 자던 학생도 토론 중에 가끔 몇 마디 거들기도 했다. 또 다른 한 조는 아예 잡담으로 일관하고 있었는데 그 조는 아직 기초 토론을 하고 있었다. 어떤 조는 진지하게 이미 다음 단계의 전체 발표문을 논의하고 있기도 했다. 조별로 양상도 다르고 진도도 다르지만 그 선생님은 조금도 힘들지 않은 모습으로 여유 있게 수업을 이끌고 있었다. 조별 공동학습의 목표는 협동을 통해서 공부 못하는 학생의 도약(Jumping)이 일어나도록 유도하는 것이고 이를 통해서 전체의 성적 향상과 인간적인 관계가 발전한다는 철학에 기초를 두고 있었다.

두 번째로 종합학습(1~2학년)-세미나(3~4학년)-졸업 논문 준비(5~6학년)로 이어지는 학생들의 탐구 학습과 발표 수업의 사례가 인상적이었다. 마침 우리가 참관한 수업이 학생들이 한국에 대해서 발표하는 수업이었다. 시청각 교실의 앞 무대에 실물환등기로 영상을 비추며 5명이 한 개 조로 돌아가며 그동안 조사한 것을 발표하는 수업이었다. 학부모도 10여 명 참관하고 있었다. 한 조는 진행을 맡고 있었다. 한류 열풍 탓도 있었겠지만 학생들이 한국의 전통문화, 음악, 예술, 스포츠, 드라마, 언어 그리고 사회생활 등 다양한 분야에 대해서 조사한 것을 발표하는 모습이 매우 활발했다. 3~4학년이 되면 학생들은 교사가 제안하는 세미나에 자기의 관심에 따라 선택하여 참가하고 좀 더 심화된 주제 탐구 학습을 한다고 했다. 그리고 5~6학년이 되면 교사의 개별 지도하에 졸업 논문을 준비하는데 그중에서 보여 준 한 사례에서는 거의 대학 수준의 작품이 나오기도 했다.

학생들의 활동 내용으로 매년 두툼한 책 한 권이 될 정도의 보고서가 만들어지고 있었다. 특별활동은 매년 가을에 3일간 지속되는 발표 행사를 통해 발표의 기회를 갖는다고 했는데 이 문화 축제에 대해서는 자세한 내용을 알아보지 못했다.

한편 젊은 역사 교사가 강의하는 일본사 수업 시간을 관찰했다. 한일 관계가 민감하게 거론될 수밖에 없는 노일전쟁(露日戰爭, 1904)에 대한 수업이었다. 그 교사는 일본이 러시아와 전쟁을 해서 승리로를 하긴 했지만 당시 일본은 국력이 거의 피폐해져서 더 이상 전쟁을 지속할 수 없는 상태였는데, 다행히 러시아의 내전과 미국의 중재로 포츠머스 조약을 통해 승리를 했다는 사실을 아주 객관적으로 설명했다. 그리고 그 승리로 인해 이후 일본이 자신들을 너무 과대평가해서 대륙 진출이라는 욕심을 냈고 제2차 세계대전의 비극을 가져온 원인이 되기도 했다는 비판적인 견해를 가지고 가르치고 있었다.

이러한 일본 현대사의 시각은 지금 문제가 되고 있는 역사 교과서 왜곡 사태에 대해 정면으로 비판하는 시각이며 객관적인 것으로 생각된다. 그래서 우리에게 수업을 본 소감을 한마디 하라고 하기에 박부권 교수와 내가 나가서 이 수업이 아주 객관적인 수업이라고 칭찬을 해 주고, 이런 시각으로 여러분이 한국의 젊은이들과 교류를 하면 아무런 문제가 없이 좋은 관계를 맺어 나갈 수 있을 것이라고 해 주었다. 역사 교사나 부교장 선생님은 우리의 칭찬에 만족해했다. 우리는 방문의 보람을 느끼며 흡족한 마음을 가졌다.

참.고.자.료.3

■ 사토 마나부(佐藤學) 교수와의 대화

2006년 1월 27일, 일본의 배움의 공동체 운동을 탐방하기 위한 첫 번째 방문에서 일행은 사토 마나부 교수가 근무하는 동경 대학교 구내식당에서 회식 자리를 마련하고 대화 모임을 가졌다. 우리가 둘러본 학교와 이 운동을 이끌고 있는 사토 마나부 교수의 생각을 중심으로 이해의 깊이를 더하기 위한 소중한 모임이었다. 다음은 그 대화록이다. 우리가 질문을 하면 그에 대해서 교수가 대답을 하는 방식으로 진행되었다.

배움의 공동체 운동 중 조직의 모양과 조직원의 역할에서 중요한 점은……

배움의 공동체만이 아니라 모든 새로운 것을 이루는 조직의 모양은 '◇' 꼴을 이루게 된다. 여기에서 최상층부의 지도자는 항상 목표를 향해 조직을 끌어당기는 역할을 하고, 아래 몇몇은 반발을 하는 구성원들이며, 가운데 불룩한 부분의 구성원들이 지도자를 따라오면서 실제로 목표를 실천하는 사람들이다.

이들 중 특히 중상층부의 지도자들이 중요한데 이들에게는 확실한 목표의 내재화와 함께 지속적인 구성원 교체를 통하여 이들의 피로감을 회복할 시간을 주고 한편으로는 상층 지도부의 확대를 꾀해야 한다. 이들이 실제로 아래의 구성원들을 이끌어 가는 역할을 수행하므로 피로감이 매

동경 대학교 사토 마나부 교수

사토 마나부 교수와 만남
(오른쪽에서 두 번째, 세 번째가 필자)

우 빨리 쌓이게 되어 빠른 교체가 필요하다. 또 확신을 가지고 구성원들을 독려하면서 이끌어 가도록 목표에 대한 내재화를 반복하여 의심을 갖지 않도록 할 필요가 있다.

도약(Jumping)이란 무엇이고 어떻게 일어나는가

도약이란 배움의 공동체에서 중요한 요소다. 도약이 없으면 학습에서 발전이 없다. 한국 중학교의 실제를 잘 모르긴 하지만 학급에서 A, B, C의 실력을 가진 세 그룹이 있을 경우 상위 A 그룹만 도약을 하고 나머지 B, C 그룹이 도약을 못하면 안 된다.

특히 C 그룹의 경우 즉시 도약이 일어나는 것이 아니라 점점 노력해서 회복된다고 일반적으로 생각하지만 실제로는 그렇지가 않다. 실제로 C 그룹의 구성원들은 그동안 모르는 상황을 계속 겪으면서 각각의 상황이 연결되지 않다가 자신들이 모른다는 사실을 인식하고 이를 극복하려는 용기와 노력할 의지를 갖게 되면 어느 순간 한꺼번에 이것들이 연결되면서 도약을 하고 한 번 도약이 일어나면 그 다음에는 반복적으로 더욱 쉽게 도약이 일어나게 된다.

아이들이 사교육을 받을 경우 학원과 학교에서 가르치는 방식 등의 차이 때문에 아이들이 혼란을 느끼지는 않는지, 이에 대해서 부모는 어떻게 생각하는지

학원에 다니는 아이들은 학원에서 문제를 푸는 방법만을 가르쳐 줄 뿐, 왜 이 문제를 풀어야 하는지, 또 더 깊이 있게 문제를 푸는 의미까지 알려주지는 않는다. 학교에서는 이와는 달리 문제 풀이의 의미, 아이들과의 관계에도 신경을 써야 한다. 따라서 아이들도 학원과 학교에 대한 기대가 각각 다르다. 그러므로 좋은 학원 강사라 하더라도 학교에서 역시 좋은 선생님으로 대접받지는 못할 것이다. 학원에서는 문제 풀이를 잘하게 해서 점수를, 학교에서는 지식 이해와 다른 사람과 함께 지내기 등을 배우기를 기대한다.

성공한 사례 외에 실패한 사례는 없는가

지난 25년 중 15년 동안 실패했다. 그러나 최근에 실패한 학교는 거의 없다. 단, 교육위원회에서 한 지역의 모든 학교를 한꺼번에 바꾸자고 했을 때는 실패했다. 한 지역에서 성공하기 위해서는 한꺼번에 할 수 있는 것이 아니라 한 개의 거점 학교가 필요하다. 왜냐하면 한 지역의 모든 학

교인 15개의 학교를 한꺼번에 바꾸려면 15배의 힘이 한 번에 필요한데 이러한 힘을 다 갖출 수는 없다. 하지만 교육위원회에서는 빨리 결과를 보려고 한꺼번에 하기를 원한다. 따라서 교육위원회에서 한꺼번에 하자고 하면 교육위원회를 속여 그렇게 한다고 하고 실제로는 거점 학교를 만드는 데 주력해서 이를 바탕으로 확대하는 방법을 사용한다.

① 개혁에서 가장 중요한 것은 조바심을 내면 안 된다는 것이다(실천은 천천히). 3년은 기본(일본은 3년 단위로 공립학교의 순환이 일어나므로 그 기간 동안은 교장의 의지대로 실시할 수 있으므로 교장의 의지가 중요하다)이고 10년은 지나야 거의 완성이 된다.
② 그러나 머리를 쓰는 것은 혁명적으로 하여야 한다.
③ 한 학교 내에서는 전체적으로 한꺼번에 실시한다(부분적으로 실시하면 실패한다).
④ 강한 의지, 희망, 믿음을 가져라 그러면 1년 후에 교사와 학생 모두가 행복해진다.
⑤ 교장의 철저한 철학과 믿음, 비전은 필수다. 교사들의 움직임만으로는 힘들다.

학부모와의 관계는

학부모와의 관계는 매우 중요하다. 기존의 학교에서는 학부모가 교사를 못 믿고 교사도 학부모를 신뢰하지 못하여 부모가 교장에게 전화해서 교사를 욕하는 등 상호 협의가 잘 되지 않았다. 또 학부모들끼리도 서로 싸우는 등 사이가 나빴다.

따라서 배움 공동체를 만들려면 학부모들끼리나 학부모-교사 간에 직접 대화를 하게 하지 말고 학부모들에게 교실로 직접 와서 수업을 보고, 수업을 만들어 가게 한다. 수업 참관을 이용하여 함께 수업을 만들어 간다.

지역사회와의 관계는

10년 전까지는 학교와 지역사회의 협력 관계가 거의 없었다. 지금은 이런 배움 공동체가 아니더라도 지역사회와 다양한 연계가 활발하다. 따라서 시민 자원봉사 등으로 협력을 받고 있다. 배움 공동체와 별도로 문부과학성에서도 이런 지역사회의 협력 자원을 강조하고 있으며, 이것이 가장 많이 변화된 점이다.

가쿠요 중학교 사토 마사아키 전 교장 선생님과 사토 마나부 교수와의 만남은 어떻게 이루어졌는지

사토 전 교장이 교감이었을 때 책을 통해서 사토 교수의 이론을 알게 되어 자신이 교장이 되면 이를 현장에서 꼭 한 번 시도해 보리라 결심하고 계속 사토 교수의 이론을 체계적으로 5년간 공부하였다고 한다. 교장이 된 후 사토 교수를 직접 찾아갈 생각은 하지 못하고 사토 교수의 제자를 찾아갔는데 마침 사토 교수가 거기에 있어서 만나게 되었고, 사토 교수는 이야기를 듣더니 바로 도와주기로 한 후 함께 후지 시의 가쿠요 중

학교를 방문했다고 한다. 이때 사토 교장은 성공한 사례의 예를 들면서 도와달라고 하였는데, 사토 교수는 세상에 똑같은 학교는 있을 수 없다면서 당신만의 독자적인 성공 학교를 만들어야 한다고 하였다. 그러자 오히려 꼭 어떤 모습을 따라가야 한다는 부담이 없어졌고 편안해지면서 용기가 생겼다고 한다. 목표 학교가 있으면 정해진 상이 있어서 그대로 되어야만 한다는 부담 때문에 조바심이 나는데 자신의 학교를 원하는 대로 만들 수 있다고 생각하니 마음이 편안하고 힘이 났다고 한다. 좋은 학교와 좋은 교사란 같은 모습으로 둘이 있을 수 없고 저마다 다른 모습으로 각자 훌륭해야 한다는 것이 사토 교수의 지론이다.

한국의 경우 일본과 문화나 경제 등 모든 면에서 전체적으로 15년의 격차가 있다고 보는데 이를 고려하면서 배움의 공동체를 세우려고 할 때 어떤 점에 특히 중점을 두어야 할까

경제 · 정치적으로 한국은 불행한 경험을 하였다. 그러나 다행스럽게 일본은 전후 운이 좋았다. (하지만 지금 일본은 불행한 경험을 하고 있는데) 그것은 최근 20년간 점점 우경화되고 있다는 것이다. 이런 점에서 한국은 다행스럽게도 점점 민주화가 확대되고 있는 좋은 경험을 하고 있다. 이 차이를 고려해야 한다고 생각한다. 한국은 불행한 과거의 조건과 행복한 지금의 경험이 공존하고 있고, 일본은 행복한 과거의 조건과 불행한 지금의 경험이 공존하고 있다. 이를 바탕으로 한국, 중국, 인도네시아 등에서는 민주주의가 진행되면서 배움의 공동체를 만들 수 있는 가능성이 커지

고 있고, 실제로도 만들어지고 있다.

그러나 일본은 교사가 민주적 전통을 갖고 있어서 희망적이다(교사 모임이나 민주적으로 교과서를 만들려는 노력 등이 민주적이다). 그러나 현재 일본에서는 교사(특히 진보적 성향의 교사)가 사회적으로 고립되는 경향이 있는 것이 문제이긴 하다.

현재 일본에서는 대안교육이 약간 퇴조하는 것 같은데 그 이유가 무엇이라 보는지, 한국은 이런 현상에서 무엇을 배워야 한다고 생각하는지

1970~1980년대에 나(사토 교수)도 대안교육을 지원했다. 특히 대안교육은 초등학교가 희망적이었다. 그래서 많은 초등학교에서 새로운 대안적 교육을 시도했었다.

그러나 이 시기의 대안교육운동은 중산층 시민운동의 성격을 띤다. 즉, 경제적으로 여유가 있으면서 자신이 받은 억압적 교육을 자식에게는 물려 주지 않으려는 기조를 갖는 시민운동이었다고 할 수 있다. 따라서 이러한 성격의 대안교육운동은 1980년대 이후 대안학교가 엘리트 학교화되면서, 자유로운 아이들이 기존의 학교에서는 어울리지 못해서 가는 학교로 변질되기도 하였다. 그러나 가난하고 어려운 환경의 아이들이 등교거부를 하는 경우 이들은 대안학교에서도 받아들이지 못하였다. 그러자 대안교육은 엘리트 교육으로 일부 전락하면서 퇴조하게 되었다. 그러나 오늘날은 이러한 가난한 부적응 아이들을 공립학교에서 받아들이고 있으며, 이들을 위한 대안을 제시하지 못한 대안교육을 반성하고 가난한 부적응 학생들을 위한 대안을 고민하고 있다(여기에 하나의 해결책을 제시한 것이 사토 마나부 교수의 배움의 공동체라고 할 수 있다).

또 1970~1980년대에는 대안교육의 적은 공립학교라고 생각하여 대안학교에서는 공립학교 출신의 아이는 안 받겠다고 하는 엘리티시즘에 빠졌었다. 그러나 공립학교는 대안학교의 적이 아니며, 따라서 대안교육 진영은 대안교육과 공립학교를 융합시키기 위해 고민하고 있다. 그러므로 엘리트 대안학교를 어떻게 철폐할 것인가를 고민하고 있으며 한국의 경우도 이를 고려해야 할 것이다.

배움의 공동체 교육에서는 교과서를 배우는 것이 아니라 교과서를 배움의 도구로 사용한다고 하고 있고(이것이 일본 교육 전체의 경향인지, 아니면 배움의 공동체를 실시하는 시도에서의 특징인지 궁금하다), 그래서 기존 교과서를 넘어서는 새로운 교과서를 만드는 시도가 꼭 필요한 것은 아니라고 하는 것 같다. 그러나 교과서의 내용과 구성은 가르치는 데 커다란 영향을 줄 것이므로 과연 가르치는 데 교과서를 사용하는 방식이 개별 교사의 재구성만으로 충분한지, 정말 기존 교과서를 넘어서는 재 시도는 필요하지 않은지

한국 교과서는 지난 20년간 매우 발전했다. 그러나 일본과 한국은 차이가 있다.

첫째는 일본은 교과서를 가르치는 것이 아니라 교과서로 가르친다(즉, 교과서는 가르치는 도구일 뿐이다). 따라서 가르치는 데 중요한 것은 교사의 교재관 등이지 교과서의 내용이나 교과서 그 자체가 아니다. 그러나 한국

은 교과서를 가르친다. 그러므로 한국의 경우는 교과서의 내용을 바꾸고자 하는 욕구가 생길 수도 있겠다.

둘째는 일본은 교과서를 실제로 가르치는 교사가 만드는데 한국에서는 교과서를 대학 등에서 연구하는 학자가 만든다. 한국은 연구자가 교과서를 만드니까 배움의 이미지(Image)를 알기 어렵다. 또 현장감과 생동감이 부족하다. 일본은 1960~1970년대부터 일어난 새로운 교과서 만들기 시도가 지금 결실로 나타나서 (교사가 교과서를 만듦으로 현장감이나 생동감 등은) 좋지만 (연구자가 참여하지 못하여) 실제로 새로운 지식과 내용이 부족한 경향이 있다(이 점은 연구자가 보충해 주어야 할 점이라고 생각된다). 따라서 최근에 연구자들이 교과서 편집에 참여하려는 시도가 일어나고 있는데, 나도(사토 교수) 작년부터 교과서 편집에 참여하고 있다. 결과적으로 활동이나 경험과 유리된 교과서는 옳지 않다. 또 활동이나 경험에 제한된 교과서도 옳지 않다.

고등학교의 경우 배움의 공동체를 이루는 문제는 어떠한가? 성공 사례가 있는지? (교사의 충분한 설명을 통해서가 아니라) 아이들의 경험 속에서 지식을 구성하는 것이 고학년에서도 (전문적인 지식과 개념을 형성하고 배워야 하는 시기라고 생각되는데) 가능한지

일본에는 20,000개의 초등학교와 10,000개의 중학교와 5,000개의 고등학교가 있다. 10년 전에 배움의 공동체에 대한 내용이 이론적으로 확실해지자 초등학교에서부터 실천을 시작했다. 초등학교의 경우 10%가 바뀌

면 전체가 다 바뀔 수 있다. 10개의 거점 학교가 생기면 2,000개 학교의 변화가 가능하다. 실천을 시작한 지 8년이 지났는데 2,000개 학교가 배움의 공동체를 실천 중이다. 초등학교의 주된 (새로운) 흐름을 만들고 있는 게 확실하다고 생각한다.

중학교의 경우 배움으로부터 도피하는 학생들도 가장 많고 비행의 80%가 중학생 중에서 일어난다. 또 일본의 경우 대학입시 이상으로 고등학교 입시가 큰 문제이므로 결국 중학교가 제일 문제가 되는 것이다. 중학교의 경우는 5년 전에 시작하여 현재 300개 학교가 배움의 공동체를 실천하고 있으며, 내년에는 1,000개 학교(10%)에 이를 것으로 생각된다. 이는 생각보다 속도가 빠른 편이다.

보통 학력의 경우 저학력에서 상위층으로 변화를 보인다. 실천한 지 2년이 지나면 아이들이 배움의 공동체를 더욱 적극적으로 추진해서 교사가 좇아가게 된다(초등은 여전히 교사가 주도적이지만 중등의 경우는 다르다). 따라서 보수적이던 교사도 변화하는 아이들에 자극 받아서 변하게 된다. 초등의 경우는 교장이 확산하면 되지만 중학교의 경우는 학교 전체에 일제히 시작해야 한다. 이런 예도 있었다. (한 학교에서 실천을 하려고 하자) 교사들의 저항이 심했는데 (변화를 믿지 않아서) 그냥 속았다고 생각하고 1년만 해 보자고 해서 실천을 시작했다. 막상 1년이 지났는데도 눈에 띄는 변화가 없자 교사들은 교장에게 바빠지기만 했다고 불만이 많아서 실천을 그만두기로 했다. 그런데 그 결정이 나자 학생회가 소집되어 배움의 공동체를 계속 추진하자고 결의를 하였고 교사들도 할 수 없이 다시 추진하게 되었으며, 1년이 지나자 변화가 시작되었다.

실제로 실천을 하자 중학교의 경우 (초등학교와는 달리 교과가 분리되어 있어 수업 공개와 협동 연수 등이 어려울 줄 알았는데) 학년별로 다른 교과 교사가 결속하여 참여하자 속도가 빨라졌다. 보통은 6개월이면 학생들의 문제가 사라지고, 1년이면 성적 변화가 시작되며, 2년이면 성적이 막 오르기 시작한다. 특히 후지 시 가쿠요 중학교의 경우 1년 만에 성적은 거의 꼴찌에서 학력 1위의 학교가 되었고 아이들의 학교생활 문제는 가장 나쁘기로 유명했던 1위에서 이제는 하위 학교로 변화되었다.

고등학교는 3개 학교가 올해(2006년) 실천을 시작하였고 내년에는 10개 학교를 목표로 하고 있다. 사실 고등학교의 경우 한국보다 더욱 어려운 조건인데, 왜냐하면 이미 일본 고등학교는 입시를 치르고 진학하였기 때문에 교사나 학생들 모두에게 엘리트주의가 지배적이라 변화를 시도한다는 것이 어렵기 때문이다. 특히 일본 고등학교 교사의 경우 일주일에 13시간만 수업을 하면 되는 조건을 갖고 있고, (유럽의 경우 고등학교 교사들은 주당 22시간 수업을 실시하기도 한다.) 스스로 엘리트주의가 너무 강해서 학생들에 대한 책임감이 적다. (이렇게) 자신들의 자유를 침범당하는 데 대한 저항이 커서 변화를 시도한다는 것이 더욱 어렵지만 고등학교도 이제 시작을 하고 있다(동경 대학교 부속고등학교에서 시작되고 있는데, 이는 이 학교가 철저하게 시범적인 성격을 갖고 있기 때문에 가능하였다).

중학교 연수 중 수업 시간에 개인 경험이 교류되고 그것이 (자신의) 지식이 되려면 (일정한 시간이 걸리는 것이 아니라) 어떤 (뒤떨어진) 학생의 경우는 시간이 더 필요할 수 있는데 (제한된 수업 시간에) 이는 어떻게 해결하는지? 개인의 경험과 공동의 경험의 관계는

시간의 문제가 있다. 경험의 교류에서 지식을 얻게 되는 변화를 40~50분 수업에서 다 일어나게 만들기가 힘들어서 90분 수업을 시도하기도 한다. 초등학교의 경우 아이들의 지적 수준이 높아지면 90분이 필요하기도 하지만 저학년의 경우는 오히려 나쁠 수도 있다. 또 90분을 배정했다 하더라도 이를 다 쓰는 것이 아니라 필요하면 다 쓸 수도 있고, 교사가 스스로의 결정에 따라 길게도 짧게도 수업을 진행할 수 있다. 따라서 초등학교의 경우는 90분을 겸하는 것이 좋다. 그래서 오전 중에 2개의 수업만 진행하면 교사들도 충분히 준비해서 질이 높은 수업을 할 수 있다고 보았다(그러나 실제로 오전에 2개의 수업을 하면 교사들이 모든 수업을 충분히 준비해서 진행하는 것은 불가능하다).

중학교의 경우 75분으로 시도를 해 보고 있다. 미술이나 음악처럼 개인의 경험이 중요한 실습 수업이 되는 경우는 특히 어려움이 있어서 100분으로 하고 싶지만 문부과학성의 제약 때문에 실제로 실시해 보는 데는 어려움이 많다.

개인과 전체의 경험이 꼭 개인과 협동학습의 순서대로 발현되는 것이 아니라 공존할 수도 있고 교과마다 다르게 나타날 수도 있다. 개인의 경험이 중요한 과목(예술, 문학 등)은 개인-협동-개인의 순서로 나타난다. 하지만 수학, 사회 등 높은 인식을 형성해야 하는 경우는 협동을 통해서

더 가능하다. 이때도 주의할 점은 협동 속에서 개인이 같은 답을 내게 되는데, 주의해서 충분히 개별적으로 의견과 답을 낸 후에 정답에 이를 수 있게 해야 한다는 것이다. 모를 때 물어보고 가르쳐 주고 도와주는 것을 통해 함께 학습이 일어나는 것이 무엇보다 중요하다.

일본 단위제 학교의 선구:

효고 현 이나즈노 고등학교(稲園高等學校), 히메지동 고등학교(姫路東高等學校)

일본 단위제 고등학교 방문은 부산 시 학군 조정 연구의 일환에 따라 2008년 2월 중순에 이루어졌다. 2007년 부산광역시 교육청은 2010년부터 고등학교 학교군을 조정하기 위해서 연구 프로젝트를 의뢰하였는데 이 연구진으로 필자가 참여하면서 고등학교 교육 프로그램 다양화 방안을 연구하기 위해서 이 학교들의 방문을 기획하게 되었다. 학교군을 조정한다는 것은 학부모의 학교 선택권을 확대한다는 의미를 내포하고 있는데, 학교 선택권의 확대는 반드시 학교 프로그램의 다양화와 학교 특성의 다양화가 전제되어 있어야 그 의미를 찾을 수 있기 때문이다. 학교가 획일화되어 있으면 학부모의 학교 선택권을 확대해 보아도 그 의미가 살아날 수 없다.

우리나라의 고등학교는 과거에 일류 고등학교와 2, 3류 고등학교로 나뉘어서 계층 간의 위화감을 조성하고 학벌사회를 만드는 원인으로 지목되어 1973년부터 추첨배정제도를 도입하게 되었다. 이를 소위 고교평준화제도라고 부른다. 이 제도를 시행해 오면서 30여 년이 경과했는데 그동안 이 제도를 놓고 끊임없이 논쟁이 지속되어 왔다. 소위 하향 평준화 시비가 지속되었으며, 한편으로는 이 제도의 보완책으로 내놓은 외국어고등학교, 과학고등학교 등 특성화 학교나 자립형 사립고등학교 등의 정책을 놓고 찬반양론으로 혼란이 가중되어 오고 있는 것이다. 여기에 1995년 5 · 31 교육개혁안이 나오고부터 논쟁은 더욱 가속화되었다.

고등학교를 특성화 · 다양화시키려는 노력은 학교의 유형에만 국한된 것이 아니었다. 고등학교의 교육과정을 다양화하기 위해서 제7차 교육과정의 근본 취지도 10~12학년에서 선택형 교육과정을 대폭 도입하면서 고 2~3학년에서 학생들에게 다양한 선택을 할 수 있도록 교육과정을 개정했다. 그러나 정말로 다양한 선택이 가능했던가? 경직된 학교 운영 체제와 교원 양성 체체를 손대지 않고 교육과정만 바꾼다고 해서 다양한 교육과정 운영이 될 수 없다는 것은 너무나 명백했다.

일본도 우리나라와 공교육 체제가 유사하다. 그래서 21세기의 다양화 특성화가 요구되는 시대에 고등학교 교육의 다양화에 대한 고민은 우리 못지않게 심각한 것이 사실이다. 이런 가운데 고등학교를 특성화시키기 위해서 일본에서 10여 년 전부터 주목할 만한 움직임이 일어나고 있었는데 그것이 단위제 고등학교 운영이다. 이번에 우리 연구팀이 착안한 것이 이 단위제 고등학교의 실상을 연구하는 일이었다. 연구책임자인 동국대학교 박부권 교수와 필자가 참여했고, 일본 나가사키 대학교 교육학부 이데 히로토 교수가 이 연구에 중요한 도움을 주었다. 우리는 먼저 일본 혼슈 섬의 서부에 위치한 역사적인 도시 히메지(姫路) 시를 방문했다. 효고 현 교육위원회는 일본 지방자치 중에서도 특히 교육자치제를 선도하는 현이다. 그래서 이 현에는 많은 실험적인 학제 운영이 전부터 이어져 오고 있다. 히메지 시의 히메지동 고등학교(姫路東高等學校)가 바로 이 효고 현의 학교 중에서 단위제 학교를 약 2~3년 전부터 시행하고 있다. 히메지서 고등학교는 동 고등학교와 라이벌인 명문고등학교이면서 학년제를 고수하고 있다. 이 두 학교를 방문하고 나서 역사적인 도시 히메지 시의 상징물인 히메지 성(姫路城)을 관람했다. 오랜 역사적인 도시에서 새로운 교육 개혁의 기운이 자라고 있는 모습이 새로운 감회를 더해 주었다. 그러나 교육 개혁의 길은 쉬운 일이 아니

히메지 성

히메지 성에서 야외 현장 학습 중인 일본 학생들

히메지 성에서 야외 현장 학습 중인 초등학생들

었다. 우리는 본격적으로 단위제 고등학교를 선구적으로 시행하고 있는 효고 현 아마가사키(立尼崎) 시 이나즈노(稲園) 고등학교를 방문했다. 이 학교는 1977년에 설립된 학교인데 1994년부터 단위제 고등학교를 운영하면서 이제 어느 정도 성공을 거두고 이 모델이 일본의 다른 지역으로 확산되는 데

이나즈노 고등학교 방문

기여하고 있는 선구적인 학교다. 효고 현의 중심지인 고베(神戶) 시에서 오사카(大板) 시에 가까운 아마가사키 시는 우리나라의 부천시 정도 되는 전형적인 대도시권의 도시지역에 자리 잡고 있었다.

단위제 고등학교란

일본 문부과학성은 "단위제 고등학교란 학년에 따라 교육과정을 개설하는 것이 아니라, 학교가 규정한 단위를 취득하면 졸업을 인정하는 고등학교"라고 규정하고 있다. 이 제도는 1948년부터 정시제와 통신제 과정에서 도입된 것인데, 1993년부터 일반 전일제 과정에서도 개설이 가능하도록 관련 법규를 개정하였다. 일본의 단위제는 외국 제도를 수입한 것이 아니라 일본의 정

시제 · 통신제 과정의 단위제를 발전시킨 것이다.

단위제 고등학교의 특징은 무엇보다도 '자신의 학습 계획에 기초하여 자신의 흥미, 관심 등에 적합한 과목을 선택하여 학습하는 것이 가능하고, 학년 구별 없이 자신의 페이스로 학습할 수 있도록 시간표를 짜는 것이 가능하다는 점'이다.

정시제와 통신제 고등학교 과정에서 단위제를 도입한 것은 평생교육의 관점에서 누구나, 언제, 어느 때나 필요하면 고등학교 교육을 받을 수 있도록 하는 것이 근본 취지인 데 비하여, 전일제 고등학교 과정에 단위제를 도입한 것은 학생 개인에 맞는 교육을 추진하고 학생의 선택 폭을 확대하기 위한 취지였다. 그 후 일본은 매년 50개 학교씩 단위제 고등학교를 증가시켜 2008년 현재 총 5,418개 고등학교 중에서 약 13%에 이르는 738개의 고등학교에서 단위제를 실시하고 있다. 15년이란 기간에 비하면 결코 많은 수라고 말하기는 어렵다. 학생들의 능력, 소질, 필요에 대응하여 고등학교 교육과정을 다양화한다는 단위제의 취지에 비추어 보면 더욱 그렇다.

단위제의 이상은 맞춤형 교육과정이다. 학생 각자의 능력과 소질이 다르고 따라서 그들의 희망과 필요가 다르기 때문에 이들의 타고난 가능성을 충분히 계발하기 위해서는 학생 개인에게 맞는 교육과정이 필요하다는 것이 단위제의 취지다. 또 여기에 더하여 단위제는 동일한 학년이라고 하더라도 타고난 능력과 서로 다른 발달 속도에 따라 각자의 학습 이해력 수준이 다를 수 있다는 것을 전제로 한다. 다시 말하면, 단위제는 동일 학년이면 동일한 학습 이해 수준을 갖추고 있을 것이라는 학년제의 전제를 부정한다.

그러나 단위제의 이러한 장점에도 불구하고 일본에서도 도입하고 있는 고등학교의 수가 많지 않고, 도입한 학교라고 하더라도 그 시행이 단위제의 원래 취지에 근접하고 있는 경우는 극히 드물다. 그 이유는 무엇인가? 우리가 방문한 세 고등학교의 교육과정 운영 실제에서 그 해답의 일부를 발견할 수 있다고 본다.

단위제와 학년제의 차이점*

'학년제'는 각 학년에서 정한 교과를 이수하고, 일정 이상의 단위 수를 획득해야 그 학년의 수료가 인정된다. 진급에 필요한 단위 수를 획득하지 못하면 다시 수강하여 이를 획득해야 한다. 3년간 74단위 이상을 획득하면 졸업이 인정된다. '단위제'에서는 '학년'과 '진급'이라는 개념이 없다. 학생의 흥미, 관심, 적성, 진로에 따라 자신이 공부하기 원하는 과목을 선택한다. 3년간 74단위 이상을 획득하면 졸업이 인정된다(1단위는 50분 수업을 35회 한 수업량을 말한다). 하고 학교 수준을 반영한다.

이나즈노 고등학교 단위제 교육과정 운영의 실제

일본의 고등학교 교육과정 운영은 우리나라와 유사하다. 우리나라와 마찬

* 兵庫縣立尼崎稻園高等學校, 2008년도 學校說明資料, p. 15.

가지로 일본도 고등학교 1학년(7차 교육과정으로는 10학년) 과정은 국민공통 기본교육과정으로 모든 학생이 중학교에서처럼 똑같이 배운다. 그러나 단위제 고등학교의 11학년, 12학년에서는 선택 과정을 운영하여 학생들의 선택이 일어날 수 있는 조건을 최대로 만든다. 학교에서 학생 개개인이 자기의 진로에 맞는 선택을 할 수 있도록 선택의 기회와 조건을 만들어 주고, 학생 스스로가 자기의 진로를 계획하여 스스로 학습할 수 있도록 한다는 것이다. 이나즈노 고등학교는 1993년도 법이 통과된 다음 해인 1994년부터 이와 같은 단위제 고등학교를 15년가량 실시해 오고 있었다. 그런 의미에서 이 학교는 일본의 단위제 고등학교의 선구적인 역할을 해 오고 있다.

이 학교의 학생들은 고 2~3학년이 되면 각자가 자기의 시간표를 가진다. 이를테면 어학 계통으로 진학하려는 학생의 2년차(11학년) 시간표를 보면, 현대문, 고전, 세계사 B, 영어 2, 영어작문(writing), 체육, 수학 2, 생물 1 또는 화학 1, 보건, 컴퓨터 LL연습 등의 교과로 짜여 있다.

이 학생의 3년차(12학년) 시간표는 현대문, 고전, 세계사 B연습, 일본사 A 혹은 지리 A, 윤리, 영어이해, 영어표현, 시사영어, 체육, 영어독해(reading), 영어작문(writing), 종합적 학습 등으로 짜여 있다.

반면에 미술계통을 진학하려는 11학년 학생의 시간표를 보면, 현대문, 고전, 세계사 B, 영어 2, 영어독해(reading), 체육, 보건, 수학 2, 생물 1 또는 화학 1, 소묘이고, 12학년은 비주얼디자인, food design, 소묘, 체육, 세계사 B 연습, 일본사 A 혹은 지리 A, 윤리, 현대문, 고전, 종합적 학습 등이다.

교육과정 운영 내용

<table>
<tr><td>단위제</td><td>1</td><td>2</td><td>3</td><td>4</td><td>5</td><td>6</td><td>7</td><td>8</td><td>9</td><td>10</td><td>11</td><td>12</td><td>13</td><td>14</td><td>15</td><td>16</td><td>17</td><td>18</td><td>19</td><td>20</td><td>21</td><td>22</td><td>23</td><td>24</td><td>25</td><td>26</td><td>27</td><td>28</td><td>29</td><td>30</td></tr>
<tr><td>1년차</td><td colspan="3">체육</td><td>보건</td><td colspan="4">국어 종합</td><td colspan="2">현대사회</td><td colspan="3">수학 I</td><td colspan="2">이과종합A</td><td colspan="2">예술</td><td colspan="3">영어 I</td><td colspan="2">영어회화</td><td colspan="2">가정기초</td><td colspan="2">정보</td><td colspan="2">수학A</td><td>총학</td><td>LHR</td></tr>
<tr><td rowspan="2">2년차</td><td colspan="3" rowspan="2">체육</td><td rowspan="2">보건</td><td colspan="3" rowspan="2">이 과</td><td colspan="4">지리역사</td><td colspan="18"></td><td rowspan="2">LHR</td></tr>
<tr><td colspan="2">지리역사</td><td colspan="4"></td><td colspan="11">자 유 선 택 과 목</td><td colspan="5"></td></tr>
<tr><td rowspan="2">3년차</td><td colspan="3" rowspan="2">체육</td><td colspan="3">지리역사</td><td colspan="23"></td><td rowspan="2">LHR</td></tr>
<tr><td colspan="2">지리역사</td><td colspan="22"></td><td colspan="2">총학</td></tr>
</table>

이나즈노 고등학교의 교육과정

※ 교육과정의 내용과 선택과목의 개설은 학교 상황의 변화와 선택 희망자 등에 따라 변경할 수 있음

① 필수과목: 고등학교 졸업을 위하여 반드시 이수해야 하는 과목, 1학년의 경우 국민공통기본과목

② 선택필수과목: 각 교과 중에서 어느 것이든 선택하여 반드시 이수해야 하는 과목

선택필수과목

지리 역사	세계사 A 세계사 B 일본사 A 일본사 B 지리 A 지리 B	예 술	음악 I 미술 I 서도 I
이 과	물리 I 화학 I 생물 I	정 보	정보 B 정보 C

③ 자유선택과목: 자기의 흥미, 관심, 적성, 진로에 따라서 학습하고 싶은 과목을 안내받으면서 선택하는 과목(총 54개 과목 개설)

자유선택과목

국어표현 I 국어표현 II 현대문 고전 현대문연구
수학기초 수학 II 수학 III 수학 B 수학 C 종합수학 물리 II 화학 II 생물 II
음악 II 음악 III 미술 II 미술 III 서도 II 서도 III 응용서도 B 응용서도 C
영어회화 II 영어 II 영어독해 영어작문 프랑스어
발달과 보육 가정간호 · 복지 피복제작 food design
정보산업의 사회 정보과제 연구 정보의 표현 알고리듬 모델화와 시뮬레이션
도형과 영상처리 multimedia 표현
사회복지기초
스포츠 I 연주법 솔페지 작곡 미술사 소묘 visual design craft design
종합영어 영어이해 영어표현 다문화 이해 시사영어
컴퓨터 · LL연습

앞의 표에서도 나타난 것과 같이 이나즈노 고등학교의 단위제 운영으로 고2 학년 때부터 학생마다 자기의 진로에 따라 수업 시간표가 각자 다르다고 할 수 있다. 그리고 그 다른 시간표는 자기 스스로 자기가 선택한 진로에 따라 다르게 나타난다.

우리나라의 7차 교육과정 11~12학년 선택 교육과정에서 학생들이 선택할 수 있는 과목은 극히 제한적이다. 극히 소수의 과목만 차이가 나고 대부분은 문과 · 이과로 구분되고 있을 뿐 대동소이하다. 그것은 아직도 우리나라에서는 용어상으로는 210단위를 이수해야 한다는 '단위' 라는 말을 쓰고는 있지만 사실상 학년제로 운영하고 있다는 뜻이다.

이나즈노 고등학교는 효고 현 아마가사키 시에 있는 1978년에 설립된 인문계 고등학교다. 이 학교가 단위제로 전환되기 이전에도 이미 현에서 대학 진학률이 높은 학교로 좋은 평을 받고 있었다. 그러나 이 학교는 단위제 시행 이후 전국적으로 이름난 좋은 학교로 자리를 잡았다. 물론 교원들의 많은 연구와 노력이 있었고 현에서의 정책적 뒷받침이 있었기 때문에 이룰 수 있었다.

이 학교는 교원 수에서 보통 인문계 고등학교보다 교사 2명, 강사 70시간분을 더 받는다(단위제를 시행하는 히메지동 고등학교는 교사를 10% 더 받는다고 함). 그 밖에 현으로부터 특별한 지원은 없고, 다만 교원들의 선도적인 의식과 교장의 리더십으로 이끌어 간다. 물론 지역주민의 관심과 참여는 대단히 높다. 이 학교가 일본의 유명한 대학에 우수한 입학 성적을 내는 학교이기 때문에 현에서도 부러움의 대상이 되고, 고등학교 입학 경쟁률이 대단히 높다. 이 학교를 이끌어 온 쿠로이시 아키라(黑石明) 교장의 증언에 따르면, 일반 고등학교의 학교 프로그램에 따라 공부한 학생과 이 학교에서 자기 진로를 스스로 선택해서 관리하며 공부한 학생이 똑같이 대학에 진학하더라도 생활 태도나 자주성에서 전혀 다른 모습을 보인다고 한다. 이는 단위제가 학년제에 비해 학생들의 자주적인 학습과 생활 태도 형성에 영향을 미친다는 중요한 사실을 시사하고 있는 것이다.

이 학교를 비롯하여 일본에서 2000년대에 들어와 많이 늘어나고 있는 단위제 고등학교는 우리가 많은 참고를 해야 할 사례들이다. 수요자 중심, 맞춤형 교육 등등 말로만 주장할 것이 아니라 실제로 학생들에게 다양한 프로그램을 제공하는 학교가 우수한 학교이고 진정 특색이 있는 학교다. 또한 수업의 기본이 교과 학습에 있고 교과 학습을 통해서 학생의 진로를 정확하게 준비시키는 일이 가장 우선적인 일이다. 교과 외 학습(extra curriculum)을 다양하게 운영하여 전인교육을 하는 것은 어디까지나 교과 학습에서 진로가 결정되고 난 이후의 과제다. 그런데 우리나라의 고등학교들은 기본적인 교과 수업은 획일적으로 경직된 채로 두고 이러저러한 교과 외 학습 프로그램을 통해서 다양화의 노력을 하고 있으니 학교가 특성화되지도 않고 교과 외 활동이 살아나지도 않는 것이다.

일본 이나즈노 고등학교의 교육과정*

본교는 2학기제임

1학기: 4월 1일~9월 30일
2학기: 10월 1일~3월 31일

홈룸 활동은 학교생활의 기반

· 단위제에서 학년에 대응하는 것은 연차라 할 수 있다.
· 같은 연차생이면 홈룸에 속한다.
· 학교 행사 등에는 홈룸 단위로 활동한다.

충실한 학습활동

필수과목을 제외하고는 자신의 흥미, 관심, 적성, 진로에 적합한 교과 · 과목을 선택하고, 개인의 특성을 한층 신장할 수 있도록 의욕적으로 학습을 조직한다.

과정 · 학과
전일제 · 보통과임

단위제의 특색

학습 시간표는 개개인이 서로 다르다.

다양한 선택과목 중에서 진로 안내를 받아 각자의 진로에 필요한 과목을 선택하고 시간표를 작성한다.

수업 연한은 3년임

졸업을 하기 위해서는 3년간 재적이 필요함

본교의 졸업 자격

통산 74단위 이상의 단위를 획득해야 졸업 자격이 주어짐

부서활동에 적극적으로 참가

부서활동은 서로를 격려하고 경쟁함으로써 서로의 심신을 단련한다.

단위제의 특색 과목과 진로에 필요한 과목은 소인수로 개설한다.

단위제의 특색

---

1) 兵庫縣立尼崎稻園高等學校(單位制邏睛璋 普通科), 2009年度 學校案內, 兵庫縣立尼崎稻園高等學校

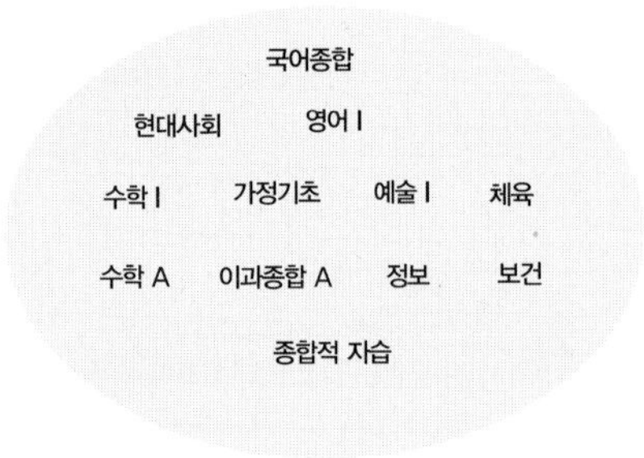

1년차 공통 이수 과목군

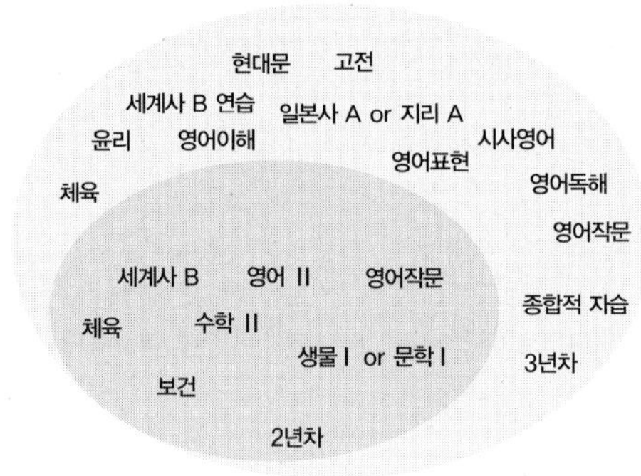

어학을 확고히 공부하기를 원하는 학생의 예(1)

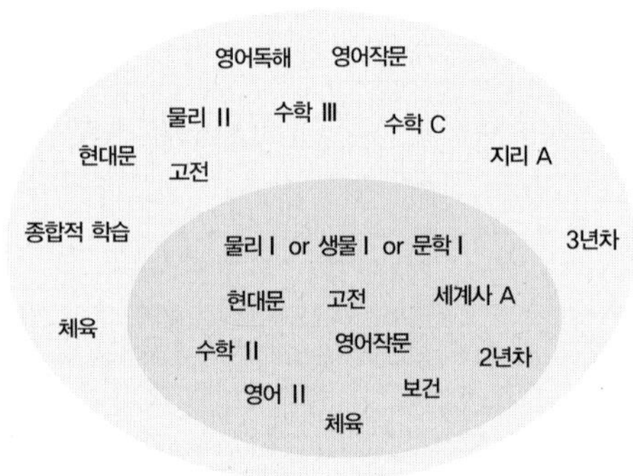

어학을 확고히 공부하기를 원하는 학생의 예(2)

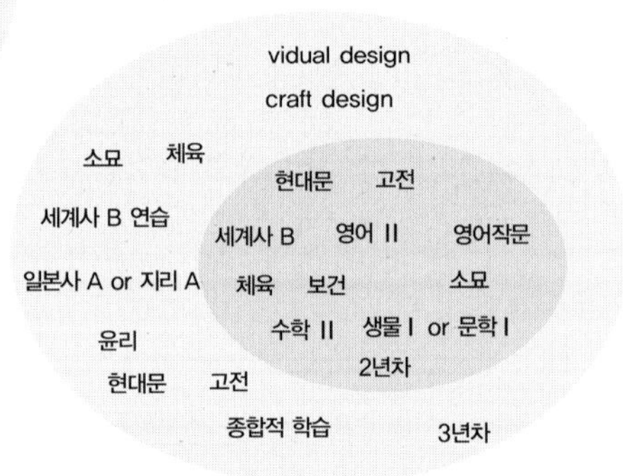

어학을 확고히 공부하기를 원하는 학생의 예(3)

이나즈노 고등학교의 교육과정 다양화를 위한 선구적인 노력

이나즈노 고등학교는 1977년에 효고 현이 설립한 공립학교다. 1994년 단위제를 도입하기 전까지는 선발할 수 있는 학생들이 아마가사키 시 학구 내 거주자로 제한되어 있었다. 이러한 '종합 선발' 체제에서는 성적 상위권 학생들이 사립고등학교로 '도망' 가는 사례가 많았기 때문에 공립학교의 학생 수준이 낮아지는 경향이 있었다. 이 학교가 단위제를 도입하게 된 배경에는 그러한 추세에 대응하여 학생 수준을 높이고자 한 의도도 들어 있었다고 생각된다. 단위제를 도입하면 '종합 선발'의 틀에서 벗어나 효고 현 전역에서 학생을 선발할 수 있는 단독 선발이 가능하다. 이에 따른 지역의 반발은 예견된 것이었다. 이를 무마하기 위한 방법으로 신입생 정원의 절반은 종래대로 '종합 선발'로 뽑고, 나머지 절반은 효고 현 전역에서 '추천 선발'로 뽑는 절충안을 도입하였다. 그래서 이 학교는 처음에는 추천 선발로 입학한 학생들에게만 단위제를 적용해 왔다. 그러므로 한 학교에서 단위제와 학년제를 함께 운영한 것이다. 그러나 2008학년도부터는 신입생 학급 수를 8학급에서 6학급으로 줄이고 이들 전부에게 단위제를 적용하기 시작하였다. 단위제가 도입된 1994년 이후 처음으로 교육 프로그램이 단위제로 일원화된 것이다.

단위제를 반대하고 나선 것은 지역 주민만이 아니었다. 많은 수의 교직원들도 단위제에 반대하고 나섰다. 교사도 학생도 단위제와 학년제로 나뉘어 한동안 심한 갈등을 겪었다고 한다. 이 와중에서 교사는 거의 절반이 바뀌고 작년에 부임한 쿠로이시 아키라(黑石明) 교장을 통하여 비로소 학교 구성원들이 하나로 뭉치게 되었다고 한다.

이나즈노 고등학교에서도 1년차의 이수 교과목은 다른 고등학교와 마찬가지로 동일하다. 그러나 2년차는 총 이수 단위의 2/3가, 그리고 3년차는 총 이수 단위의 4/5가 자유선택과목으로 되어 있다. 자유선택과목은 55개 과목으로 많지 않지만 예능 과목과 컴퓨터 분야의 과목이 많다. 자유선택과목을 개설하는 기준은 최소 수강자 수를 10명으로 하고 있으나 필요하다고 생각하면 신청자가 2명일 때도 개설한다고 한다. 그러나 아직도 3년차가 2년차의 수업을 듣거나 2년차가 3년차의 수업을 듣는 사례는 없다. 동일한 과목을 다시 수준을 나누어 개설하는 경우도 없다. 하지만 우리 일행이 방문했던 당시에는 다음 학기부터 무학년제 교과 운영을 계획하고 있었다.

이나즈노 고등학교도 단위제를 도입하고 있는 히메지동 고등학교와 마찬가지로 현으로부터 과외의 지원을 받는다. 시간강사 70시간분의 예산과 2명의 교사를 더 지원받는 외에 별도의 시설 지원비를 받아 음악실을 지었다고 한다.

학년제와 단위제를 놓고 어느 쪽이 더 교육적으로 바람직하고 더 효과적이라고 말하기는 어렵다. 서로의 가정이 다르기 때문이다. 학교 행정상으로 학년은 누적 학습량(흔히 단위 수 혹은 학점 수로 표시한다)으로 결정한다. 그리고 동일 학년이면 학습 능력 수준도 동일할 것으로 가정한다. 물론 학년제는 학생들의 관심과 적성의 횡적인 분화에는 대응한다. 학년제 학교의 교육과정이 문과계, 이과계 등으로 구분되고 있는 것은 이 때문이다. 다시 말하면, 학년제는 학년 자체를 학습 능력의 수직적 분화에 대응한 것으로 보고, 동일 학년 내에서 교육과정의 분화가 필요하다면 그것은 능력 수준의 차이 때문이 아니라 학생들의 흥미, 관심, 소질, 적성의 차이 때문이라고 본다. 그러므로 학년제의 교육과정은 학년과 계열에 따라서 결정되는 집단의 관심과 진로를 중심에 놓고 설계한다.

학년제의 교육과정이 집단의 관심과 진로를 중심에 놓는다면 단위제는 개인의 관심과 진로를 중심에 놓는다. 학생들 간에 실제로 나타나는 학습 능력, 흥미, 적성의 개인차는 학년제가 가정하고 있는 것을 훨씬 능가하므로 학년제의 접근 방식으로는 여기에 적절히 대처할 수 없다는 것이 단위제의 기본 가정이다. 단위제의 관점에서 보면, 교육과정은 개인의 능력, 소질, 적성, 진로에 맞추어 설계해야 하고, 따라서 이론적으로 말하면 100명의 학생에게는 100가지 교육과정이 필요하다.

단위제는 학생 개개인의 필요와 능력에 맞추어 자유롭게 교과목을 선택할 수 있도록 설계되어 있다. 그러므로 단위제에서는 졸업 요건으로서의 단위 수가 동일하다고 하더라도 학년제보다 개설 과목 수가 많아야 한다고 생각할 수 있다. 그러나 이 생각은 반드시 실제와 부합하지는 않는다. 대다수 학생들이 동일 과목을 선택할 수도 있고, 몇몇 교과목에 집중할 수도 있기 때문이다. 동일 과목을 선택한 학생 수가 많을수록, 그리고 몇몇 교과목에 대한 집중도가 높을수록 개설 과목 수는 줄어든다.

단위제는 학생 개개인이 자신의 능력, 관심, 진로를 살펴 그것을 실현하는데 필요한 과목을 선택할 수 있는 능력을 가지고 있다고 가정한다. 그리고 자신의 교육과정을 스스로 편성하고 그 결과에 스스로 책임지는 것은 주체적 인격으로 성장하는 데 꼭 필요한 경험이라고 가정한다. 그러나 학생들에게 자유로운 선택권을 주는 것만이 능사는 아니다. 그들은 각 학문의 구조와 이들의 상호 연관 관계를 아직도 잘 모르고 있을 뿐만 아니라 자신에게 진정 무엇이 필요한지에 대한 깊은 숙고와 고민 없이 흥미 위주로 교과목을 선택하기 쉽다. 그러므로 과목 선택에도 세밀한 지도와 상담이 필요하다. 이를 위하여 단위제를 실시하는 히메지동 고등학교와 이나즈노 고등학교는 물론이고 단위제를 실시하지 않는 히메지서 고등학교도 종합적 학습 시간을 필수로 부과하여 자신의 진로 탐색과 교과목 선택을 지도하고 있다.

일류 고등학교이면서 단위제 학교를 선택한 히메지동 고등학교

히메지동 고등학교는 1910년 개교한 공립학교로서 효고 현에서는 히메지서 고등학교와 쌍벽을 이루는 명문이다. 히메지동 고등학교는 기존 교육과정의 틀을 바꾸어 단위제로 전환한 후 이를 2003년 신입생부터 적용했다. 이 학교도 다른 고등학교와 마찬가지로 1년차 학생들이 이수해야 할 교과목은 동일하다. 학생들은 2년차부터 자신의 진로, 흥미, 필요에 따라 교과목을 선택할 수 있다. 따라서 학생들이 자신의 장래 진로에 따라 교과목을 선택하는 것이 가능하다. 보다 구체적으로 동일한 문과계라고 하더라도 장래 변호사가 되기를 희망하는 A군과 영어 능력이 요구되는 직장에 취업하기를 희망하는 B군이 선택하는 교과목은 서로 다르다. 즉, A군은 수학에 더 비중을 두고 더 많은 수의 수학 과목을 선택하고 있는 데 비하여 B군은 영어에 더 비중을 두고 더 많은 수의 단위를 영어에 할애하고 있다. 히메지동 고등학교는 히메지서 고등학교에 비하여 학생이 재량으로 선택할 수 있는 이수 단위 수가 많고 과목 선택의 폭도 넓다. 그러나 문과계에 비하여 이과계의 선택의 여지는 대단히 좁다. 보다 구체적으로 장래 의사가 되고자 하는 C군과 기계 설계사를 희망하고 있는 D군은 C군이 2년차에서 지역 과목과 물리 I의 단위 수를 줄여 생물을 한 과목 더 이수하고 있다는 것을 제외하고는 양자의 차이를 찾아보기 어렵다.

히메지동 고등학교 교장 선생님

또한 과학, 수학, 영어에서 수준별로 반을 나누어 수업한다. 상급반 학생 수는 25~30명이다. 3년차에서는 이공계를 다시 이과계와 공과계로 나누고, 상 수준을 별도로 분리하여 반을 편성하므로 1년차의 7개 반이 2년차에서는 8개 반으로, 그리고 3년차에는 9개 반으로 늘어난다. 상 수준과 하 수준을 구분하는 기준은 시험 성적이지만 본인의 선택도 허용한다. 통지표에는 상 수준 과목과 하 수준 과목을 구별하여 표시하지는 않는다. 상 수준반과 하 수준 반을 맡을 교사는 히메지서 고등학교와 마찬가지로 교장이 정하는 것이 아니라 해당 교과 교사회에서 결정한다. 현재는 기존의 학년제 틀에서 크게 벗어나지 못하고 있는 실정이지만 내년부터는 2년차가 3년차의 수업을, 그리고 3년차가 2년차의 수업을 들을 수 있도록 할 계획이라고 한다.

단위제는 학생들의 이수 교과목을 일방적으로 결정하는 기존의 학년제와는 달리, 학생들의 서로 다른 능력, 소질, 진로, 홍미에 대응하여 다양한 과목을 개설하므로 학년제에 비하여 더 많은 수의 개설 교과목이 필요하다. 따라서 더 많은 수의 교원과 예산이 필요하다. 히메지동 고등학교가 단위제를 실시함으로써 발생하는 과외의 부담은 효고 현이 지원하고 있다. 효고 현에서는 이 학교에 매년 교원 정원의 10%를 더 배정하고 170만 엔에 이르는 예산을 지원하고 있다. 일본의 문부과학성이 단위제를 실시하는 학교에 대하여 별도로 지원하는 것은 없다.

참고로 우리가 방문한 히메지서 고등학교는 지금으로부터 130년 전 1878년에 설립되었고 효고 현에서는 가장 오랜 역사를 가지고 있는 최고의 명문으로 꼽힌다. 교육과정은 단위제가 아닌 전통적인 학년제 교육과정을 그대로 고수하고 있다. 따라서 학교의 교육과정은 우리나라 일반계 고등학교와 대단히 유사하다. 1학년은 우리나라의 국민공통기본교과에 해당하는 기본 공통 과목을 누구나 예외 없이 이수해야 하는 점에서 그렇고, 2학년부터는 인문사회에 더 많은 비중을 두는 문과 과정과 수학과 과학에 더 비중을 두는 이과 과정을 구분하고 학생들로 하여금 그중 하나를 선택하게 하는 것도 그렇다.

그러나 히메지서 고등학교에서도 경직된 학년제 교육과정에 융통성을 부여하고, 학생들의 능력과 필요에 따라 교육과정을 다양화하려는 노력이 전혀 없는 것은 아니다. 보다 구체적으로 이 학교에서는 2학년부터 문과와 이과를 다시 학생들의 학업 능력 수준에 따라 문과 I계, 문과 II계, 이과 I계, 이과 II계로 구분한다(II계가 I계보다는 높은 수준이다). 현재 문과 II계 선택자는 10여 명이고, 이과 II계 선택자는 약 30~40명이다. 따라서 외형상으로 히메지서 고등학교는 2년차부터 4개의 교육 프로그램을 갖는다. 그러나 양자의 차이를 결정하는 선택의 범위는 넓지 않다. 문과 I계와 문과 II계의 차이는 3년차에서 문과 I계는 현대문에서 2단위를 더 이수해야 하는 데 비하여 문과 II계는 지역 선택에서 2단위를 더 이수해야 한다. 또 2년차와 3년차에 개설되어 있는 1단위의 '수학 선택'에서 문과 II계는 상

히메지서 고등학교 전경

히메지서고등학교 정문

히메지서고등학교 교장실

급반을, 그리고 문과 I계는 보통반을 선택한다. 이때 누가 상급반을 맡고 누가 보통반을 맡을 것인가는 해당 수학 교과 교사회에서 결정한다. 예년의 예를 보면, 보통반은 대부분 경험이 많은 원로 교사가 맡는다. 이과 I계와 이과 II계의 차이는 3단위의 이과 선택과목의 차이이다. 이과 II계는 I계와는 달리 반드시 물리 과목을 선택해야 한다.

제4부

글로벌 시대의 교육 열정, 터키 대안사립학교, 귈렌 학교(Gülen School)

아시아 대륙을 한눈으로 보면 동쪽 끝에는 한반도가 있고 서쪽 끝에는 소아시아 반도가 있다. 한반도에는 2,000년 전부터 내려오는 조선 땅에 분단된 남북한이 있고 그 위로는 만주, 시베리아 등 광대한 땅이 배후지로 펼쳐지고 있다. 그러나 서쪽의 소아시아 반도에는 서남아시아의 건조지대를 배경으로 하여 유럽을 향해서 뭉툭하게 돌출된 나라가 있다. 이 나라가 바로 우리에게는 아직 제대로 잘 알려져 있지 않은 터키라는 나라다. 터키와 우리는 같은 우랄 알타이어 계통의 언어를 사용하고 있으며 한국전쟁 때 참전을 하여 우리를 도와주었다는 얘기 정도와 2002년 월드컵 경기 때 우리와 3, 4위 전을 치른 나라로 기억하고 있는 정도다. 이 터키라는 나라를 2008년 여름 귈렌 학교(Gülen School)라는 대안학교 탐방 프로그램이 있어서 학교를 둘러볼 겸 몇 군데 구경을 하고 돌아왔다. 이 터키 여행이

나의 마음속에는 참으로 지워지지 않는 감동으로 자리 잡고 있다. 무엇이 그런 큰 감동을 주었는가? 학교 얘기를 하기에 앞서 먼저 터키라는 나라를 둘러본 감상을 좀 언급하고 학교 탐방을 시작하겠다.

요즈음 많은 사람이 터키 여행을 하고 와서 세계 7대 불가사의의 하나인 성 소피아 성당(St. Sophia Cathedral)의 건축물이나 카파도키아(Cappadocia)의 기암괴석, 아니면 파묵칼레(Pamukcale)의 솜사탕 같은 석회암이 흘러내린 구경거리, 그리고 에게 해(The Aegean Sea)와 보스포루스 해협(Bosporus Straight)의 밝고 화려한 경치들을 찬탄한다. 그러나 나는 그런 것도 좋기는 했으나 마음속까지 깊은 감동을 주는 것은 아니었고 관광코스 치고는 꽤 괜찮은 곳이라는 정도는 동감이었다.

형제의 나라를 강조하는 터키 사람

이 나라가 내게 준 첫 번째 감동은 형제의 나라라는 점이다. 이 나라를 여행하면서 우리를 안내한 사람들이나 그곳에서 만난 많은 사람이 우리를 대하는 자세는 처음부터 외국인이나 친구를 대하듯 하는 것이 아니라 형제 같은 우애의 감정이었다. 이스탄불에 있는 파티시 대학교(Fatish University)와 부츄 고등학교를 방문하고 나서 이 학교 선생님들과 점심 식사를 하면서 내가 "이렇게 좋은 친구들과 만날 수 있어서 기분이 좋습니다."라고 했더니 대뜸 그들 중의 하나가 "우리가 어째서 친구냐, 우리는 조상이 같은 형제들."이라며 나의 말을 받았다. 이 말을 들었을 때 처음에는 좀 의외라는 생각이 들었다. 그러나 차츰 여행을 하면서 그들의 말에 공감을 하는 데는 그리 오랜 시간이 걸리지 않았다. 사실 터키인은 혼혈이 심해서 몽골인의 모습을 거의 찾기가 힘들 정도지만 그들이 우리를 형제국에서 온 형제들로 여긴다는 것을 가는 곳마다 경험하게 된다.

터키의 수도 앙카라는 아나톨리아 고원의 가운데쯤 있다. 터키 공화국을 세운 국부 아타튀르크(Atatürk, 케말 파샤 Kemal Pasha라고도 함)*가 몇 백 년의 고도 이스탄불을 마다 하고 내륙 지방이면서 조건이 그리 좋지 않은 이 곳 앙카라에 수도를 정한 것도 다 이유가 있었다. 내 추측으로 그것은 터키가 아시아 지향임을 나타내는 듯하다. 이곳에 가면 수도 한가운데 한국전쟁에 참전한 용사들의 참전 기념비가 서 있다. 이슬람 문화의 건축물과는 다르게 불교식 오층탑 형식의 기념비 맨 아래를 둘러싸고 있는 벽면에는 한국전쟁에 참전했다가 전사한 수 천명 용사들의 이름이 탑을 빙 둘러서 새겨져 있다. 하얀 벽면에 검은 색으로 분명하게 이름과 생년월일, 그리고 출신 고향이 함께 새겨져 있다. 그런데 안내자의 설명으로는 그 이름의 주인공들이 같은 고향 출신이 하나도 없다는 것이다.

이유는 이러했다. 1950년 한반도가 전쟁이 났을 때 터키에서는 우리나라의 어려움을 돕자는 캠페인이 있었다고 한다. 형제의 나라에서 어려움이 발생했으니 우리가 나서서 도와야 한다는 캠페인이었다. 당시 유엔에서 파견을 원한 군대는 약 15,000명 정도였는데 이는 미국 다음으로 많은 숫자였다. 그래서 전국적으로 지원병을 모집했는데 놀랍게도 약 오만여 명이 지원을 했다는 것이다. 그래서 선발 원칙을 정한 것이 같은 고향에서 한 명씩만 뽑되 우수한 청년을 선발한다는 것이었다고 한다. 이렇게 선발된 청년들이 한국전선에 투입되었는데 이들은 가장 위험한 전선에 배치되었음에도 불구하고 용감하게 싸워서 만 오천 명의 병사 중 팔천 명의 희생자가 났다는 것이다. 안내자의 설명을 듣고 '우리는 터키를 잘 모른다고 생각하는데 이들은 한국에 대해 형제의 나라라고 남다른 애정을 가지고 있었구나.' 라는 생각이 들어 고개를 깊이 숙이고 참배를 했다.

앙카라를 지나서 우리가 카파도키아라는 중부 지역의 응회암 괴석군이 있는 지역(이곳은 초기 기독교의 근거지로서의 종교사적 의미가 큰 곳임)을 방문했을 때 시골 구경을 하

---

* 케말파샤(Mustafa Kemal Paşa). 본명은 Mustafa Kemal. 1881년 그리스 테살로니카 출생. 1938년 11월 10일 이스탄불에서 사망. 터키의 군인 · 개혁가 · 정치가이며 터키 공화국의 창시자, 초대 대통령

고 싶어서 시장 거리에 들어갔었다. 그런데 시장 입구에서 한 60세쯤 되어 보이는 노인이 우리를 보고 달려와서 반갑게 악수를 청하고 '코렐리, 코렐리' 하면서 인사를 하는 것이었다. 난데없이 낯 모르는 할아버지가 우리가 한국에서 왔다는 소리를 듣고 다짜고짜 달려와서 반갑게 맞이하는 이유를 들어본 즉, 자기 삼촌이 한국전에 참전해서 돌아가셨다는 것이다. 그래서 마치 오랜 형제를 만난 것 같아서 이렇게 달려왔다는 것이다. 그 늙고 순박한 시골 할아버지가 우리를 쳐다보는 눈빛은 감동적이었다.

우리나라 남북한 면적의 네 배 가까이 되는 터키의 방방곡곡에는 일만 오천 개의 동네마다 한국전쟁에 참전한 청년들의 '코렐리' 이야기가 지금도 생생하게 살아 있어서 이들은 우리를 형제라고 생각하는 것이다.

수피즘의 고향 코냐(Konya)

터키를 처음 방문해서 느낀 두 번째의 감동은 셀죽 투르크의 고도였던 코냐(Konya)에서 만난 수피즘과 세마춤이었다. 셀죽 투르크는 약 1,200년경 중앙아시아(이때는 돌궐이라고 부름)에서 이곳 아나톨리아 고원 지방으로 이주한 터키족들이 고원 서남쪽 코냐에 왕도를 정하고 비로소 이곳에서부터 자리를 잡기 시작했다. 그 세력이 커져서 1,600년경부터는 오랜 동로마제국을 무너트리고 이스탄불[당시 콘스탄티노플 (Constantinople)]을 중심으로 중동 지방과 발칸반도를 석권하는 대오스만 터키 제국을 건설하게 된다. 다시 말해 코냐는 터키족들의 근거지이자 터키 문화의 발생지라고 해도 과언이 아닌 곳이었다. 우리가 코냐를 방문했을 때 가장 먼저 눈에 띈 것은 한글과 터키어로 나란히 '루미 탄신 500주년 기념 행사, 코냐 광역시' 라고 쓰여진 행사를 알리는 입간판이었다.

잘랄 앗 딘 알 루미(Jalal ad-Din ar-Rumi)*는 원래 아프가니스탄에서 태어났다. 이슬람교 집안에서 종교적으로 지도받고 자란 그는 몽고의 세력이 서남아시아를 무자비하게 짓밟을 때 난을 피해 전 가족이 서남아시아 일대를 유랑하기 시작한다. 이란을 거쳐 이라

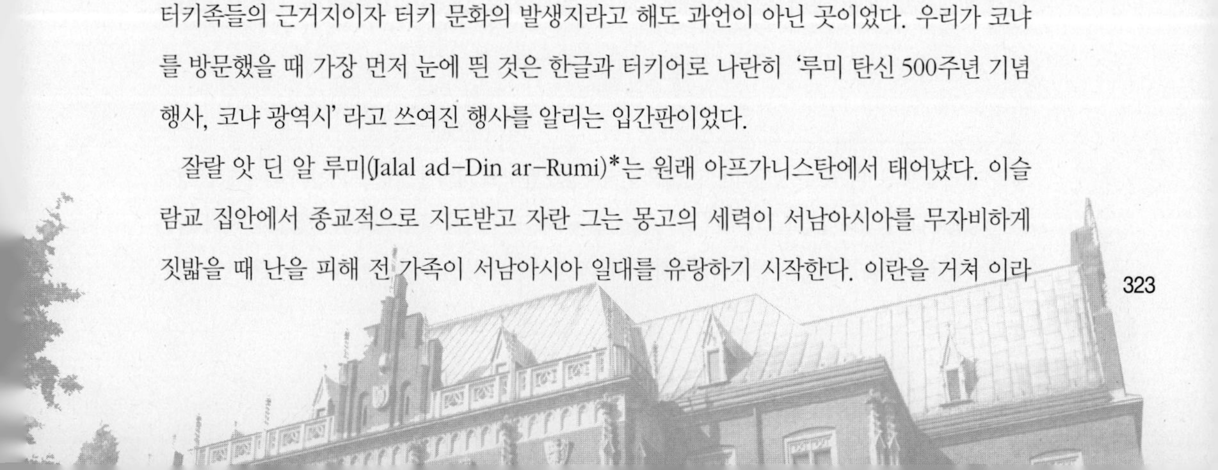

수피즘의 창시자
잘랄 앗 딘 알 루미(1207~1273)

코냐에 있는 잘랄 앗 딘 알 루미 사원

크에서 사우디아라비아로 가던 도중 행로를 바꾸어 소아시아 반도를 떠돌다가 코냐가 기운이 왕성하고 깨끗해서 드디어 정착을 하게 된다. 이후 루미는 죽을 때까지 이곳에서 아랍 세계에서 무함마드(Muhammad) 다음가는 성자가 되어 코냐가 루미의 도시가 되도록 많은 가르침을 베풀었다.

루미가 창시한 이슬람의 한 수행 종파를 수피즘(Sufism)이라고 부른다. 수피즘은 이슬람교가 성과 속이 일치되어 너무 세속화되어 종교적인 순수성이 탈색되고 정치적으로 오염된 것을 반성적으로 돌아보는 순수 이슬람교의 영적 수행체다. 수피즘에서 가장 돋보이는 것은 루미가 창안해서 명상의 방법으로 수행하고 있는 '세마(Sema)' 라고 부르는 춤이다. 흰색 광목으로 옷과 모자를 만들어 쓰고(흰 옷은 수의를 상징함) 고개를 약간 젖히고(지구

---

* 수피(이슬람 신비주의자) 시인이다. 이슬람 신비사상과 문학에 지대한 영향을 끼친 교훈서사시 「영적 고행연구」가 유명하다. 지금의 터기 코냐(당시 셀룩투르크 수도)를 중심으로 활동했으며 '세마' 라는 빙글빙글 도는 춤을 수행 방법으로 개발하여 지금도 전해지고 있다. 코냐 시에 무덤과 사원이 있다.

자전축의 기울기라고 함) 양팔을 벌린 자세로 무수히 빙글빙글 돌아가는 춤동작이다. 이는 자아를 소멸시키고 우주, 곧 하느님과 일치시키는 동작이다. 이슬람교 코란이 가르치는 제1명제는 '하나님 안에서의 자아 소멸' 인데 이를 춤동작을 통해 실천하는 명상이다. 한 6개월 정도 연습하면 보통 사람들도 이 춤을 명상법으로 활용할 수 있다고 한다.

코냐에서 한 앳된 한국 소년이 세마춤을 추고 있다. 세마춤은 수피즘의 명상 수행법 중의 하나로 추는 춤이다.

이번 여행에서 돌아오기 직전 우리는 이러한 세마춤과 예배를 결합한 수피즘의 종교의식이 이스탄불 시내 뒷골목에서 저녁 9시부터 11시까지 진행된다고 하기에 여기에 참관하였다. 100명 이상의 신도들이 모여 치르는 집단 군중 예배 의식이었다. 이맘(이슬람 목사)을 중심으로 세마춤을 추는 사람들이 있고 이를 군중들이 둘러싸고(여자들은 2층에 배치) 치르는 야간 예배였다. 주술을 외듯 집단이 한 호흡을 맞추는 숨소리와 세마춤이 2시간 가량이나 지속되고 나서야 예배가 끝났다. 우리를 안내한 터키인 공식 가이드 엠레(Emre)는 평소 이 집회에 가끔씩 참여하는데 집회를 참여하고 나면 그 어느 때보다도 맑고 가벼운 마음의 정화를 얻는다고 했다.

터키 문화부와 코냐 시는 이 세마춤 명상법을 문화 공연으로 개발하여 현재까지 세계적으로 약 100개 국가에서 공연을 했고, 코냐 시에는 커다란 문화공연장을 지어서 주 1회 정기적으로 공연을 한다고 한다. 코냐, 루미 그리고 수피즘은 터키 민족의 자부심이다. 루미를 기념하는 코냐 시에 있는 루미 사원과 무덤 및 박물관을 찾는 무수한 전 세계의 순례자들이 이를 증명한다. 이번 방문은 이슬람교 시인 정도로만 알고 있던 루미와 수피즘을 이해하는 데 많은 도움이 되었다.

대상의 전통을 유지하고 있는 손님 접대 문화

세 번째로 내가 터키인들에게 받은 감동은 그들의 손님을 접대하는 문화 때문이었다. 중세 동서양을 잇는 유일한 길은 실크로드로 알려져 있다. 실크로드의 한쪽 끝은 중국과 우리나라지만 텐산산맥과 중앙아시아를 거쳐 다른 한쪽은 터키의 이스탄불에서 끝난다. 이번 터키 여행에서는 터키에서 실크로드를 지나가는 길도 여행하였다. 코냐도 실크로드 선상에 있고, 카파도키아 지방을 거쳐 니데(Nigde)라는 도시는 오래된 실크로드 선상의 상업도시였다. 사막 중의 오아시스 도시인 니데에서 우리는 순구르베이 학교(Sungurbey School)라는 터키 대안사립학교 중 한 곳을 방문하고, 그곳에서 민박을 하였다. 우리 일행은 모두 11명이었는데 당초 계획은 20여 명이 가기로 했지만 사정상 인원이 줄어들었다. 이 도시에 도착해서 제일 먼저 초등학교를 둘러보았다. 시골 학교이지만 세계 어디에 내놔도 뒤떨어지지 않을 만큼 시설이 잘 되어 있고, 또 이 학교 학생들이 전국 및 세계 과학 경진 대회나 체육대회에 나가서 상을 타 온 트로피가 복도에 가득했다. 이런 성과는 모두 학교 교사들의 헌신적인 노력과 지역주민 학부모들의 아낌없는 지원과 참여로 이루어진다는 것이었다.

우리를 민박시키기로 한 사람들도 모두 이 학교의 학부모들이었다. 우선 저녁 식사는 학부모들이 우리의 방문에 때맞춰 마련한 바자회에서 준비하였다. 바자회는 학생과 학부모 및 지역 사람들이 외국에서 온 손님들과 함께하는 잔치 분위기였다. 그리고는 각자 집에 2~3명씩 나누어 민박을 하기로 했었다. 도착하자마자 이들은 우리 일행이 20명이 올 것이라고 민박을 준비했는데 실제는 10명밖에 오지 않아 5집은 허탕을 치게 되어서 서로 자기 집에 데려가려는 작은 다툼이 있었다고 하는 흐뭇한 이야기가 들렸다. 이 지역 거상(巨商)인 한 부잣집에 우선 모두가 초대되어 융숭한 대접을 받았다. 나와 다른 2명의 교수가 초대된 집은 무스타파(Mustafa)라는 치과의사의 집이였다. 그의 아들은 고등학생이고 딸은 초등학생이었다. 사모님과 4명이 사는 단란한 연립주택이었다. 그런데 이들은 정말 손님을 극진히 모시는 것이 습관이 되어 있는 것 같았다. 밤늦게 초대되었는데 차를 마시면서 먼저 딸이 자지 않고 기다리다가 '우스쿠다라'라는 터키 민요를 바이올린으로 연주해 주었다. 우리는 서툰 영어로 밤늦게까지 서로의 관심사를 얘기하느라고 시간 가는 줄을 몰랐다. 손님들에게 아예 집의 한 층을 완전히 내어 줘서 우리 일행은 아무에게도 방해받지 않고 잘 수 있었다. 아침에 일어나서는 어제부터 준비해 놓은 맛있는 터키식 요리를 대접받았다. 사모님은 며칠 전부터 손님 접대를 준비하느라고 새벽에 몸을 가누지 못할 정도로 지쳐 있었는데도 조금도 내색을 하지 않고 우리를 대해 주어서 대접을 받고 나오는 발걸음이 잘 떨어지지를 않았다. 몇 번이나 감사 인사를 드리고 헤어졌다.

터키인들은 손님을 접대하는 문화가 남다르다. 일 년 중 자기 집에 방문한 손님의 숫자가 작년보다 줄어들면, 연말에 자기가 뭔가 잘못해서 그런 것이 아닌가 하고 반성을 한다고 한다. 손님은 소식(정보)을 가져오는 반가운 존재이므로 손님이 주는 열 개의 행운 중에서 하나를 내어 다시 손님을 접대하는 것은 당연한 것이라고 생각한다. 손님을 접대하는 터키인들의 문화 속에는 정보에 의존해서 살아가는 실크로드의 상업 문화의 단면이 그대로 남아 있었다. 멀고 먼 사막을 통과하는 실크로드에는 지금도 40km마다 하나씩 손님이 묵어 가는 케르만사라이(Kermansarai, 여행자 숙소)가 여행객들의 발길을 머물게 한다. 처음 방문한 터키의 10여 일간의 여행은 나를 아득히 먼 고대 히타이트(Hittite)* 문명에서부터 중세의 수피즘과 실크로드를 거쳐 현대의 가장 아름다운 도시 이스탄불에까지 안내했다. 여행 내내 구름 한 점 없는 맑은 여름 햇볕 속에서 태양을 숭배하는 같은 민족의 인정을 느낄 수 있는 알찬 여행이었다.

* 기원전 18세기경 아나톨리아 북중부의 하투샤(Hattusa)를 중심으로 형성된 왕국을 말하며, 언어적으로는 인도-유럽 어족에 속한다. 기원전 14세기경 제국의 융성기에 들어섰으며, 중앙 아나톨리아, 시리아 북서부로 우가리트(Ugarit), 메소포타미아 북부까지 장악하였다.

다음과 같은 루미의 시가 우리를 맞이하는 것과도 같았다.

봄의 정원으로 오라
이곳에 꽃과 술과 촛불이 있으니
만일 당신이 오지 않는다면
이것들이 무슨 의미가 있는가

그리고 만일 당신이 온다면
이것들이 또한 무슨 의미가 있는가*

---

* 잘랄 앗 딘 알 루미, 「봄의 정원으로 오라」, 『사랑하라 한번도 상처받지 않은 것처럼』 류시화 역 (오래된 미래, 2005).

지역주민이 만들어 가는 세계적인 대안학교

파티시 대학, 부츄 고등학교(이스탄불), 순구르베이 초 · 중 · 고등학교(니데)

두 마리의 토끼를 잡는 터키 대안사립학교

세계적으로 확산되고 있는 터키의 대안사립학교–귈렌 학교(Gülen school)* 이슬람 교육의 특징을 가장 잘 구현하고 있는 터키 대안사립학교는 현재 세계적으로 확산되고 있다. 터키 대안사립학교 운동은 터키 내에 국한된 것이 아니라 세계시민을 양성하려는 국제적인 교육목표를 가지고 있었다. 그래서 터키 대안사립학교는 터키에도 모범적인 학교가 있지만 터키인들이 가는 곳이면 어디에나 학교가 설립되고 있음을 알 수 있다. 그 분포 현황을 보면 다음과 같다.

러시아에는 이미 터키 대안사립학교가 6개나 설립되었다(2004년 기준). 그 학교 출신 학생들이 국제올림피아드에 우수한 성적으로 입상하는 등의 경력을 자랑하기 때문에 푸틴 대통령은 그 학교들을 직접 방문하여 학생들을 격려해 주었다고 한다. 그루지야에서는 대통령의 어머니가 터키 대안사립학교의 교장으로 재직하고 있다는 소식도 들려왔다. 일본은 요코하마에 터키 대안사립학교가 처음 설립된 후 1개가 더 늘어날 것으로 알려지고 있다. 도쿄

* 터키 대안사립학교에 관련 맺고 있는 사람들은 '귈렌 학교' 라는 명칭의 사용을 꺼린다. 왜냐하면 그러한 호칭은 이 학교들이 마치 설립 이념을 제공하고 설립 의지를 촉발시킨 페툴라 귈렌(Fetullah Gülen) 선생님 소유의 학교인 것처럼 오해를 불러일으킬 수 있기 때문이다. 그러나 터키 대안사립학교는 보통명사이므로, 적합한 용어를 찾기 전까지는 편의상 일반적으로 통용되는 명칭인 '귈렌 학교' 를 사용할 수도 있다.

의 신주쿠 구청장이 학교 용지를 무상으로 제공하였기 때문에 또 하나의 터키 대안사립학교가 설립될 예정이라고 한다. 한국 못지않게 학교 설립법이 까다롭고 폐쇄적인 일본에 터키 대안사립학교가 세워진 것은 이례적인 일이다. 인도네시아는 족자카르타 등의 지역에 4개교의 터키 대안사립학교가 설립되었다. 전 세계에 설립되어 있는 터키 대안사립학교의 숫자는 2004년도까지 약 300개교가 되는데 그 분포를 보면 다음 표와 같다.

터키 대안사립학교의 세계적 분포

지 역	나라별 설립학교 수	비 고
북아메리카	미국 12, 멕시코 1	
유럽	영국 2, 독일 3, 핀란드 1, 러시아 6, 우크라이나 2, 헝가리 1, 루마니아 4, 몰도바 2, 불가리아 3, 마케도니아 3, 알바니아 4, 보스니아-헤르체고비나 2	
중앙, 서남아시아	카자흐스탄 29, 타지키스탄 13, 키르기스스탄 12, 아제르바이잔 12, 투르크메니스탄 20, 우즈베키스탄 1, 아프가니스탄 4, 파키스탄 12, 이라크 4, 예멘 1	
동부, 동남, 남아시아	인도 3, 네팔 1, 몽골 4, 방글라데시 4, 말레이시아 1, 베트남 1, 캄보디아 2, 미얀마 2, 타이 3, 인도네시아 4, 필리핀 4, 일본 2, 오스트레일리아 7, 한국 1	한국:무지개학교(서울 양재동)
아프리카	알제리 4, 모리타니 1, 말리 1, 수단 2, 에티오피아 1, 세네갈 1, 감비아 1, 기니 1, 가나 1, 토고 1, 나이지리아 4, 카메룬 1, 중앙아프리카공화국 1, 콩고 1, 우간다 1, 케냐 4, 탄자니아 4, 말라위 1, 모잠비크 1, 마다가스카르 1, 남아프리카공화국 4	

앞의 통계는 2004년의 것이다. 그 이후 계속적으로 터키 대안사립학교는 기하급수적으로 증가하고 있어서 터키 대안사립학교 관계자의 말에 따르면 2008년도 현재는 약 600여 개가 된다고 한다.

설립된 학교의 숫자가 많다는 것은 '양적으로만 팽창된 것이 아닌가' 라는 의문을 갖게 할 수 있다. 그러나 터키를 비롯한 세계 각국의 터키 대안사립학교들이 하나같이 우수한 성적의 훌륭한 품성을 지닌 학생을 배출하는 것을 보면 그렇지 않음을 알 수 있다. 이제부터 언급할 내용이지만, 터키에 있는 대안사립학교를 방문해 본 결과 그 교육 성과와 질적 우수성을 실제로 목격할 수 있었다. 2005년 5월 24일자 동아일보(홍성철 기자)에 보도된 터키 대안사립학교에 대한 기사를 소개하면 다음과 같다.

> 터키 이스탄불에서 자동차로 3시간 거리의 볼루 지역에 있는 메리히 초·중학교. 겉보기에는 조그만 시골 학교에 불과하지만 이 학교가 갖는 의미는 남다르다. 볼루는 1999년 터키 대지진 당시 3만 5,000여 명의 주민이 희생된 지역이다. 지진으로 건물과 가옥이 대부분 무너져 많은 주민이 1년 가까이 텐트 생활을 했다.
>
> 정부도 학교 재건은 엄두를 못 내는 상황에서 주민들이 나섰다. 경제력이 있는 일부 상인을 중심으로 학교설립위원회가 결성됐고 순식간에 수백 명이 넘는 후원자가 몰렸다. 학교 설립을 주도했던 귀랄 메흐메트 씨는 "많은 기부자들이 집 없이 텐트 생활을 하면서도 학교 설립에 앞장서 1년 만에 학교를 완공했다."고 회고했다.

이스탄불의 파티시(Fatish) 초 · 중학교도 지역의 상공인들이 뜻을 모아 지난해 함께 설립한 신설 사립학교다. 시장에서 상점을 운영하는 상인과 해외 무역을 하는 기업인 등 15명이 주축이 됐고 1,000여 명이 힘을 보탰다. 파티시 초 · 중학교 알리 딜리타트 교장은 "수업은 하루에 8시간이지만 교사들이 방과 후에도 학교에 남아 학생들과 함께 공부도 하고 상담도 한다."며 "교육의 질이 공립학교보다 우수해 학부모의 만족도가 높다."고 말했다.

수도인 앙카라에 있는 대안사립학교 사만욜루 과학고등학교의 경우 매년 100만 여 명의 중학교 졸업생 가운데 전국에서 상위 1,000명 안에 드는 학생들이 입학한다. 지난해 터키 국내에서 개최된 과학 올림피아드 수상자의 37%가 이 학교 재학생이었다. 이스탄불의 명문 대안사립과학고인 파티시 고등학교는 터키의 대학 선발 시험 수석을 5년 연속 배출하기도 했다.

'대안사립학교'는 터키 전국에 350여 개에 달한다. 1980년대 초 시작된 대안사립학교 건립 운동은 공립학교에 대한 불만과 부유층 위주의 '귀족사립학교'에 대한 불신에서 비롯되었다. 공립학교는 학급당 학생 수가 40명을 훌쩍 넘는 등 열악한 수준이다. 반면에 일반 사립학교는 연간 수업료가 3,000만 원에 달해 서민은 엄두를 내지 못한다. 말 그대로 부유층만을 위한 '귀족학교'다. 반면에 대안사립학교의 학비는 학교에 따라 연간 500~1,000만 원 선. 형편이 어려운 학생 20~30%는 장학금으로 공부를 한다. 우수한 학생을 교사들이 직접 찾아가 입학하도록 설득하기도 한다.

터키의 대안사립학교 운동가인 메흐메트 알리(Mehmet Ali) 씨는 "대안사립학교의 등장 이후 국제과학올림피아드에서 터키 학생들이 상을 받기 시작했다."며 "이들 학교의 성공은 공립학교에도 자극이 되고 있다."고 말했다. 터키 교육부 부장관 겸 사립학교 담당 국장 케말 타샤르는 "대안사립학교의 성공으로 정부는 공립학교의 질을 높이는 데 주력할 수 있다."고 평가했다.

터키 정부도 대안사립학교의 설립을 적극 지원하고 있다. 중앙정부가 행사해 온 사립학교 설립 인가권을 지방교육청으로 이양해 설립 절차를 단순화하는 내용을 담은 법안이 국회 통과를 기다리고 있다. 터키 정부는 이를 통해 현재 2.8%인 사립학교 수를 내년 5%, 5년 안에 20%로 확대한다는 목표를 갖고 있다. 물론 터키 대안사립학교가 그 주축을 이룰 것으로 예상된다.

이 글에 인용된 논문을 쓴 김관영 교수(중부대)가 2005년 2월에 터키의 파티시(Fatish) 고등학교를 방문한 적이 있는데, 그 학교에서 국제올림피아드에 입상한 학생들의 명단을 자랑스럽게 현관 입구에 전시하고 있는 것을 보았다고 한다. 앞에 소개한 터키 대안사립학교 운동가인 메흐메트 알리 씨는 터키 대안 사립학교의 성공적인 모습을 다음과 같이 말하고 있다(김관영, 앞 논문).

나(메흐메트 알리)는 30년간 계속 터키 대안사립학교의 교사로 있었다. 여러 학교에서 가르쳤고, 10년 전부터는 이 계통의 학교를 설립할 때 컨설팅해 주는 일을 하고 있다. 그 과정에서 그렇게 많은 터키 대안사립학교들을 보았음에도 불구하고 단 한 번의 실패 사례도 본 적이 없다.

대부분의 학교들이 2~3년 안에 그 나라에서 가장 훌륭한 학교가 되었고, 세계올림피아드에서 1, 2, 3등을 한 학생들도 많았다. 무엇보다도 그 학교의 졸업생들이 자기가 속한 사회를 사랑하고, 다른 사람들을 사랑하고 세계의 평화를 위해 노력하는 사람으로 성장해 가는 것이 보기 좋았다.

터키 대안사립학교가 이와 같이 성공을 하는 비결은 어디에 있을까? 이러한 성공 사례는 "혹시 그 학교들을 관장하는 중앙의 기관이 있고 종교 단체나 국가 공권력의 후원하에 조직적으로 교육 사업을 펼치는 것이 아닌가?" 하는 의혹을 가질 수도 있다. 그러나 터키 대안사립학교 운동은 1960년대에 페툴라 귈렌이 터키 이즈미르(Izmir)의 '케스타네파즈리 코란학교(Kestanepazri Qur' an School)' 에서 시작한 이래, 기업가와 주민, 교사들의 아낌없는 기부와 헌신적인 노력으로 널리 확산되어 나간, 순수한 목적의 자발적인 운동이라는 것을 알 수 있다. 그러면 이 학교 운동의 원동력이 되는 터키의 와크프라는 기부 문화란 어떤 것인가?

터키 대안사립학교의 물적 기반, 와크프(Waqf, 기부 문화) 우리로서는 도무지 믿기지 않는 와크프라는 이름의 기부 문화가 터키에는 있는데, 터키의 대안사립학교 운동은 이 기부 문화를 토대로 하여 교육혁명을 일으키고 있는 것이다. 신문에 난 기사의 내용을 살펴보자.

이스탄불 시내에 있는 이집트 향료 시장에서 견과류 유통업을 하고 있는 아흐메트 팔란즈 씨. 대안사립학교인 페티 초 · 중학교의 설립자 가운데 한 명인 그는 터키의 전형적인 학교 후원자다. 16일 페티 학교를 방문한 뒤 상점 사무실로 찾아갔을 때 그는 다짜고짜 "학교가 어떻더냐." 고 물었다. 기자가 "훌륭하다" 고 대답하자 흐뭇한 표정을 지었다. 학교에 대한 자부심이 대단한 듯했다.

상인이 왜 교육에 투자하느냐고 묻자 그는 터키의 전통적인 기부 문화를 설명하는 것으로 답변을 대신했다. 터키는 500년 넘는 전통을 가진 '와크프' 문화를 가지고 있다는 것, 경제력이 있는 사람을 중심으로 재단을 결성해 병원 등 서민 생활에 필요한 시설을 짓는 방식으로 사회에 공헌하는 문화가 뿌리 깊게 자리하고 있다는 설명이다. 최근에는 인재를 길러 내는 것이 가장 중요하고 시급한 과제라는 사회적 공감대가 형성되면서 '와크프' 문화는 자연스럽게 학교 설립으로 이어졌다는 것이다. 팔란즈 씨는 "학교를 후원하는 것은 사회에 부를 되돌려 주기 위한 것" 이라며 "공부를 잘하는 학생보다는 예의 바르고 도덕적이며 남을 생각할 줄 아는 인재를 기르고 싶다." 고 말했다.*

* 서울 강남역 인근의 터키 전문 음식점 '파샤(Pasha)' 를 운영하는 윌마즈 카라오울루 씨가 그의 사촌형이다. 윌마즈 씨는 파샤의 경영으로 얻은 수익을 몽골 등의 터키 대안사립학교 설립에 후원금으로 보냈으며, 앞으로 국내에 세워질 학교에 기부금을 내기로 약속하였다. 그의 동생은 터키에서 손꼽히는 재벌인데, 다른 후원자들과 함께 필리핀에 학교를 설립할 때 거액의 기부금을 냈다. 그 학교가 세워질 때 터키의 후원자들은 가톨릭을 국교로 하고 있는 필리핀의 실정에 따라 교내에 모스크가 아니라 교회를 지어 주었다고 한다.

터키 교육 후원자들의 특징은 국내뿐만 아니라 해외 후원 활동에도 적극적이라는 점이다. 팔란즈 씨도 최근 지진 피해를 당한 인도네시아 아체 주를 다녀왔다. 무너진 학교를 재건하는 사업을 돕기 위해서다. 학교 용지를 물색하고 귀국해 현재 모금 활동을 벌이고 있다. ……이스탄불 플로리아 지역의 기업인으로 구성된 '파이아데르' 재단의 아메트 자트 상임이사는 "해외에 학교를 세우는 것은 해당 국가에 대한 봉사 목적과 함께 이를 통해 그 나라의 장점을 수용하는 의미가 있다." 고 말했다.

와크프(Waqf)는 경건한 일이나 공공의 선한 일에 쓰도록 증여 또는 유언을 통해 재산을 기증하는 관습, 혹은 그 자금이 모여 설립된 재단(Foundation)을 뜻하는 말이다. 와크프로 형성된 자금은 학교의 설립 및 운영 지원, 자선사업, 사원 관리에 쓰인다고 하는데, 한 번 기증한 사람은 그것을 되찾지 않으며, 자신의 이름을 드러내거나 기부자로서의 권한을 내세우지 않는 것이 관례라고 한다. 재산을 기증함으로써 이웃 사랑을 실천하는 행위는 물질적인 욕망을 없애고 자아를 소멸시키는 유력한 수단과 속죄의 성스러운 방식이기도 하다. 그것은 마음을 깨끗이 하고 죄업을 덜어 줄 뿐만 아니라, 사회를 밝고 아름답게 만드는 사회 구제 수단의 양방향으로 기능한다. 자카(Zakh)와 사다카(Sadaqah)의 기부 문화가 살아 움직이고 있는 이슬람 사회에는 소득계층 간의 갈등과 대립이 그다지 심하지 않다. 필자와도 알고 있고 우리나라에 터키 대안사립학교의 설립을 추진하고 있는 주한 이스탄불 문화원장 에르한 아타이(Erhan Atay) 씨는 와크프 제도를 다음과 같이 설명한다.

와크프는 한 사람이 만드는 것이 아니며, 똑같은 목적과 뜻을 가진 사람들이 어느 누구의 이름을 앞에 놓지 않고 단지 목적만 앞에 놓는 제도다. 기부금 전체의 90%에 해당하는 돈을 냈다 하더라도, 와크프는 그 사람의 것이 되지 않는다.

이슬람 세계에서 돈이 많은 사람은 자카(Zakh)라 하여 1년 수입의 2.5%를 사회를 위해 써야 하는 것이 원칙이다. 그 돈을 가난한 사람에게 줄 수 있지만, 보다 효과적으로 사회에 기부하기 위해 만든 시스템이 와크프다.

하디스에서는 이웃이 배가 고파하는 것을 느끼지 않고 자기만 배부르게 잠자는 사람은 이슬람의 신앙자가 아니라고 하였다. 그 가르침에 따라 가난한 사람을 도와주고, 학교를 만들고, 병원을 만들고, 사원을 만드는 것이다. 옛날 터키에는 동물들이 물을 마실 수 있도록 5개의 산에 한 곳씩 분수를 만들어 준 사람이 있었다. 다리가 부러지거나 집단에서 떨어져 나온 외톨이 철새들을 치료해 주고 보호해 주는 목적의 병원을 설립한 사람도 있었다.

자선금에는 자카(Zakh)와 사다카(sadaqah)가 있다. 자카는 의무적으로 1년에 한 번 내는 것이기 때문에, 그 정도로는 좋은 일을 충분히 하기 힘들다. 반면에 사다카는 어떤 기준에 따르지 않고 자발적으로 몇 번이고 내는 자선금이므로, 자카만 가지고서 충분치 못할 때는 사다카로 그 부족분을 채운다. 와크프에 기부되어 있는 돈은 자카보다 사다카가 더 많은 비중을 차지한다.

와크프의 수혜 대상은 꼭 이슬람 신앙자가 아니어도 좋다. 아까 말한 것처럼 동물들까지 도와주는 것이 이슬람의 정신이므로 다른 종교를 믿는 사람들, 다른 민족, 다른 문화권의 사람들도 도와주는 것이다. 터키에서 한국전쟁에 참전하여 한국을 도와준 것도 그러한 정신에서였다. 어려운 사람과 고통을 당하는 모든 존재를 돕는 문화와 제도가 와크프다. 터키 사람들은 무함마드가 강조한 와크프의 정신을 누구보다도 뜻 깊게 이해하고 실천하려고 애쓰는 편이다.

자선 문화에 대해서 터키에 이런 속담이 있다고 한다. "도와주어라. 도와준 것을 잊어버려라. 그리고 잊어버린 것도 잊어버려라." 이러한 상호부조의 자선과 기부 문화, 오스만 투르크 제국 시대의 다인종, 다종교에 대한 포용적인 정치 경험과 관용의 정신이 터키 대안사립학교가 성공할 수 있게 한 밑받침이요, 원동력이 되었다.

터키 대안사립학교의 성공적인 사례들은 단시일 내에 이루어진 것이라 하더라도, 실상은 수백 년 또는 천 년간에 걸친 오랜 성숙의 과정을 지나 맺어진 것이라고 보아야 한다. 터키는 물질적인 풍요로움을 우리보다 다소 적게 누리고 있다 하더라도, 교육적인 분야에서 우리가 해내지 못한 감동적이고 아름다운 성과를 이루어 냈다. 그렇기에 필자는 이슬람 계통의 성공적인 학교교육의 사례로 터키 대안사립학교를 소개하는 데 주저하지 않는 것이다.

앞에서 이슬람 교육의 중요한 특징으로 윤리 의식과 공동체 정신의 함양에 주력한다는 것을 예로 들었는데, 그러한 경향은 터키 대안사립학교의 교육에서 더욱 두드러지게 나타난다. 터키 대안사립학교의 교사들은 학생들과 함께 생활하는 중에 인격적 감화를 전달한다. 이들에게 윤리 교육 시간이나 종교 교육 시간이 따로 있는 것은 아니다. 학생들은 선생님들과 함께 생활하고 그들의 모범적인 삶을 모델링한다.

지식 교육과 윤리 교육을 동시에 달성하는 터키 대안사립학교 우리나라에서 터키 대안사립학교를 가장 잘 알고 이 글에서 주로 소개하고 있는 글을 쓴 중부대학교 김관영 교수는 우리나라에 터키 대안사립학교인 귈렌 학교(Gülen School) 체제를 도입하려고 많은 노력을 기울여 오고 있다. 그 첫 번째 시도는 2003년도에 외국인 학교를 서울에 설립하려던 것이었고, 두 번째 시도는 2004년에 인천 송도의 자유무역 특구에 '무지개 국제학교(Rainbow International School)'를 세우려던 것이었다. 그리고 세 번째는 서울 양재동에 외국인 학교를 설립하려는 시도였다.

앞의 두 차례의 시도는 학교 설립에 필요한 서류들을 해당 부서에 제출하거나 매스컴에 이들의 설립 의지가 보도되는 등으로 현실화되는 듯했지만, 결국은 실패로 돌아가고 말았다. 그러나 세 번째 시도는 결실을 보아 현재 서울 양재동에 유치원과 초등학교 과정을 교육하는 학교를 운영하고 있다. 내년부터는 중학교 과정도 개설한다고 했다. 필자가 두 차례 그 학교를 방문해 보았는데 아주 깔끔하고 우수한 학교인 것을 확인할 수가 있었다. 하지만 까다로운 국내의 학교 설립법 때문에 많은 어려움을 겪고 있었다.

필자가 알고 있는 양재동 무지개학교 설립자(이사장)인 에시레프 사알람 씨는 매우 인상적이고 열정적인 교육운동가다. 에시레프 씨는 터키의 대안사립학교에서 4년 동안 교사로 있다가 카자흐스탄으로 가서 터키 대안사립학교를 설립하는 재단의 부이사장으로 9년간 일하였다. 카자흐스탄에 있는

29개의 터키 대안사립학교 가운데 6개의 학교가 그의 노력으로 설립되었다고 한다. 그가 말한 것을 정리하여 터키 대안사립학교의 교육 정신과 실제적인 모습을 소개해 보면 다음과 같다.

터키 대안사립학교에서는 지식 교육과 윤리 교육의 통합을 매우 중요시한다. 머리는 수학, 물리, 과학, 생물 등 여러 학과목의 지식으로 가득 차 있게 하고, 가슴은 윤리 의식과 도덕적인 정신으로 가득 차 있게 만드는 것이 진정한 교육이라는 것이다. 현대 과학을 잘 이해하고 익혀야만 발전 가능성이 있으며, 인간을 인간으로 만들어 주는 도덕적인 가르침을 알아야만 인간다운 사회로 만들 수 있고 인간답게 살 수 있을 것이다. 그래서 터키 대안사립학교에서는 과학을 가르친다고 하면서 윤리 교육을 무시하지 않고, 윤리를 가르친다고 하면서 과학을 무시하지 않는다고 한다.

세계적으로 여러 가지 문제가 일어나는 원인은 교육을 제대로 받지 못한 사람이 많다는 데 있다. 사람들이 남을 해치고 테러를 하는 등의 옳지 못한 행위를 하는 것은 교육을 받지 못해서다. 아니면 교육하는 사람이 가르침을 제대로 전달하지 못했거나 배우는 사람이 그 가르침을 제대로 받아들이지 않아서인 것 같다. 어느 경우든 결과적으로 교육이 제대로 행해지지 않았다는 점에서는 공통적이다.

교육은 자기 혼자 혹은 주변의 몇몇 사람하고만 살아가는 인간을 만드는 것이 아니라, 사회와 사회의 모든 구성원과 어울려 살면서 함께할 수 있는 인간으로 길러 내는 것이다. 따라서 자기 자신만을 살찌우는 지식 교육이 아니라, 사회의 한 구성원으로서의 공동체 의식을 길러 주는 교육이 반드시 필요하다. 지식과 능력과 권한을 많이 가진 사람들이 그릇된 행위를 하고 사회적인 문제를 일으키는 것을 자주 보게 된다. 그렇기에 외적 규범인 법률과 함께 내면의 규범인 윤리 의식을 마음속에 심어 주는 정신 교육이 중요한 것이다. 그는 촌철살인의 기지가 담긴 뮬라 나스루딘 이야기를 동료들과 함께 화제에 올리곤 했는데 터키 사람들의 담론에 자주 등장하는 재미있는 일화 하나를 소개하면 다음과 같다.

> 어느 도시에 사는 아버지가 아들의 행동이 걱정되어 "너는 인간이 될 수 없다."라고 자주 이야기했다. 그렇지만 아들은 공부를 열심히 하고 똑똑했기에 아주 좋은 대학을 졸업하였고, 드디어는 자기가 살던 도시의 시장이 되었다.
>
> 높은 자리에 오른 그는 부하 직원을 시켜서 아버지를 모셔 오라고 했다. 아버지가 시장실로 들어가자 아들은 아버지에게 앉도록 권하고 이렇게 말했다. "아버지, 아버지는 나에게 늘 '인간이 될 수 없다.' 고 말씀하셨잖아요. 그런데 나는 이 도시에서 가장 높은 사람인 시장이 되지 않았습니까?"
>
> 그러자 아버지는 "아들아, 나는 너에게 시장이 될 수 없다고 말한 적이 없다. 인간이 될 수 없다고 했지. 너는 아직 인간이 되지 못한 것 같구나. 네가 인간이 되었다면 부하 직원을 시켜서 늙은 아버지를 모셔 오는 것이 아니라, 네가 먼저 나에게 인사하고 "아버님, 제가 이렇게 왔습니다."라고 말했어야지. 아들아, 너는 아직 인간이 된 것이 아니다."

교육의 성과에는 외부적인 것과 내부적인 것이 있다. 외부적인 성과는 학교에서 일등하거나 국제올림피아드 대회에서 금메달을 따는 것 등이다. 터키 대안사립학교는 이런 방면에서 남다른 성과를 보인다. 그러나 그것은 외형적인 것에 불과하다. 내부적인 성과는, 이를테면 학생들이 자기 자신을 잘 통제하면서 경건하고 평화롭게 살고, 거짓말과 도둑질 등의 비도덕적인 행위를 하지 않고, 남을 잘 생각해 주고 배려해 주는 등의 행위를 하는 것이다.

새의 양쪽 날개처럼 외부적인 성과와 내부적인 성과는 함께 있지 않으면 안 된다. 외부적인 성과를 이룬 사람들이 내부적인 성과를 이룩하지 못했을 때에 앞에서 소개한 일화의 주인공처럼 되는 것이다. 반면에 수도 생활만을 고집하는 사람은 이 세상에 적합한 사람이 아닐 것이므로 터키 대안사립학교에서는 학생들에게 수행을 하라든가 영적인 세계에 한 번 빠져 보라는 이야기를 함부로 하지 않는다. 왜냐하면 세상 속에 살면서 도덕성과 영성을 계발하지 않으면 살아가는 문제에 대한 해결 능력을 가질 수 없으며 문명의 발전에도 참여할 수 없기 때문이다.

윤리 의식과 공동체 정신은 이슬람이라는 특정 종교만의 가르침이 아니라 인류가 보편적으로 강조하는 정신이다. 이슬람에서의 가르침이나 기독교와 불교에서의 가르침이나 다른 사람을 존중하고 배려해 주는 정신에서는 다른 점이 없다. 터키 대안사립학교의 주된 목표는 종교를 떠나서 모든 사람이 "아, 이것은 옳은 일이다. 선한 것이다."라고 인정할 수 있는 기준을 내면에 자연스럽게 길러 주는 것이다.

지구공동체 교육을 지향하는 터키 대안사립학교

터키 대안사립학교에서는 윤리 교육과 함께 지구촌 공동체 교육을 중요시한다. 에시레프 사알람 씨는 카자흐스탄에 있는 터키 대안사립학교 교장으로 근무했었는데, 그곳에서는 러시아 계통, 터키 계통, 한국 계통의 아이들이 한 교실에서 공부했지만, 자신의 민족적 배경과 신앙을 따지지 않고 서로 잘 어울렸다고 한다. 터키 대안사립학교에서 가르치는 것은 자기 민족에 대한 자부심을 갖게 하는 것이 아니라, 다른 점을 서로 인정하면서 남을 배려해 주고 남의 소중함을 알게 하는 것이라고 한다. 처음에는 학생들이 자기가 어떤 민족이기 때문에 더 자랑스럽다고 마음속으로 생각했을지 모르나, 점차 다른 사람을 이해하고 사랑해 주는 쪽으로 바뀌어 나갔다고 한다. 자기만이 지니고 있는 능력과 자기 민족만이 가지고 있는 특성을 지나치게 강조하면서 '우리가 최고다.' '우리 민족이 제일 훌륭하다.' 고 가르치는 것은 자아 중심성을 제거하지 못한 편협한 교육이다. 터키 대안사립학교의 교육은 개성과 다양성을 유지하도록 하면서도 다른 사람을 그 위치에서 이해해 주고 받아들이게 하는 것이다.

터키 남쪽에는 쿠르드족과 터키 사람들이 함께 살고 있는 지역이 있다고 한다. 쿠르드족에게 나름대로의 사정이 있어서겠지만 그곳에는 테러가 빈발하였다. 터키에서는 총력을 기울여 테러를 막으려 하였지만 그 성과가 신통치 않았다. 그런데 터키 대안사립학교가 만들어지고 나서는 테러 집단에 가입하는 젊은이들의 숫자가 엄청나게 줄어들게 되었다. 서로 싸우고 죽이던 사람들이 자녀를 한 학교에 보내면서 평화롭게 어울려 살기 시작한 것이다.

알바니아의 전쟁터에도 터키 대안사립학교가 설립되었는데, 그곳은 여러 민족이 전쟁을 피해 머무르던 평화의 쉼터로 쓰였다고 한다. 한국의 자이툰 부대가 파병된 북 이라크와 동의 부대가 파견된 아프가니스탄에도 터키 대안사립학교가 있다. 과연 터키 대안사립학교가 전쟁의 광기와 증오심을 관용과 화합의 분위기로 바꾸어 놓을 것인지는 관심을 갖고 지켜볼 일이다.

터키 대안사립학교 운동을 처음으로 전개한 페툴라 귈렌 선생이 아프리카의 흑인 지도자를 만났을 때의 이야기가 있다. 그가 귈렌 선생에게 "우리는 흑인이고 당신들은 백인이다. 세계 역사를 돌아보면 백인들이 많은 전쟁을 일으켰다. 정말로 당신들은 우리에게 좋은 교육을 시킬 수 있겠는가?" 라고 물었다. 그러자 귈렌 선생은 "나에게는 흑과 백의 색깔을 구분하지 못하는 병이 있다." 라고 답하였다고 한다.

귈렌선생의 이러한 정신이야말로 이 학교운동이 글로벌 시대에 빛을 발하는 이유다. 세상에는 완전한 백색과 완전한 흑색만이 있는 것이 아니다. 하얀색에서 까만색으로 가는 과정과 까만색에서 하얀색으로 가는 과정에는 흰색과 까만색 계통의 색깔이 엄청나게 많다. 색채의 스펙트럼 세계에서는 흑백논리가 존재하지 않는다. 까만색이 조금만 연해지면 흰색에 가까워지고, 흰색이 까매지기 시작하면 언제든 까만색에 가까워질 수 있는 것이다. 그러한 정신을 이어 터키 대안사립학교의 교사들은 모든 사람을 똑같은 기준으로 보고 똑같이 대하는 모범을 보이면서 학생들에게 그러한 정신을 자연스럽게 심어 준다.

터키 대안사립학교는 '이런 면에서 우리는 다르다. 그래서 자랑스럽다.' 가 아니라, '이런 면에서 우리는 비슷하다. 그래서 우리는 사이좋게 지낼 수 있다.' 를 계속 강조한다. 이런 이유에서 세계 여러 나라 사람들로부터 터키 대안사립학교가 지지를 받는 것이다. 날로 심화되는 민족주의적이고 국수주의적인 흐름과 배타성이 걱정스럽기만 한 현실에서 전 세계에 설립되고 있는 터키 대안사립학교의 관용과 화합의 정신이 그것을 일부나마 바꾸어 놓는 계기가 되는 것은 고마운 일이다.

아이들을 세계시민으로 자라나게 하는 교육은 오랫동안 단일민족국가에서 살아온 우리에게는 남의 이야기 같게만 들린다. 그러나 이러한 교육은 개인적인 교류와 국가 간의 교역이 날로 활성화되는 오늘날의 지구촌 사회에서 불가결한 일로 여겨진다. 반기문 유엔 사무총장을 배출해 낸 우리 민족의 저력은 만만치 않은 것이다. 단 한 번도 다른 나라를 먼저 침략한 적이 없고, 다른 곳에서 온 손님들을 반가이 품어 주던 우리다. 본디 따뜻한 심성으로 평화를 사랑하던 우리가 어느새 다툼을 일삼고, 분열과 갈등이 심한 사람들로 변질되고 말았다. 능력이 없어서가 아니라 방향성을 잃은 것이 문제라면, 터키 대안사립학교의 교육 정신을 잠시 본받을 만하지 않을까 생각한다.

높은 교사의 자질이 이 학교 운동의 성공 열쇠　터키 대안사립학교를 성공하게 한 요인 중 하나는 교사들의 자질이 높다는 것이다. 터키 대안사립학교의 터키인 교사들은 모두가 상위 1%에 속하는 좋은 성적으로 터키의 대학에 입학하여 영어로 진행되는 강의를 듣고 졸업한 사람들이다. 이를테면 김관영 교수가 만났다고 하는 일본 요코하마의 터키 대안사립학교 교사는 터키의 손꼽히는 대학을 수석으로 졸업한 사람이었다. 조용하고 깨끗한 성품으로 영어와 일본어를 능숙하게 구사하며 학생들을 열심히 가르치던 그 사람이 이따금 생각난다고 했다.

터키 대안사립학교에서 교사를 채용할 때는 화려한 경력과 학력만 고려하는 것이 아니라 그 사람의 전체적인 생활상을 살펴본다. 한 사람당 1시간에 끝나는 면접으로 채용하지 않고 여러 날 동안 그가 어떻게 살아가는지, 나쁜 습관은 없는지, 말만 앞서고 본인은 실천하지 못하는 일은 없는지 등을 하나씩 하나씩 점검한다. 터키 대안사립학교에서는 선생님의 역할이 교육에서 가장 중요하다고 본다. 선생님의 감화를 학생들에게 가장 커다란 영향을 미치는 요소로 생각하기 때문이다. 에시레프 사알람 씨가 카자흐스탄에 있었을 때의 한 실례를 김관영 교수에게 들려주었다. 그 이야기는 다음과 같다.

> 터키 대안사립초등학교 학부모들에게 왜 학생들을 입학시켰는지를 설문조사하였다. 1학년에 입학할 때 한 번, 2학년 올라가면서 한 번, 두 번의 똑같은 내용을 질문하였다. 입학 당시에는 80%의 학부형들이 "이 학교에서는 영어로 가르치니까." "국제적인 성공 사례가 믿을 만하여" 입학시켰다고 하였다. 학생들이 2학년에 올라갈 때도 학부형들에게 똑같은 질문을 하였는데, 이번에는 "영어 때문이 아니고 국제적인 성공 사례 때문도 아니다. 윤리 의식과 도덕적인 정신을 잘 키워 주기 때문에 입학시켰다."고 응답하였다.

터키 대안사립학교의 운영을 컨설팅해 주는 임무를 맡은 메흐메트 알리(Mehmet Ali) 씨는 또 이런 이야기를 들려주었다고 한다.

9월에 몽골을 방문하였다. 4개교의 터키 대안사립학교를 설립한 아뎀 타틀르(Adem Tatli) 교장선생님이 교통사고로 갑자기 세상을 떠났기 때문이다. 그는 아프리카 수단에 13년간 머무르면서 5~6개의 학교를 만들었다. 그러다 몽골에 들어가 가난한 시골 지역의 아이들 5,000명에게 터키 대안사립학교 교육을 시켰다. 그가 가르친 학생 중에 몽골에서 생각하기 어려운 국제올림피아드 금메달 수상자가 나왔다. 그래서 몽골 대통령이 졸업식에 참석하여 축사를 해 준 일도 있었다.

그의 장례식에 참석한 후, 국제올림피아드 금메달을 수상한 학생이 살고 있는 수도 울란바토르의 대단히 높은 아파트를 방문하였다. 일층의 계단 옆 구석진 곳에 한 가족이 생활하고 있었는데 2.5×2.5 미터의 좁은 공간에 살고 있는 그들이 누구냐고 물어보니 경비 아저씨의 가족이라고 하였다. 부엌도 없고, 욕실도 없는 곳에서 엄마와 아빠, 그리고 아이가 침대 하나를 놓고 6개월 동안 목욕도 못하고 살았다고 한다.

아파트 위에 사는 사람이나, 밑에 사는 사람이나, 고급 승용차를 타고 다니며 양고기를 먹고 사는 사람이나 삶에 허덕이며 일하는 사람이나 모두 똑같은 인간이다. 정의와 평등, 평화라는 멋있는 말은 누구나 잘 알고 있다. 그러나 올림피아드 금메달을 땄지만 그는 자기 집 아래에 사는 사람들에게는 도움을 주려고 하지 않았다. 나는 이런 모습을 보면서 마음이 서글퍼졌다. 가

> 난하고 소외된 사람들과 함께 고민하고 울어 주고, 정책을 수립하고, 아뎀 타틀르 교장처럼 교육에 목숨을 바치며 그들의 먼 장래를 기약해 주는 사람이 필요한 것 같다.
>
> 몽골에서뿐만이 아니다. 아프리카의 5개 나라를 방문한 적이 있는데 눈물이 나도록 불쌍한 사람들이 많았다. 그곳에는 먹을 것이 없어 죽어 가는 아이들, 옷이 없어 죽기 전의 불룩해진 배를 드러내고 앙상하게 뼈가 말라 있던 아이들의 모습이 눈에 선하다.
>
> 종교와 이념을 떠나 그냥 한 사람으로 세계와 그 세계의 사람들을 바라보았을 때, 역설적인 사실들이 너무 많이 보인다. 길거리의 사람들은 밥을 먹지 못하여 죽어 가고 있고, 어떤 사람들은 배가 너무 많이 불러서 죽어 가고 있다. 한쪽에서는 계속 피해를 당하고 있는데도, 다른 쪽에서는 피해를 더욱 주려고 한다. 정의와 평화를 실천하라고 요구하는 나라들이 가장 정의로워야 할 텐데 사실은 그렇지 않다.
>
> 터키에 이런 속담이 있다. '숯불은 그것이 떨어진 곳을 태운다.' 그 속담을 빌려 페툴라 귈렌 선생님은 이렇게 말하였다. "숯불이 어느 곳에 떨어지면, 그것은 나의 몸도 태운다."

몽골의 터키 대안사립학교 교장 아뎀 타틀르 씨는 사망하기 일주일 전부터 주변 사람들에게 "제가 잘못한 것을 사죄드립니다. 부디 저를 용서해 주십시오. 제가 저지르고도 알지 못하는 잘못들을 알려 주십시오. 사죄드리겠습니다."라고 하였다. 하느님 앞에서 영혼을 깨끗이 하기 위한 이런 행위를 터키어로 하크느 헬랄 에트메트라고 일컫는다. 그것은 원래 군대에 입대하거나 먼 도시로 떠날 때 부모님에게 행하고, 오랫동안 함께 일하다 떠나면서 동료에게 행하던 정화의 관습이었다. 하느님께서는 사람들이 당신에게 저지른 죄—하느님을 원망하거나 욕하는 등의—는 조건 없이 용서해 주신다고 한다. 한없는 자비와 자애로움을 가지신 분이기 때문이다. 그러나 인간이 인간에게 저지른 죄는 인간이 용서해야지, 하느님께서 용서해 주실 수 없다고 한다. 자유의지를 지닌 인간이 서로 싸우고 욕했을 때는 서로가 서로에게 사죄하고 서로를 용서해 줌으로써 각자의 죄가 씻긴다고 한다. 하크느 헬랄 에트메트와 같은 방식으로 마음을 깨끗이 하고 묵묵히 사랑을 실천하는 교사의 고매한 인격이 우리 학교에 필요한 것 같다.

터키와 귈렌 학교 방문에서 느낀 것

처음 방문한 터키 여행　이번 학교 방문은 2008년 8월 6일부터 8월 17일 사이에 이루어졌다. 당초에 미래 사회와 종교성 연구원에서 주선을 하였으나 중간에 방문자의 숫자가 많지 않다는 이유로 취소되어 방문자들의 자발적인 학교 탐방 여행이 되었다. 인천공항에는 SSR 여행사의 잘생긴 아흐메드 사장이 직접 나와 유창한 한국어로 우리의 출국을 도왔다. 그는 한국에 와서 석사학위를 따고 아예 여행사를 차렸다고 한다. 사장이라고는 하지만 이제 30대 중반이 채 안 되어 보이는 청년이었다. 일행은 동국대학교 박부권 교수 부부, 이우경(온양여자중학교 교사), 고진호(동국대학교 교수), 강경렬, 성민정(동국대학교 대학원 박사과정), 왕순경(고양시 건강가족지원센터장), 이종옥(대안학교 이사, 색채치료가) 씨를 포함하여 모두 11명이었다. 오후 1시 30분 TK(터키시 에어라인) 095호는 11시간 45분간 비행하여 터키 시간으로 오후 7시 05분에 이스탄불에 도착했다. 한국과의 시차는 6시간이었다.

이번 여행에는 아흐메드 사장의 후배라는 잘생긴 웨이스가 한국어 가이드로 마중을 나왔는데 참으로 그와 같은 훌륭한 가이드를 만난 것은 행운이었다. 아마도 주한 이스탄불 문화원 고문으로 일하는 중부대학교 김관영 교수의 도움으로 우리가 VIP 대접을 받았던 것 같다. 웨이스는 유창한 한국어로 자기 소개를 하였고, 한국에 약 10년간 유학하여 서울대학교에서 박사학위를 마치고 방송 리포터로도 활동한 적이 있어 한국과 터키를 아주 잘 아는 지성인이었다(우리의 방문 안내를 마친 후 얼마 안 있어서 그가 터키 대통령 비서실에 비서관으로 일하게 되었다는 소식을 들었다. 그의 부친은 수도 앙카라에서 대학 총장을 지냈고 정부의 고위직에서 일한다고 한다).

방문 둘째 날에는 이스탄불 관광을 했다. 학교 방문도 좋지만 터키의 이스탄불에 왔으니 우선 성 소피아 성당과 모스크들을 보고 싶은 게 당연했다. 그래서인지 안내자는 우리를 천년고도 이스탄불로 먼저 안내했다. 날씨도 아주 맑아서 기분이 매우 상쾌했다. 아침 8시 45분 웨이스(Weis, 한국어 가이드), 그리고 엠레(Emmre, 터키 정식 가이드)와 호텔 앞에서 만나 전용 버스로 성 소피아 성당과 블루 모스크, 히포포름 경기장터, 그리고 톱카프 궁전과 그랜드 바자르를 구경했다.

세계 7대 불가사의(不可思議) 성 소피아 성당 성 소피아 성당은 높이 60m에 천장 돔의 높이만 30m에 이르는, 당시의 건축 기술로는 세계에서 최고 큰 규모의 돔을 자랑하는 건물이었다. 기독교, 이슬람 간의 수많은 정복 전쟁 가운데 성당-사원-박물관으로 역할을 달리하며 살아남은 건물이다. AD 570년 젊은 왕 아흐메트 2세가 콘스탄티노플을 정복한 뒤 이스탄불이라는 이름으로 바뀌었다. 정복 후 이 아름다운 성당은 헐릴 위기에 처했으나 젊은 왕은 성당의 모든 벽화 위에 하얀 회벽을 덧바르는 처리를 하도록 명하였다. 그리고는 이 아름다운 건물을 이슬람 사원으로 사용하도록 했다고 한다. 이슬람 사원은 형상을 본뜬 그림이 허용되지 않는다. 신에 관한 그림조차 우상이라고 보기 때문이다. 그리하여 그림은 단지 기하학적인 무늬와 미니어처만 허용된다고 한다. 그래서 성당은 이슬람 사원으로 오래 유지되어 오다가 근래에 회벽을 걷어 내고 원래의 그림을 일부 복원했는데 수백 년간 회칠되어 있던 그림이 온전할 리가 없었다. 2~3층에 일부 예수와 성모 마리아상이 일부 금색 프레스코 화가 원형을 보여 주고 있을 뿐이었다.

성 소피아 성당이 영욕의 역사를 지내오는 동안 인류의 문명적 업적으로 남겨질 수 있었던 것은 터키인들의 '다름'에 대한 포용력 때문이었다고 가이드 웨이스 씨는 자부심을 가지고 설명했다. 나는 이 건물이 세계 7대 불가사의인 이유가 오랜 세월, 자연재해, 정치적 · 역사적 변동 등의 와중에도 무너지지 않고 남아 있는 것 때문이라고 생각해 보았다.

그러나 층을 달리하며 찬찬히 구경하면서 과연 이 성당이 왜 불가사의 한 것인지 실감이 났다. 우선 이 성당을 받치고 있는 돔의 규모는 지금도 만들기 어려운 크기와 무게라는 것이 놀랄 만하다. 그러나 그보다 더욱 놀랄 일은 이 지붕을 받치고 있는 기둥들이다. 기둥은 모두 3층으로 전체 높이가 약 50~60미터쯤 되어 보이는데 각 층을 받치고 있는 기둥들, 특히 1층과 2층을 받치고 있는 기둥들은 수십 개의 작은 기둥들로 되어 있었다. 가이드의 설명에 따르면, 이 기둥들은 이 건물을 짓기 위해서 새로 만든 것이 아니고 그리스나 로마의 신전 건물이나 유적지에서 징발해다가 짜서 맞춘 것이란다. 수십 개의 고대 건물의 기둥을 모아다가 이 건물 천장의 세계 최대 규모인 돔의 균형을 잡아 떠받치게 해서 지은 건물, 참으로 놀라웠고 혹여 지금이라도 무너지지 않을까 겁이 나기도 했지만 이 건물을 보수하기 위해 중앙에 높이 보수공사탑이 떠받쳐져 있어서 조금 안심이 되었다. 그러나 2층과 3층에서 쳐다보는 건물의 천장과 벽면은 그야말로 감탄사가 절로 나는 풍경이었다.

아흐메드 2세는 그렇게 해서 이 건물을 유지하는 대신 자기의 권위를 나타내기 위해서 이 성당의 맞은편에 더욱 아름다운 술탄 아흐메드 사원(흔히 블루 모스크라 불림)을 짓도록 했다. 블루 모스크는 모두 맨발로

이스탄불의 블루모스크(고진호 교수, 이우경 선생과 함께)

들어가야 해서 신발들을 입구에서 나누어 주는 얇은 비닐봉지에 넣어 들고 다녀야 했다. 아름다운 돔, 바닥의 구름에 탄 것 같은 촉감의 최고급 양탄자, 푸른색이 많이 들어간 섬세한 터키 모자이크 타일, 그리고 스테인드 글라스가 인상적인 건물이었다.

히포포름, 톱카프 궁전, 그랜드 바자르 히포포름은 지금은 공원으로 꾸며진, 이집트의 오벨리스크가 세워져 이곳이 예전에 십오만 명을 수용하던 거대한 원형경기장이었다는 흔적만 남아 있었다.

톱카프 궁전은 술탄 아흐메드 시대의 권력과 부와 명성에 비하면 실용적이고 검소해 보였다. 궁전의 부엌에서 쓰던 커다란 사기 그릇들은 드문드문 이가 빠지기도 했다. 장식보다는 오히려 소박하고 실용적인 궁궐의 방들이 인상적이었다. 심지어 술탄이 신하들을 접견하던 곳, 신하들의 회의장도 소박했다. 다만, 긴 옷자락이 특징인 섬세하고 아름다운 비단 옷들과 루비, 사파이어, 금으로 치장된 물병과 필통, 왕자들의 말 머리 장식꽂이는 화려함의 극치였고 아주 잘 보존되어 있었다. 그들이 정복 전쟁에서 가져왔다는 모세의 지팡이, 아브라함의 터번 등은 실제인지 믿을 수는 없었지만 오스만 투르크 제국의 권능이 어떠했는지는 충분히 알 만했다.

그랜드 바자르에서는 터키 수공 카펫, 양탄자, 실크 양탄자 등을 구경했다. 만들어진 지 35년 된 양탄자도 있었다. 너무 비싸 사지는 않았지만 아름다웠다. 톱카프 궁궐의 아름다운 보석들을 보고 난 직후라서인지 세상 만물이 시들해 보이기는 했다.

파티시 대학과 부츄 칼리지

대안사립학교의 대학교 모델　8월 8일은 학교 방문의 날이었다. 먼저 파티시 대학을 방문한 후 부츄 칼리지를 방문하는 일정이다. 파티시 대학은 일종의 사립 이공계 대학이다. 다만, 재단이 한 사람의 소유물이 아니라 1,400여 년 된 터키의 전통대로 수백, 수천 명의 기부자들의 기부(와크프)로 이루어진 것이라는 점이 이색적이다. 그러니 엄밀히 말하자면 공립도 사립도 아닌 대학이다. 이러한 재무구조와 운영을 가리켜 터키 대안사립학교 혹은 귈렌 학교라고 부른다. 우선 우리는 귈렌 학교의 대학교를 먼저 방문한 셈이다.

우리와 면담하기로 한 이 대학의 부총장은 분명히 60세는 넘었을, 70세에 가까운 노인이었는데 지혜롭고 정서적으로 안정된 사람이라는 느낌이 들었다. 그는 20여 년 전에 한국을 방문한 적이 있었다고 했다. 한국에서 소풍 갔다가 버스가 고장났는데, 걸어서 돌아가는 사람들을 하나둘 지나가던 차들이 태워 데려갔던 일을 어찌나 소상히 기억하고 있는지 이 노인의 기억력에 감탄했다. 그는 한국인들의 인정 많은 국민성이 가까이에 있는 유럽의 어느 나라보다 터키의 국민성과 닮았다고 말했다.

그는 터키의 재단 문화는 인류에 대해 제대로 된 서비스를 하기 위해 자기를 희생하는 마인드를 가지고 있다고 소개했다. 이 대학의 재단은 앙카라에 병원을 가지고 있었고, 그 병원이 큰 3개의 병원으로 성장했을 때 의학 발전을 위해 기부한 시민들과 기업인들을 통해 재단이 설립되었다고 했다. 터키의 재단 문화는 다른 서양의 문화와는 사뭇 다르다며 '빵을 바다로 던지라.

파티시 대학교 (1)

파티시 대학교 (2)

파티시 대학교 학생들과 함께한 동국대학교 박부권 교수

물고기는 몰라도 하느님은 아신다.'는 터키의 속담을 소개했다. 눈에 띄게 수익성이 없어도 터키의 재단은 계속 기부를 한다. 자신들이 버는 것을 사회에 환원하려는 마음 때문이다. 그들은 대신 보람을 얻는다고 말했다. 재단대학의 교수들은 다른 일반 대학의 교수보다 3~4배 월급이 많으며 훨씬 편하다고 말하기도 했다. 병원과 대학이 있어서 학생들의 공부와 취업이 함께 이루어진다는 것이다.

그는 또 파티시 대학 설립 당시 의과대학 인프라엔 큰 노력을 들일 필요조차 없었다고 했다. 병원들이 이미 모든 지원을 했기 때문이었다. 하지만 터키 법 때문에 오랫동안 의과대학 학생을 모집하지 못했었고 올해 들어서야 모집을 시작하게 되었다고 한다. 터키는 국립 · 사립 모두 같은 법을 적용하며 터키의 140개 모든 대학은 YOKE가 관장한다고 한다. 모든 대학의 교육 인프라와 소프트웨어를 검증한다는 것이다. YOKE는 터키 대통령 직속의 독립적인 조직으로 교육부나 정부 기관과 상관없이 독립적인 법 적용을 받는다고 한다.

부총장인 그 자신은 주로 대학과 기업을 연계하는 일을 하며 이 대학 주변이 공장 지대라서 1년 수출액이 2~3조 원에 이른다고 했다. 대학과 기업 간의 공동 프로젝트가 많이 진행되고 있으며 그 과정의 문제점을 조정하고 해결하는 것이 자신의 일이라고 소개했다. 현재 대학의 입구 왼쪽에 테크놀로지센터를 세우는 공사가 진행 중인데 이 센터는 22개 대기업들이 사용하는 작업실을 무료로 대여하는 서비스를 제공한다고 했다. 현재 이 기술센터 안에 오토메이션센터를 정부 지원을 받아 만들고 있는 중이며 제네틱스, 마이크로 센트럴, 암 연구를 하는 기업 등이 사용하게 될 것이라고 했다.

그는 오스만 제국은 맨드레세(대학) 때문에 발전했다고 말했다. 슐레히만히 사원에도 여러 복합 시설 중에 대학이 있었다. 그 시기 이맘(종교 지도자)이 되려면 5개 국어에 능통해야 했다고 한다. 또 교육 수준이 높아야 그 많은 영토의 사람들을 가르칠 수 있었다는 것이다. 그는 터키에 300개의 대학이 있어야 하는데 현재 140개 대학이 있어 그 절반도 안 되는 수준이라고 말하기도 했다.

그는 한국과의 교류를 바란다고 했고, 문화와 언어를 교류하는 기구를 만들어야 실질적인 교류가 가능하다고 했다. 선물로 가져간 이중섭의 그림 족자를 받고 대학 박물관에 전시하겠다며 우리에게는 터키의 장식 접시를 선물로 주었다. 면담이 끝나고 호수와 바다가 만나는 지점이 멀리 내려다보이는 아름다운 언덕의, 왼쪽으로는 이스탄불 부자들의 저택들이 있고 오른쪽으로는 어쩐지 그보다 더 호화로워 보이는 파티시 대학 교수들의 집들이 있는 풍경이 한눈에 들어오는 대학의 교수 식당에서 융숭한 점심을 먹었다.

세계에서 가장 호화로운 시설을 가진 사립학교 버스 기사가 길을 잘 몰라서 물어물어 찾아간 부츄 칼리지는 우리가 이번 방문에서 가장 중점적으로 보고 싶은 대안사립학교였다. 터키에선 사립고등학교를 칼리지라고 부른다고 한다. 부츄 칼리지는 8년 과정의 초등학교와 과학, 언어, 예술(음악, 미술, 커뮤니케이션) 분야로 이루어진 3개의 4년제 고등학교가 묶여 있는 학교였다. 너무 젊어서 죄송하다는 인사말로 우리를 맞은 제반트 에이브 교장은 올해

부츄 칼리지

부츄 칼리지 교사들과의 토론, 중앙에있는 사람이 교장임

부츄 칼리지의 학생 식당

대강당

기숙사 휴게실 겸 회의실

38세 된 체육 교사 출신으로 매우 감성적이고 표정에 감정이 다 나타나는 사람이었다. 그가 입은 분홍색 나이키 티셔츠가 희고 고운 얼굴과 매우 잘 어울린다는 느낌이 들었다.

부츄 칼리지의 초등학교는 600명 규모에 8년제로 우리로 치면 초등학교 과정과 중학교 과정이 합해진 형태였다. 연간 수업료는 700만 원 정도 된다고 했다.

고등학교는 패니세스라 부르는 과학고등학교, 아나톨로시스라 부르는 언어(외국어) 고등학교, 그리고 미술, 음악, 커뮤니케이션(미디어, 홍보, 방송)을 가르치는 예술고등학교에 각각 200명씩 600명의 학생들이 공부하고 있다고 했다. 고등학교는 4년제인데 연간 1천4백만 원 정도의 수업료를 낸다고 했다. "이건 귀족 사립학교로군." 하고 속으로 생각했는데 학교 시설은 훨씬 더 상상을 초월했다. 세 개나 되는 체육관 시설, 600명을 수용한다는 대강당, 특수 플라스틱으로 만든 아이스링크까지 있었다. 가이드인 웨이스가 좋아하며 스케이트를 신고 시범을 보인다. 얼음이 잘 얼지 않는 나라에서 아이들에게 다양한 체험을 할 수 있게 큰 돈을 들여 배려한 것이 인상적이었다. 아이들이 프로젝트 발표 수업을 할 수 있도록 무대와 마이크, 빔 프로젝터를 갖춘 소강당도 있었고, 아이들이 부모들과 함께 식사를 할 수 있는 대연회장도 있었다. 고급 카펫이 계단, 복도, 심지어 엘리베이터 안에까지 깔려 있는 기숙사를 대학생 멘터가 안내했다. 시설 하나하나를 구경하는 우리 일행은 학교의 시설이 너무나 호화로워서 놀라움을 감추지 못했다. 나도 미국이나 유럽, 일본, 호주 등 잘산다는 나라의 잘 지은 학교를 어지간히 방문해 보았지만 이 학교는 지금까지 내가 본 학교 중에서 시설이 가장 호화로웠다.

대학생 멘터를 적극 활용하는 인성지도 및 학습지도 이 학교의 기숙사는 남학생 100명을 수용하고 있는데 교사와 대학생 멘터(모두 인근 대학의 최고 우수한 대학생들로 숙식을 제공받으면서 학생들의 역할 모델이 되고 있다고 한다)가 아이들과 함께 오후 5시부터 새벽 5시까지 생활하고 있다고 한다.

4명이 잘 수 있는 2층 나무 침대가 있는 침실, 자습실과 그 옆에 차를 끓일 수 있는 부엌 공간이 붙어 있는 것이 이채로웠다. 학생들과 대학생 멘터는 저녁 9시에 함께 티타임을 갖는다고 했다. 이 학교는 학부모와 대학생 멘터와 담임 교사가 긴밀하게 연결된 시스템 속에서 아이들을 잘 지켜보아 문제를 해결할 수 있게 돕고, 스스로 공부하는 습관을 몸에 익히도록 하고, 아이가 가장 잘할 수 있는 일을 할 수 있도록 물길을 열어 주는 일을 '교육'이라고 생각한다고 했다.

대학생 멘터는 1명이 12명의 학생들을 데리고 있으며, 9시 티타임에 대화를 하고, 공부를 못하는 아이는 더 남겨 복습을 시키기도 한다. 아이에게 문제가 생기면 아이의 담임 교사와 함께 해결 방법을 찾는다. 대학생 멘터는 이렇게 학교 기숙사에서 숙식을 해결하고 한 달에 40만 원 정도의 보수를 받는다. 대학생 멘터로서의 생활은 대부분 행복하고 만족스럽지만 아이들에게 역할 모델로서 인정받기까지 시간이 오래 걸리며, 그것이 제일 어렵다고 우리를 기숙사로 안내한 대학생이 말했다. 아이의 문제가 그 부모와 연계된 것일 때 가장 해결하기 어렵다고 말하기도 했다. 기숙사에 살고 있는 학생들은 학교가 16시에 끝나면 17시까지 자유 시간 후 18시까지 1시간 공부, 저녁 식사 후 20시까지 다시 2시간 더 공부하고 티타임을 가지며 11시에 취침하고 새벽 6시 기상, 7시부터 8시까지 한 시간 더 공부한 후 8시 아침 식사를 하고 9시부터 학교 일과가 시작된다고 한다. 아이들은 대부분 기숙사 생활을 재미있다고 여기는데 공부를 잘하는 학생을 모아 1주나 15일 동안 집중적으로 함께 공부하게 하는 제도가 있고 이 기숙사의 4층 한 층은 그런 용도로 사용된다고 한다.

기숙사에는 최고급 카펫이 깔린 크고 작은 모임방이 있었는데 제일 큰 방은 교실 세 개를 이어 붙인 규모였다. 지방에서 올라온 부모가 자고 갈 수 있게 호텔 최고급 룸처럼 꾸며진 방도 두 개나 있었다.

'교실 엄마' 가 적극적 역할을 하는 초등학교 초등학교의 경우는 모든 교실에 '교실 엄마' 가 있다는 것이 특징이었다. '교실 엄마' 는 담임을 돕고, 학급 모든 아이의 부모를 알아야 한다. 소풍, 쇼핑 등 엄마들끼리의 공동 활동도 있다. 초등학교의 교육 내용을 보면, 4학년부터 주당 10시간 영어를 가르치고 컴퓨터도 배우며 나머지 교과는 일반 초등학교와 같다. 초등학생도 물리학, 수학, 화학 분야의 프로젝트 수업에 참여하는데 4~5명이 한 모둠이 되어 활동한다. 이 초등학생들이 프로젝트 대회 참석차 외국에 가는 일도 있다고 한다.

어떤 사람을 교사로 뽑는가 물으니 담배나 술을 하는 교사는 아예 선발하지 않는다고 했다. 젊은 교장은 하나의 일화를 우리에게 들려주었다.

꿀 알레르기를 가진 아이가 있었다. 하지만 아무리 말려도 꿀을 끊게 할 수가 없었다. 아이의 아빠는 아이와 함께 저명한 의학박사를 만나 상담하기로 했다. 박사는 아이에게 40일 후에 다시 오라고 했고, 다시 찾아온 아이에게 긴 말도 어떤 설명도 없이 꿀을 먹지 말라고만 했다. 하지만 신기하게도 아이는 그의 말을 들었다. 아이의 아빠가 물었다. "왜 처음부터 말씀하지 않으시고 40일 후에 다시 오라 하셨습니까?" 박사는 말했다. "40일 전에 나는 꿀을 먹고 있는 상태였다. 나도 꿀을 끊어 본 뒤 아이에게 말하는 것이 필요했다."라고. 아이들에게 하지 말라는 것은 교사도 하지 말아야 한다는 것이 교장의 생각이란다.

모든 교사가 이슬람교도인지 물으니 종교는 특별히 따로 가르치지 않으며 교사에게도 특정 종교를 강제하지 않는다고 한다. '종교' 보다는 '좋은 사람'을 키우는 데 목적이 있기 때문이라는 것이다. 하지만 윤리는 종교성과 관련이 있다면서 거짓말을 하지 말아야 하고 효도를 해야 할 것을 가르친다고 했다.

세계 각지로 파견되는 교사 교사 선발 과정을 물으니 귈렌 학교의 교사는 교과목을 잘 가르치는 것도 중요하지만 성격과 사는 방식도 중요하다고 했다. 교사란 '이 나라를 부흥시킬 최고 수준의 교육' 이라는 공동 목표에 봉사할 수 있는 사람이어야 하며, 이런 대의를 위해 자신을 희생할 수 있는 사람인가가 가장 중요한 교사 선발 기준이라고 했다. 이 학교 교사들의 월급은 일반 학교의 교사 월급과 동일하다고 한다. 하지만 정신적 만족이 경제적 만족보다 더 중요하며 터키의 재단 문화가 이런 생각을 가능하게 한다고 했다. 그리고 이것이 터키인들의 삶의 의미가 된다고 했다. 여기서 일하는 교사들은 몇 년 후 전 세계로 나간다. 외국에서 일하다 다시 돌아오기도 한다. 재단은 다 다르지만 같은 교육 마인드를 가지고 있어서 가능한 일이다. 이 학교의 교사들은 1년에 25일만 방학 기간으로 쉴 수 있으며 나머지 시간에 계속 세미나를 한다고 한다. 모든 교사는 2개 학기 동안 8번, 그리고 방학 때는 연속해서 세미나에 참석해야 한다고 한다. 학교의 최고 선생님들을 뽑아 1년 동안 어떻게 가르쳐야 하는지를 배우게 하고, 전 세계의 교육과정과 비교한 후 자신들의 교과에 추가할 부분을 고민한다. 학생들에게는 일반 학교의 교과서, 이 학교에서 자체 제작한 교재, 그리고 세계의 교육과정에서 정보를 모아 직접 만든 교재 등 3권의 책을 준다고 한다.

"1천4백만 원을 등록금으로 낼 수 있는 학생은 어차피 터키 사회에서 소수다. 이 소수는 어차피 부모도 공부를 잘하며, 아이들의 자기 통제력도 뛰어나고, 학교와 가정과의 연계도 잘된다. 이것이 과연 학교 효과인가?" 라고 박부권 교수가 거침없는 질문을 던졌다. 얼굴 표정에 감정을 숨기지 못하는 이 젊

학생 작품들 1

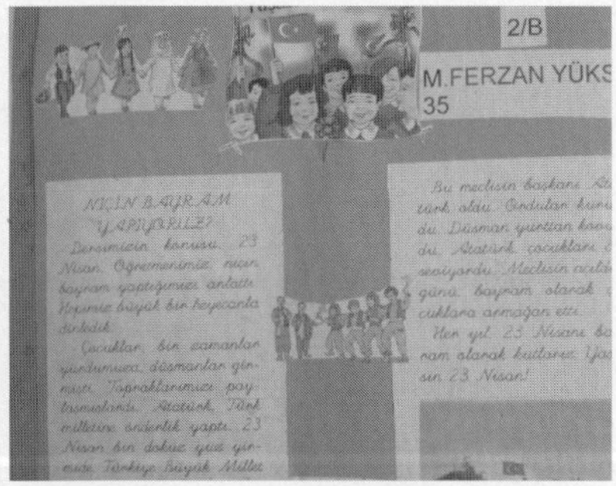

학생 작품들 2

학생 작품들 3

학생 작품들 4

은 교장은 상기된 표정으로 대답했다. "터키에서 이런 학교에 다닐 수 있는 학생이 대단히 소수라는 것은 인정한다. 그러나 돈이 많으니까 성공한다는 것은 맞지 않는 논리다. 오히려 돈이 많으면 문제가 많을 수 있다."라고 했다. "이 학교의 학생은 돈도 많고 똑똑해야 한다. 하지만 우리는 똑똑하면서 돈이 없는 학생도 끌어올 돈을 만든다. 10%의 학생은 전액 장학금으로 학교에 다닐 수 있게 한다."라고 그는 대답했다. 이 학교가 모든 대안이 될 수는 없지만 터키의 일반 학교들에 대해 일종의 역할 모델이 되는 것이 중요하다고도 했다.

대학생 멘터를 두어 학생들을 지켜보게 하는 것이 지나치게 아이들을 묶어 두는 것이 아닌가라는 우려에 대해서 그는 다음과 같이 답했다. "우리는 아이를 강제로 몰고 가지 않는다. 다만 계속 지켜본다. 그리하여 아이가 스스로 의식하지 못하지만 가지고 있는 관심과 재능을 찾아 기를 수 있도록 한다. 아이는 스스로 물처럼 흘러간다. 궐렌 학교에서 아이들에게 낡은 것을 강제하는 일은 없다. 우리가 아이를 지켜보는 이유는 아이의 관심 포인트를 알아 그 길에 맞게 교육하기 위함이다. 학교는 부모 역할을 교사가 하도록 하지는 않는다. 아이의 태도 교육은 부모가 해야 한다. 우린 다만 지켜보고 부모가 알게 한다. 스포츠의 경우를 예로 들어 보자. 코치(체육교사)는 모든 기술을 다 가르쳐서 시합에 선수(학생)를 내보내지만, 막상 경기가 시작되면 선수는 혼자서 다 해야 한다. 우리는 가르칠 뿐 아이는 스스로 한다. 여기는 학교지 공장은 아니다. 학교는 특히 사회활동을 많이 하도록 공간을 만든다. 캠퍼스란, 아이가 "난 하고 싶은 걸 다 할 수 있다!"고 느낄 수 있게 만들어야 한다. 그러지 않으면 군대가 되어야 할 것이다."

우리가 가져간 이중섭 그림에 대한 보답으로 교장은 이 학교 사진 동아리 학생의 사진 작품 하나를 선물했다. 가득한 포연, 날아오는 비둘기를 손등에 앉히고 미소 짓는 소년……. 강한 사회적 메시지가 담겨 있는 작품이었다.

정성스러운 손님 접대 문화 학교 방문이 끝나자 금세 해가 저물었다. 이 학교를 지원하는 재단 관계자가 이스탄불 근처의 커다란 레스토랑에서 우리에게 전통 터키 음식으로 저녁을 대접했다. 음식 종류와 요리법이 매우 다양했다. 양고기로 만든 주먹떡 같은 요리는 만드는 데 너무 힘이 들어서 반드시 남자들이 요리를 한다고 했다. 터키인들은 손님에게 모든 정성을 다해 접대를 한다. 손님은 우리에게 열 개의 행운을 가져다주니, 그중 하나로 손님을 접대하는 것뿐이라고 생각하는 것이 터키인들의 문화라고 한다. 절대로 손님에게 돌아가라고 말하지 못해서 일어난 일을 다룬 재미난 터키 민화를 한국에서 온 무지개 학교(서울 양재동의 터키 귈렌 학교) 이사장이 얘기해 주어 우리는 배꼽을 잡고 웃었다. 그는 공항까지 나온 뒤 앙카라로 떠나는 우리를 배웅해 주었다. 그러면서 손님이 정말로 가는지, 맘이 변해 하루 더 묵겠다고 하는 것은 아닌지 확인하기 위해서 따라왔다고 말해 한 번 더 폭소를 터뜨리게 했다. 짐을 날라 주고 끝까지 손을 흔들어 주는 이 사람을 서울에서 만나 한 번 제대로 대접해야겠다고 생각하며 앙카라행 비행기에 올랐다. 9시 마지막 비행기가 취소되고 8시 30분 비행기로 모든 승객을 태운 비행기는 마치 시골 버스처럼 좌석도 맘대로 앉는 소형 비행기였다. 11시 15분경 터키의 행정수도 앙카라에 도착했다.

실크로드 선상의 무역도시 니데의 순구르베이 초등학교

8월 11일 지구별이 아니라 잠시 다른 별에 불시착한 느낌이 들게 했던 카파도키아를 떠나 니데를 향했다. 또 다른 귈렌 학교인 순구르베이 학교를 방문하기 위해서였다. 학교에 도착하자 카펫이 깔린 커다란 응접실에 둥글게 앉을 수 있도록 준비가 되어 있었고 찬 음료수와 과일이 나왔다. 순구르베이 학교를 지원하는 니데 지역 기업인 중에서, 우리로 치면 지역사회 학교운영위원이라 할 만한 가구 공장의 사장님도 나와서 교장과 함께 우리를 맞았다. 학교에 관해 질문하면 교장과 이 사람이 번갈아 답하곤 했는데 교장 이상으로 학생들의 상태와 학교 현황을 소상히 알고 있는 것에 내심 놀랐다. "당신의 자녀도 이 학교에 다니는가?" 라고 묻자 그는 아니라고 했다. 그저 이 학교 재단의 기부자일 뿐이라는 것이다. 그는 귈렌 선생의 말 중에 이런 말이 있다고 전했다. "살려면 살려야 한다!" 하느님 안에서의 자기 소멸을 믿는 이 건실한 이슬람교도 사내는 교육을 통해 아이들을 제대로 살리는 것이 자신이 사는 이유라고 생각하고 있는 듯했다. 나는 그가 번 돈을 가장 보람 있게 쓰는 법을 알고 있는 행복한 사람이라는 생각이 들었다.

초등학교 곳곳에 각종 올림피아드에서 수상한 학생들과 그 주제 등이 벽면에 붙어 있었다. 과학올림피아드 금상 수상작은 입체 모형도였는데 아주 주목할 만한 주제였다. 태양열로 물을 수소와 산소로 분리해 산소로는 집 안의 공기를 정화하고, 수소 에너지로 물을 가열하여 집 전체의 난방을 해결하는 시스템을 고안한 것이다. 이 발명품은 언론에도 발표되고 기업들도 관심을 보였다

순구르베이 고등학교(초 · 중 · 고가 함께 있음)

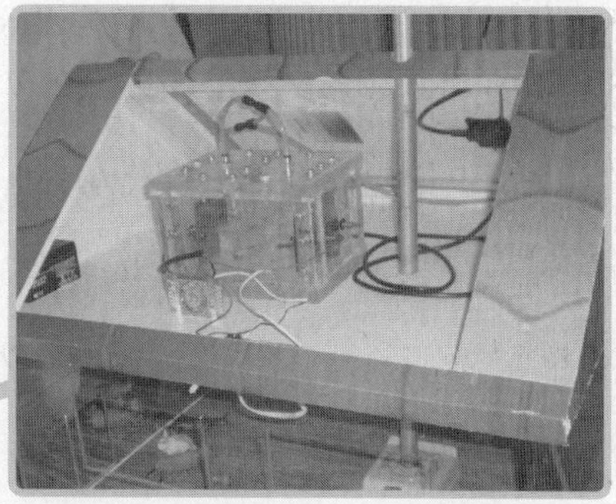

전국과학경시대회에서 1등을 한 태양열 주택 모형
(순구르베이 초등학교)

고 했다. 환경 분야의 올림피아드에서는 수박씨 오일 만들기가 수상작으로 걸려 있었다. 더운 나라 터키에서 흔히 먹고 버려지는 것이 수박씨인데 그것을 활용하는 방안을 고민한 것이다. 또 미디어 분야에선 'TV가 초등학생들에게 미치는 영향'이란 연구로 수상하기도 했다. 이 학교의 교육과정 중에서 과학교육이 매우 중시된다는 것을 초등학교 과학실에서 엿볼 수 있었다. 초등학교 과학실의 시설은 세계 어디에 내놓아도 뒤지지 않을 것 같았다. 한쪽 벽면의 붙박이장 속엔 아이들이 실습실에서 입는 흰 가운들이 정갈하게 걸려 있었다.

너무 '실적 위주'의 교육을 하는 것은 아니냐는 우려에 대해서 교장은 상대적으로 높은 교육비를 내고 있는 학부모들, 그리고 재단 기부자들에게 보여주는 교육적 성과들은 매우 중요한 것이라고 자신들의 사정을 말하기도 했다.

감동적인 니데의 홈스테이 경험 학교 앞에서 기념 촬영을 하고 나서 우리는 순구르베이 학교를 지원하는 니데의 학부모들이 직접 음식을 만들고 손수 만든 수공예품을 팔아 모은 이익금으로 학생들에게 장학금을 지원하기 위해 바자회를 열고 있는 시내의 가게에 들러 저녁을 먹었다. 손뜨개로 만든 양말과 덧버선, 앙증맞은 아기 옷, 우아한 커튼과 식탁보 등이 전시 판매되고 있었고 안쪽에는 탁자와 의자가 놓여 커다란 식당처럼 음식을 먹을 수 있게 되어 있었다. 하나같이 이슬람 전통대로 머리에 스카프를 두른 여인들이 아름다운 미소로 우리 일행을 맞았다. 나는 장학금이 될 돈을 마련할 음식으로 저녁 접대를 받는 것이 내내 마음에 걸려 4리라짜리 덧버선 두 켤레를 5리라씩 내고 샀다. 우리를 데리고 가서 하룻밤 자기들 집에 묵게 하기 위해 재단 기부자들도 거기 모여 있었다. 이들은 지역사회의 의사, 공장 사장, 변호사, 교사 등과 같이 전문직 종사자와 기업인, 중소 상공업 운영자들이었다. 이 가게

우리 일행을 환영하는 바자회에서, 가운데가 학부모, 오른쪽은 오영희 교수, 왼쪽은 이종옥 씨

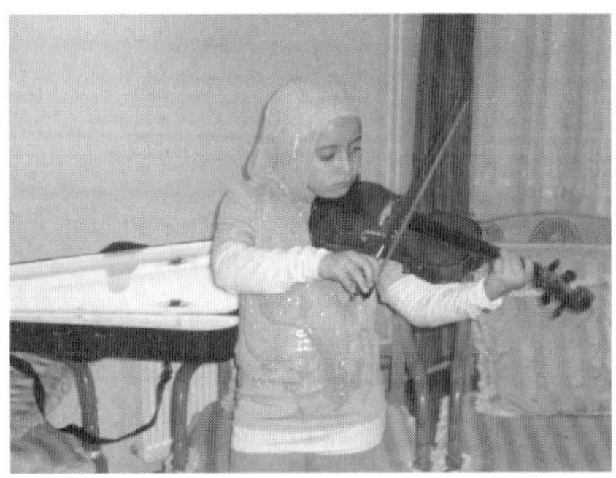
홈스테이 하는 집에서 바이올린을 연주하며 방문을 환영하는 순구르베이 초등학교 학생

는 이들의 사교 클럽이자 재단 운영의 구심점이 되는 곳인 셈이었다. 나는 새삼 귈렌 선생이라는 사람이 궁금해졌다. 한 위대한 사람의 정신과 열정이 이토록 많은 사람의 마음을 모아 내고 움직이게 할 수 있다는 것은 얼마나 놀라운가? 그런데 왜 나는, 심지어 동행한 교육학과 교수들조차 이 사람을 알지 못하고 있을까? 우리나라에 전파된 교육학이라든가 각종 철학이라든가 하는 것들이 얼마나 서구 중심의 편향된 것들 뿐이었는가를 나는 이번 여행에서 절실히 깨달았다.

한국 무지개 학교 설립자 에시레프 사알람 씨(가운데)

나중에 한국으로 돌아오기 전날 밤 가이드 엠레를 따라 이슬람 수피즘의 교도들이 예배를 드린다는 사원을 찾아갔다 밤늦게 돌아오는 거리에서 귈렌 선생에 관한 책과 CD를 길바닥에 벌려 놓고 파는 상인을 발견했다. 영어가 아니라 터키어로 된 것들이어서 사지 않았지만, 지금은 미국에서 요양 중이라는 귈렌 선생이 터키인들에게 어떤 영향을 미치고 있는지 잘 알 수 있었다.

※한국의 터키 대안사립학교: 무지개 학교(서울 양재동)

유치원 과정 교실

초등과정 교실

건물 옥상에 설치한 놀이터

참.고.자.료.4

☐ 귈렌은 어떤 사람인가

페퉅라 귈렌(M. Fethullah Gülen)은 1938년 동부 터키 지방의 에르주룸(Erzurum)에서 태어났다. 그는 이슬람 학자이며 사상가이기도 하지만 탁월한 저술가이면서 시인이기도 했다. 그는 젊어서 저명한 이슬람 학자들과 영적 지도자들에게서 종교학을 공부했다. 동시에 그는 현대 사회학과 물리학에 대한 원리와 이론을 공부하기도 했다. 뛰어난 학습 방법과 독학 방법을 가지고 두각을 드러내어 1958년에 우수한 성적으로 국가 설교사 자격시험에 합격하여 설교자**가 되고 빠른 승진을 거쳐 터키에서 세 번째로 큰 지방인 이즈미르(Izmir)에서 자리를 잡았다. 이곳에서 그는 자신의 사상을 형성하고 대중적 기반을 넓히기 시작했다. 그는 설교와 강연을 통해서 시대가 가진 사회적 이슈를 강조하기 시작했다. 특히 그가 강조한 사회문제는 젊은 세대들이 지성적인 각성(Intellectual Enlightenment)과 동시에 지혜로운 영성(Wise Spirituality)의 조화를 이루어야 한다는 점과 돌

---

* M. Fethullah Gülen, *Essays, Prospectives, Opinions, compiled by the Fountain*(revised edition, 2004).

** 이슬람교에서는 성교자를 이맘(imam)이라고 한다. 기독교의 목사와 같은 자격이다.

봄(Caring)과 인간적인 행동을 강조하는 것이었다.

귈렌은 시내에서 설교하는 데 활동을 국한하지 않고 아나톨리아 고원 지대의 여러 도시를 여행하면서 모스크(Mosques, 이슬람 사원을 말함)에서뿐만 아니라 중 · 소도시의 집회 장소나 커피숍에 이르기까지 장소를 가리지 않고 연설을 했다. 이와 같은 그의 활동은 그가 모든 사람에게 경계선이 없이 영향력을 넓히는 계기가 되었고, 특히 학생층과 같은 보다 아카데믹한 집단의 관심을 끄는 계기가 되었다. 그의 연설 주제는 공식적인 모임이건 비공식적인 모임이건 관계없이 단지 종교적인 문제에 한정되지도 않았다. 그는 교육에 대해서도 연설했고, 과학과 진화론에 대해서도 얘기했으며 경제문제나 사회정의에 대해서도 연설했다. 그는 연설한 모든 주제에 대해서 높은 안목과 깊이 있는 분석을 하였기 때문에 특히 아카데믹한 집단들의 관심을 끌었고 또한 존경을 받았다.

귈렌 선생은 1981년에 그의 공식적인 이맘으로서의 역할에서 은퇴하였지만 당시 그는 젊은 학생 세대 전체로부터 존경을 받는 인물이 되었다. 또한 1960년부터 시작된 그의 교육 개혁에 대한 노력 때문에 은퇴할 시기에는 이미 터키에서 가장 잘 알려진 교육 개혁가 중 한 사람이 되었다. 1988~1991년에는 은퇴한 이맘으로서 터키의 가장 큰 도시에서 유명한 모스크를 돌며 일련의 연설을 하였고, 그의 주장을 담은 메시지가 터키뿐만 아니라 서유럽 전체에서 대중 연설을 통해 확산되는 계기를 맞이하게 된다.

귈렌의 주요 사상

이와 같은 연설과 저술을 통해서 귈렌 선생은 21세기가 우리 속에서 오랫동안 잠자고 있던 도덕적 가치를 다시 활성화시킬 수 있는 영적 동력(Spiritual Dynamic)의 탄생을 증거하는 세기가 될 것으로 전망했다. 그래서 21세기는 관용(Tolerance), 이해(Understanding), 국제 협력(International Cooperation)의 세기가 되어 문화 간의 상호 내면적인 대화를 통해서 가치를 공유함으로써 궁극적으로 세계가 하나의 문명 세계로 인도될 것이라고 내다보았다. 그는 특히 교육 분야에서 국내외에서 공동체의 복리를 위해 일할 수 있는 자선 조직을 많이 건설할 것을 강조했다. 그는 이러한 주장을 텔레비전과 같은 언론 매체를 최대한 활용하여 개인적으로나 집단적으로 자선단체에 참여하도록 종용했다.

귈렌 선생은 모든 사람을 정의의 길로 인도하게 하는 일은 모든 사람에게 적절하고 합당한 보편 교육(Universal Education)을 받도록 하는 데 있다고 생각했다. 보편 교육을 통해서 모든 사람이 다른 사람들의 권리를 존중하게 되어 충분한 이해와 관용의 정신에 도달할 수 있다고 보았다. 이와 같은 목적을 달성하기 위해서 그는 오랜 세월에 걸쳐서 사회의 지도계층이나 지역 유지들, 중 · 소 상공인뿐만 아니라 유력한 산업가들에게 교육의 질을 높이는 일에 지원하라고 강조했다. 이런 기반에서 나온 기부금을 통해서 교육기금이 마련되고 이 자금을 가지고 터키 국내뿐만 아니라 해외에서 많은 학교를 설립할 수 있게 되었다.

귈렌 선생은 현대 세계에서 자신의 생각을 다른 사람에게 받아들이도록 하는 유일한 방법은 설득뿐이라고 말해 왔다. 그는 사람들이 일을 하려고 할 때, 이를테면 어떤 일을 착수하려고 할 때나 혹은 정신적이고 종교적인 표현을 하려고 할 때도 항상 선택의 자유를 요구하는, 지적으로 파산 상태에 이른 사람들에 대해서 말하곤 했다. 귈렌 선생은 민주주의란 아직 역사가 일천하기는 하지만 정치적으로 유일하게 살아남은 제도이기 때문에 우리는 개인의 권리와 자유가 존경받고 보호받기 위해서 이 제도를 현대화하고 공고히 하는 데 모든 노력을 기울여야 한다고 강조하였다. 그리하여 민주주의 제도를 통해서 모든 사람을 위한 기회 균등이 꿈이 아니라 현실이 되어야 한다고 주장했다.

다른 종교 및 이질적인 문화 간의 교류 협력을 위한 활동

귈렌 선생은 은퇴 이후부터 서로 다른 이데올로기와 문화, 종교 및 국가 간의 대화 체제를 구축하는 일에 노력을 집중해 왔다. 1999년 「이종교 간의 대화의 필요성(The Necessity of Interfaith Dialogue)」이라는 글을 써서 그해 12월 1~8일에 열린 케이프타운 세계종교회의에 제출하였다. 이 글에서 그는 "대화는 의무다."라고 주장하면서 국가와 정치적 경계선을 넘어서 일반 사람들의 생각은 현실보다도 훨씬 더 앞서 나가고 있다고 주장했다.

이와 같은 전제하에서 귈렌 선생은 상호 이해를 증진시키기 위해서는 진지한 대화 체제를 구축하는 일이 필요하면서도 해 볼 만한 일이라고 생각했다. 그래서 그는 1994년에 언론작가재단(Journalists and Writers Foundation)을 도왔는데, 이 조직 활동을 통해서 모든 사회 계층 사이에서

페툴라 궐렌

로마 교황과 만나고 있는 궐렌 선생

대화와 관용이 증진되어 어떤 삶의 궤적을 갖는 사람이건 모두 따뜻하게 포용될 수 있는 사회를 만드는 일을 추진하였다. 궐렌 선생은 또한 이러한 목적을 위해서 터키 국내뿐만 아니라 세계의 저명한 지도자를 만나고 그들의 방문을 받아들였다. 그중에서 바티칸의 교황 요한 바오로 2세(Pop John Paul Ⅱ), 뉴욕 추기경 존 오코너(John O'Connor), 반유대인동맹 전 의장 레온 레비(Leon Levy) 등은 종교적으로 가장 영향력 있는 대표자들이었는데, 궐렌 선생은 이들과 만나 대화의 필요성을 강조하는 활동에 주도적인 역할을 하였다. 터키 국내에서도 바티칸 터키 주재 대사, 터키 그리스 정교회 신부, 터키 아르메니아 협회 신부, 터키 유대인 공동체 수석 랍비, 그 밖에도 터키 국내에 있는 많은 종교인을 자주 만나서 어떻게 하면 대중적 차원에서 종교인이 서로 진지한 대화 체제를 구축할 수 있는가에 대해서 세심한 논의를 진행시켰다.

1998년 바티칸에서 교황 요한 바오로 2세와의 회동 시 귈렌 선생은 중동지방의 충돌을 중지시키고 세계 3대 종교가 발생한 이 토양 위에 확고한 협동 작업을 할 수 있는 한 단계 진전된 제안을 했다. 이 제안서에서 그는 과학과 종교가 똑같은 진리에서 나왔는데도 두 개의 서로 다른 양상으로 작용하고 있다는 점을 강조했다. "인류는 오래도록 과학의 이름으로 종교를 부인하고 종교의 이름으로 과학을 부인해 왔다. 마치 서로 상반되는 관점을 가지고 있는 것처럼. 그러나 모든 지식은 신(God)에게 속하고 모든 종교는 신(God)으로부터 나온 것이 사실이다. 그렇다면 어떻게 그 둘이 서로 상반될 수가 있는가? 이와 같은 목적을 분명히 한다면 우리는 공동의 노력으로 종교 간의 대화를 발전시켜서 민중 사이에 이해와 관용을 훨씬 더 증진시켜 나갈 수가 있을 것이다."

귈렌 선생은 미국에 대한 공격인 9 · 11테러에 대해서 강력하게 비난하는 성명을 발표했다. 이것은 신앙인들의 생활 신조를 더럽히고 세계 평화에 심각한 위해를 가하는 일이라고 하면서 다음과 같이 강력한 어조로 비난했다. "……테러는 이슬람의 이름으로 결코 일어나서는 안 되며 이슬람의 목적으로 결코 정당화될 수가 없다. 테러리스트는 결코 이슬람이 될 수 없으며, 이슬람교를 믿는 자는 결코 테러리스트가 될 수 없다. 무슬림은 오직 평화와 복지, 그리고 번영의 대변자와 상징이 될 수 있을 뿐이다……."

귈렌 선생의 세계 평화를 위한 노력은 다음과 같이 국제회의와 심포지엄에서 반향을 불러일으켰다. 미국 오스틴의 텍사스 대학교에서 개최된 '평화 영웅 심포지엄(The Peaceful Heroes Symposium: 2003년 4월 11~13일)'

에서는 인류 역사 5,000년 동안에 평화를 만든 사람의 목록을 작성했다. 여기서 귈렌 선생은 시대적 영웅의 이름으로 올라 있는데, 그중에는 예수, 석가모니, 마하트마 간디, 마르틴 루터 킹 목사 그리고 마더 테레사 등이 거론되고 있다.

귈렌 선생은 수많은 언론 매체와 잡지에 다양한 글을 썼다. 그중 『파운틴(The Fountain)』 등의 터키의 아주 저명한 신문 잡지에 편집자로서 글을 쓰기도 했으며, 약 40권 이상의 저술을 하였고, 수백 편의 논문을 썼으며 연설문의 녹음테이프는 셀 수 없을 정도로 많다. 그는 수없이 많은 종교와 사회문제를 놓고 연설을 했는데, 그중 많은 책—그중에서 몇 권은 터키에서 베스트셀러가 됨—이 다음과 같이 영어로 번역되기도 했다. 『예언자 무하마드의 생애(Prophet Muhammad: Aspect of His Life)』 『신앙에 대한 문답(Questions and Answers about Faith)』 『지혜의 진주(Pearls of Wisdom)』 『사령관으로서의 예언자 무하마드(Prophet Muhamad as Commander)』 『이슬람 신앙의 진수(Essentials of the Islamic Faith)』 『잃어버린 낙원을 향하여(Towards the Lost Paradise)』 『수피즘 수행의 핵심 개념(Key Concepts in the Pratice of Sufism)』 등이다. 또한 많은 책은 독일어, 러시아어, 알바니아어, 일본어, 인도네시아어 그리고 스페인어로도 번역되었다.

귈렌 선생의 영향을 받은 비영리 교육 재단들은 재단으로 (재단과 협회 형식을 띠며) 터키 내에서나 해외에서 셀 수도 없이 많이 설립되어 많은 장학금을 지급하고 있다.

아주 유명한 공적인 인물이었음에도 불구하고 귈렌 선생은 현실 정치에 개입되는 것을 피했다. 그러나 귈렌 선생을 따르는 사람들 중에는 유명한 언론인, 학자, TV 프로그램의 유명 인사, 정치가 그리고 터키와 국외의 국가 관료도 많았다. 그들에게 귈렌 선생은 진정한 혁신자 혹은 설교로 실천을 하는 보기 드문 사회개혁가로 비쳤다. 그들은 귈렌 선생을 평화실천가, 지성인, 종교심이 깊은 학자, 멘터, 저술가이며 시인, 위대한 사상가 혹은 사회적 병리와 정신적 욕구를 해결해 주는 데 자신의 전 생애를 바쳐 헌신한 영적 지도자(Spiritual Guide)로 생각했다. 사람들은 교육에 헌신적으로 생애를 바친 그의 활동 속에서 운동(Movement)성을 발견한다. 그 운동은 마음속뿐만 아니라 가슴과 영혼을 교육하는 것이며, 모든 존재가 능력을 얻고 다른 사람에게 유용한 재화와 서비스를 제공할 수 있도록 재생시키고 고무시키는 것을 목표로 하는 교육운동을 발견하는 것이다.

터키의 영성 교육과 대안사립학교 운동*

수피즘과 이슬람의 영성 교육

터키의 대안사립학교를 내용적으로 이해하려면 이슬람 중에서도 독특한 영성 수행체인 수피즘을 이해해야 한다. 앞에서 터키의 코냐 시를

---

* 김관영, 「이슬람의 대안교육: 터키 대안사립학교를 중심으로」, 『종교성, 미래 교육의 새로운 패러다임』(학지사, 2007).

방문했을 때 셀죽 투르크의 수도 코냐가 수피즘의 고향이라는 점을 살펴보았다. 그리고 잘랄 앗 딘 알 루미가 창시한 수피즘이 이슬람의 세속화된 한계를 극복하고 영성 운동으로써 이슬람의 종교성을 회복하려는 중요한 운동으로 전개된 역사를 간략하게 살펴보았다. 귈렌 선생의 저서 중에도 『수피즘 수행의 핵심 개념(Key Concepts in the Pratice of Sufism)』이라는 것이 있고, 그 또한 터키 이슬람교의 이맘으로서 수피즘에 대해 깊이 이해하고 있었다. 주에서 인용한 김관영 교수의 글 속에는 수피즘의 명상을 통해, 즉 묵상과 염송을 통해 영성을 고양시키는 사례를 소개하고 있다. 그중에서 인도의 수피 성자 하즈라트 이나야트 칸(Hazrat Inayat Khan)이 전해 준 '자연의 명상법'의 한 구절을 인용해 보면 다음과 같다.

> "나의 마음을 성숙시켜 주십시오. 나뭇잎이 노랗게 물들어 가는 것처럼."
>
> "신성한 영(靈)의 빛으로 감싸 주십시오. 어지러운 세상에서 저를 들어 올려 주십시오."

이와 같은 구절을 반복하여 외우면 점차 묵상에서 염송으로 이어지게 되고* 우리의 마음이 물결처럼 부드럽게 흔들리다가 서서히 바다 밑으

---

* 수피즘에서 묵상은 명상의 한 측면이다. 그것은 마음이 하느님(Allah)을 향해 깨어 있

로 가라앉는다고 한다. 그리고는 깊고 깊은 무한함에 빠져든다고 한다.

이런 묵상과 염송을 통해 궁극적으로는 '하느님의 유일성(타우히드)', 이른바 '하느님은 한 분이시며, 세상의 모든 것은 하느님으로 가득 차 있다.'는 이슬람의 기본 교리를 깨닫게 되고 우리의 의식이 바다와 같은 상태로 거센 흐름이 멈춰지면 자아가 소멸되고 신성(神性)에 용해됨으로써 오직 그분만이 남게 된다는 것이다. 수피즘(Sufism)에서는 그러한 상태의 의식을 '하느님 안에서의 자아 소멸'이라고 일컫는다.

정통파 무슬림들에게 신의 유일성이란 '하느님은 한 분이시고, 우주의 창조자요, 주재자'라는 종교적인 신조다. 반면에 수피들에게는 하느님과

고 하느님을 숙고하는 의식의 상태다. 묵상을 통하여 하느님께 기원하고 하느님의 임재를 기다리는 것은 디크르(염송, Dhikr)와 함께 영적 깨달음의 주요한 수단이 된다. 디크르는 하느님의 이름을 반복하여 부르거나 종교적인 신조를 읊조리는 염송(念誦)이다. 그것은 하느님을 회상하고 마음속에 새겨 두는 염신(念神)이며, 하느님의 이름으로 기원하는 연도(連禱)다. 디크르는 정규적인 예배의 한 과정이지만, 이슬람 신비주의자인 수피들에게는 수행의 한 기법이 되기도 한다. 제자들이 디크르를 통하여 마음의 때를 제거하고 신적 의식으로 깨어 있도록 스승인 셰이흐는 제자들을 이끌어 간다. 디크르에 따라서 하느님의 이름을 염송할 때, 수피들은 그 염송의 행위가 하느님 자신의 동작이 되고, 염송하는 자인 자신은 염송을 듣는 분과 하나가 될 수 있다고 믿는다. 예언자 무하마드가 '우리는 살아 있을 때 잠자고, 죽었을 때 잠을 깬다.' '신에게 많이 기도하는 사람이 가장 많은 신의 은총을 받는다.' 고 말함에 따라, 수피들은 디크르를 자아를 소멸시키고 하느님의 은총을 얻기 위한 유력한 명상법으로 발전시켰다.

하나가 되는 영적인 체험의 순간을 말한다. 정통파 무슬림들은 현교적(顯教的)인 차원에서 샤하다(신앙의 증언)를 암송함으로써 타우히드의 이념을 마음에 새겨 둔다. 반면에 수피들은 비교적(秘教的)인 차원에서 샤하다의 끊임없는 염송을 통하여 일차적으로 하느님 외의 모든 것을 의식에서 제거한다. 그리고는 하느님과 하나가 되거나 신성의 본질을 소유한 자가 된다. 그러한 측면에서 이슬람 신비주의(Sufism)는 정통적인 이슬람의 한계를 보완해 주는 역할을 하며 일종의 핵심으로 인정된다.

이슬람 신비주의자들이 말하는 대로 세상은 신성(佛性 혹은 眞如性이라고 해도 좋음)의 빛과 '자비로운 하느님의 숨결' 로 가득할지 모른다. 만유 안에서, 만유 위에서, 만유를 통하여 일하시는 하느님은 천 개의 강물을 비추는 달빛처럼 우리에게 빛을 던지고 계신다. 하느님은 만물에 내재되어 있는 당신의 자취를 우리에게 드러내고, 숨을 내쉬거나 들이쉼으로써 이 세상에 생명력을 불어넣고, 당신의 말씀을 전하고 계신다. 적어도 그렇다고 믿는 이슬람 신비주의자들은 "그대가 하느님을 눈으로 직접 보고 있는 것처럼 하느님을 경배할지어다. 왜냐하면 당신이 하느님을 보지 못했더라도 하느님께서는 당신을 바라보고 계시기 때문이니라."라고 하는 무하마드의 권고에 따라 진실한 수행자가 되는 데 진력한다.

터키의 대안사립학교 운동은 공식적으로 커리큘럼을 통해서 종교교육을 강제하고 있지는 않지만 그 출발점을 이룬 귈렌 선생의 관심으로 보거나 이 학교를 이끌어 가고 있는 종교적인 경향으로 볼 때 이슬람 수피즘을 기본 바탕으로 깔고 있다고 볼 수 있다.

이슬람 교육의 특징

이슬람 교육이 근대사상과 결합하면서 현재의 공교육 제도에 따라 학교 제도화되고 있지만 이슬람 사회의 특징상 정치 · 경제 및 사회제도와 종교가 분리되어 있지 않기 때문에 이슬람교의 핵심, 즉 코란과 무함마드의 가르침이 학교교육에 관철되고 있다. 그러나 이슬람교의 정신이 학교교육에 관철되고 있다고 해서 전근대적인 사상이 일방적으로 학교교육에 적용되고 있는 것이 아니라, 보편적인 인간 이해에 바탕을 둔 인성 교육과 과학 지식 교육이 관철되고 있기 때문에 그 점을 분석해 보는 것은 이슬람 교육을 이해하는 데 도움이 될 것이다. 이슬람 교육의 특징은 다음과 같이 여섯 가지 항목으로 정리할 수 있다.*

이슬람 교육의 첫 번째 특징은 지식 존중의 태도를 들 수 있다

"읽으라, 지식을 획득하라, 그리고 그것을 나누어라."

코란에 기록되어 있는 것처럼 인간은 자연 속에 살고 있지만 자연과는 다른 특별한 존재로 여겨진다. 무슬림들은 인간이 세상의 모든 것보다 가장 존귀한 존재이고, 하느님께서는 인간을 모든 것의 지도자로 세상에 보내 주셨다고 믿는다. 비록 인간이 물질적인 측면을 지니고 있기는 하더라도, 다른 존재들과 구별되는 것은 하느님께서 인간에게 위대한 정신을 부

* 이하 이슬람교육의 특징에 대해서는 김관영, 앞의 논문에서 발췌하였다.

여해 주셨고, 인간에게 계시를 전해 주셨다는 점이다.

하느님께서 맨 처음 창조하신 것은 펜이다. 하느님은 서판을 만드시고 펜에게 말씀하셨다. '써라!' 펜은 대답했다. '무엇을 쓸까요?' 하느님께서는 말씀하셨다. '부활의 날까지 나의 창조에 대한 내 지식을 써라!'(하디스)

'읽으라'거나 '쓰라'는 것은 하느님의 말씀을 읽으라는 것이고, 그분이 창조하신 자연을 읽으라는 것이다. 또 세계의 가장 존귀한 존재인 인간을 읽고 자신의 내면을 읽으라는 것이다. 여기에서 얻을 수 있는 교훈은 지식의 소중함이다. 여기에서의 지식은 영적인 앎을 뜻한다. 아울러 그 말씀이 우리에게 가르쳐 주는 것은 지식을 추구하라는 것, 이를테면 주변의 사물과 일들을 잘 살펴보고 이해하기 위해 노력하고, 자신의 내면의 본질을 읽고 파악하라는 것이다. 지식을 중요시하는 이슬람의 이러한 분위기에서 배움과 교육, 학문과 학자는 그 무엇보다 존중되는 대상이 아닐 수 없다.

무슬림들에게는 세상의 모든 것에서 하느님께서 하신 일과 자취를 보고, 하느님의 말씀과 뜻을 듣고 읽으며, 그것을 아직 읽지 못하고 알지 못하는 사람들에게 나누어 주는 것이 과제로 주어진다. 다른 종교인에 비하여 공동체 의식과 형제애를 두드러지게 가지고 있는 무슬림들은 사회 구제를 단순한 구호로서가 아니라 하나의 생활로서 실천하는 편이다. 하디스에서는 "지식을 얻으라. 그리고 그것을 다른 사람들에게 가르치라."라고 말하였다. 그러한 말씀은 무슬림들의 교육 존중 정신으로 구체화된다.

이슬람 세계에서는 부자든, 가난한 사람이든, 남자든, 여자든 그 누구라도 교육의 수혜자가 된다. 배우기를 원하는 사람은 어느 누구나 사원과 학교, 도서관과 학술회의에 잠석하여 마음껏 공부하고 연구할 수 있었고, 그런 곳에는 의식주와 의료의 혜택, 재정 지원이 우선적으로 베풀어졌다. 이슬람에서는 일찍이 평등 교육을 실현했던 것이다.*

'믿음이 있는 사람의 배는 지식으로 가득 채워지는 일이 없다. 삶을 마칠 때까지 지식을 축적하라.' 는 무함마드의 말씀에 따라, 진실한 무슬림이라면 배움을 평생토록 멈추지 않았다. 그런 결과로 이슬람 문명이 활짝 꽃피었으며, 르네상스를 시작할 무렵의 서양은 이슬람의 학문과 예술로부터 많은 도움을 얻었다.

이슬람에서 모든 지식의 원천은 하느님이다. 하느님께서는 무함마드를 통하여 사람들에게 지식을 전해 주셨다고 한다. 무함마드는 이슬람의 이념을 사람들에게 가르침으로써 정의롭고 자비가 넘치는 선한 사회를 건설할 수 있게 했다고 한다. 따라서 이슬람 교육의 가장 기본적인 과제는 무함마드가 전해 준 지식을 획득하고 그의 가르침에 따라 자신을 정화하는 것이 된다.

---

* 이슬람에서는 모든 사람이 똑같은 아버지요, 어머니인 아담과 이브로부터 만들어졌으므로 평등한 위치에 있다고 생각한다. 이슬람에는 원칙적으로 민족주의라는 개념과 국가 간의 장벽이 없었다.

무슬림들이 말하는 지식에는 영적인 것과 율법적인 것, 그리고 신성이나 영성이 결여된 것이 있다. 영적이고 신적인 지식은 '진실'이라고 불리고, 이슬람 성법(聖法)에 기초한 현세의 지식은 '성법의 지식', 영적이거나 신적인 앎이 결여된 지식은 '불신(不信)'으로 불린다. 이 세 가지 중에서 가장 중요시되는 것은 영적 지식인 진실이다.

영적인 지식에는 세 가지 원천이 있다. 첫째는 경전인 코란(Koran)이다. 그것은 인간이 이해할 수 있는 범위 내로 압축된 하느님의 뜻이고, 영적 현재(顯在)이며, 은총으로 여겨진다. 무슬림들은 코란이 하느님의 계시에 따른 것이며, 코란을 쓴 주체가 하느님이라는 사실을 의심치 않는다. 그들은 코란을 암송하는 사람이나 듣는 사람에게는 하느님의 은총이 내려져 하느님을 알게 되고, 그에게 다가갈 수 있게 된다는 믿음에 따라 하루도 빠짐없이 코란을 암송한다. 무슬림들에게 코란은 이슬람의 토대요, 교리의 원천이 되는 것이다.

영적인 지식의 둘째 원천은 무함마드의 언행록인 하디스(Hadith)인데, 그것은 교우(教友)들이 무함마드의 언행을 자세히 기술하고 전승한 것이다. 이슬람에서는 무함마드의 내적 본성과 행동이 하느님의 섭리와 일치한다고 본다. 그렇기 때문에 무슬림들은 하디스를 코란에 버금가는 지식의 원천으로 여기고 그 안에 기록되어 있는 무함마드의 언행을 자신들의 본보기로 삼는다.

영적인 지식의 셋째 원천은 관례인 순나(Sunnah)다. 그것은 무함마드가 다른 사람의 언행에 대해 인정하거나 인정하지 않은 내용으로 구성되어 있다. 순나는 코란을 보완해 주는 자료다. 무슬림들은 이를 철저하게 따르고 존중한다.*

이슬람 교육의 두 번째 특징은 세상을 읽는 능력을 길러 주는 교육이다

이슬람에서는 세상의 모든 것을 세 가지로 분류한다. 창조주로서의 하느님과 인간, 그리고 인간 외의 존재들이다. 이슬람에서 인간은 그 무엇보다도 존귀한 존재로 여겨진다. '그분은 너희를 위해 삼라만상을 창조하셨다.' (코란 2: 29)는 말이 있을 정도다.

신체적인 측면에서만 본다면 인간은 다른 존재들보다 열등할지 모른다. 그렇지만 인간은 현상적으로 나타나 있거나 잠재되어 있는 것 등 하느님이 부여해 주신 여러 능력과 힘을 지니고 있는 존재이며, 그 본성상 배우는 것을 즐거워하고 지식을 사랑하는 존재다. 그러한 점에서 인간은 다른 존재들보다 우월한 것으로 여겨진다.

이슬람에서는 하느님께서 인간에게 위대한 정신을 부여하셨고, 인간을 자신의 상대로 선택했으며, 계시를 내려서 인간을 훌륭하게 교육시키셨다고 믿는다. 하느님께서 왜 그렇게 하셨는가에는 의문이 일어날 수 있

---

* 코란과 하디스와 순나는 모두 이슬람 신앙과 교리의 바탕이 되고 있다. 그 밖에 코란과 순나보다는 하위적인 것이지만, 무슬림들의 삶의 기준이 되는 것으로 법의 기초와 유추, 합의가 있다.

다. 무슬림들은 하느님께서 당신이 만든 작품으로써의 이 세상을 이해해 줄 만한 존재가 필요해서 그렇게 하셨다고 대답한다.

그러나 사람들의 기질과 능력은 매우 다양하여 하느님의 말씀을 잘 이해하는 사람과 그렇지 못한 사람의 차이가 있다. 따라서 사람들에게는 하느님이 세상을 만드신 목적과 의미를 가르쳐 주는 선생님과 교과서가 필요하지 않을 수 없다. 여기에서 선생님은 선지자에 해당하고 교과서는 코란에 해당한다. 이슬람에서는 그러한 선지자를 가장 위대한 사람으로 생각하고, 교과서인 코란을 읽는 것을 가장 선호한다. 그리고 영적인 지식을 연구하고 가르치는 학자와 교사를 존중한다.

이슬람에서는 이 세상을 하나의 학교로, 우주를 한 권의 책으로, 세상의 모든 사람을 학생으로 비유할 때가 많다. 코란을 읽을 때 우리는 책을 읽는 것이 아니라 우주를 읽고 있다는 것을 종종 체험한다. 이슬람에서는 우주와 자연을 읽고 이해하는 법을 알려 주시기 위해 무함마드라는 선생님, 코란이라는 교과서, 그리고 지성이라는 도구가 우리에게 마련되었다고 주장한다.

무슬림들에게 이 세상은 읽혀야 하고 이해되어야 할 하나의 커다란 책으로 간주된다. 어려운 수학 문제를 이해하기 위해서는 자습서가 필요한 것처럼, 또 컴퓨터의 사용을 위해서는 사용 설명서를 읽어야 하는 것처럼, 이 세상을 읽기 위해서는 코란이 있어야 한다. 그런데 정신의 조건만 갖추고 가만히 있기만 해서는 아무것도 이루어지지 않을 것이기 때문에 읽고 생각하고 실천하는 능력을 가르치고 배우지 않을 수 없다. 그렇게 하는 것이 이슬람의 본래적인 교육인 것이다. 우리는 세상을 정확히 해석하고 유능한 관리자가 되기 위하여 끊임없이 배우지 않으면 안 된다. 그에 따라 읽을 수 있고 실천할 수 있는 인간을 길러 내는 것이 이슬람의 가장 기본적인 교육 목표가 되었다.

이슬람 교육의 세 번째 특징은 저 세상을 준비시키는 교육이다

이슬람에서는 이 세상을 살아가는 데 필요한 교육, 말하자면 선존(善存, Well-being)의 교육만이 필요한 것이 아니라 내세로 가는 것을 준비하기 위한 선멸(善滅, Well-dying)의 교육 또한 필요하다고 본다. 이슬람은 내세가 있다는 것을 믿고, 사후에도 영원히 살아갈 것을 희망하는 종교다. 그에 따라 이슬람의 교육은 이 세상에서만 성공하기 위해서 하는 것이 아니라 내세를 준비하는 과정을 포함하고 있다.

무슬림들은 우리가 비록 이 세상에 잠깐 머무르다 사라지는 존재라 하더라도 죽은 뒤에 아름답고 행복한 세계인 천국에 가서 영원히 살 수 있다는 믿음을 지니고 있다. 무슬림들은 모든 인간이 언젠가는 이 세상을 떠나 하느님께 심판받도록 운명지어졌다고 생각한다. 심판의 결과 하느님의 말씀에 순종하고 정의롭게 산 사람은 천국에서 영원히 살 수 있는 상을 받고, 그렇지 않은 사람은 지옥에 떨어지는 벌을 받게 된다는 것이다. 그리하여 무슬림들에게는 천국에 올라갈 수 있도록 도덕적인 삶을 살도록 가르치는 것이 필요한데, 그것이 바로 교육의 중요한 역할로 강조된다.

동물들은 과거에 대한 상념과 미래에 대한 소망이 없이 순간순간만을 살아가고 있을지도 모른다. 그러나 인간은 과거의 아픔과 잘못을 잊어버리지 않고 회상하고 미래에 대해 걱정하는 한편, 영원히 살 수 있기를 기원한다.

내세에 대한 믿음과 그곳에 가기 위한 선행을 권장하는 교육은 학생들을 인격적으로 만들고 사회를 살기 좋은 것으로 만드는 데 보다 효과적인 결과를 낳았다. '천국에 가기 위해서는, 최후의 심판의 날에 선한 사람으로 평가받기 위해서는 착한 행동을 하라.'는 식의 도덕률은 조건적인 것이요, 윤리적인 순수성을 결여한 것일 수도 있다. 그러나 '내세에 가려면 좋은 학생이 되라, 좋은 학생이 되려면 교육을 잘 받아야 한다.'는 이슬람식의 도덕 교육은 사회를 보다 아름답고 건강한 것으로 만드는 데 효과적인 힘을 발휘하는 것 같다. 그런 결과로 이슬람 세계의 노인들에게 "죽음이 두렵지 않은가"라고 물어보면, "아니다. 두렵지 않다."는 말을 어렵지 않게 들을 수 있다.

이슬람 교육의 궁극적인 목표는 저 세상에 갔을 때 하느님께서 우리를 바라보시고 "아! 그대는 참으로 공부를 잘했구나."라고 하시는 말씀을 들을 수 있도록 하는 것이다. 달리 말하여 이슬람은 사람들이 코란의 말씀을 잘 이해하고 하느님의 뜻에 맞는 합당한 삶을 살아가다가, 이 세상이라는 학교를 떠날 때 우수한 학생의 자격으로 생을 마치도록 교육시킨다.

무슬림들의 삶의 지평은 현세를 넘어선 사후의 영역까지 넓게 확장되어 있다. 무함마드는 "내일 저 세상으로 떠나야만 하는 듯이 저 세상을 위해 살아라. 영원히 살 수 있는 듯이 이 세상을 살아라."라고 말했다. 우리 사회에는 생에 지나치게 집착하다가 위기를 맞이할 아무런 준비도 없이 황망히 세상을 떠나는 이웃이 많다. 이슬람식의 폭넓은 비전의 사생관과 세계관이 아쉽기만 하다.

이슬람 교육의 네 번째 특징은 도덕적 가치와 공동체 의식을 강조하는 교육이라는 점이다

이슬람의 학교에서는 영적인 지식과 종교적인 지식, 그리고 세속적인 학문 등 여러 가지 유형의 지식을 가르쳐 왔다. 그중에서 무엇보다 강조되는 것은 도덕적인 교육이었다. 이슬람의 교사들은 하디스에 기록된 '나는 모든 도덕적 가치를 완성하기 위해서 보내졌노라.'는 무함마드의 말씀을 잊지 않으려 한다. 그리고 이슬람 철학자들은 도덕 교육이 이슬람 교육의 본질이요, 핵심이라고 한결같이 이야기한다. 가치에 대한 앎은 도덕적인 행위를 실천하게 하는 밑거름이요, 도덕적인 행위는 천국에 갈 수 있게 하는 힘을 지니고 있기 때문이다. 코란에는 "하느님은 믿음을 갖고 선을 실천하는 이들로 하여금 의로운 사람 가운데 들게 하리라."(코란 29:9)라는 말씀이 있다.

이슬람 교육의 궁극적인 목표는 사회 구성원 모두의 행복을 위해 일할 수 있는 사람을 기르는 것이고, 사회의 갈등을 없애고 온 세상의 평화를 가져오는 사람을 기르는 것이다. 이슬람에서는 단순히 자기 자신의 이익과 행복을 얻기 위한 졸업장이나 자격증을 획득하는 것으로 교육의 사명이 끝났다고 보지 않는다. 그렇기 때문에 이슬람 교육에서는 도덕적 가치관과 고매한 품성을 함양하고 공동체 의식을 배양하는 것, 관용과 평화의 정신에 바탕을 두고 다른 종교 및 타 민족과 사이좋게 지내는 것을 늘 강조했던 것이다(앞에서 살펴본 귈렌 선생의 사상에서 관용과 평화의 사상도 결국 이슬람 정신에 그 사상적 토대를 두고 있음을 알 수 있다).

사도 무함마드의 가장 가까운 친구였으며, 첫 번째 칼리프(Khalifah)였던 아부 바크르(Ab Bakr)는 이렇게 기도했다고 했다. "하느님, 나의 몸을 아주 커다랗게 만들어 주십시오. 내 몸 안에 모든 것이 다 들어갈 수 있게끔." 자신의 몸을 그 정도로 크게 하여 모든 사람이 그 안에 들어가게 하고, 지옥에는 들어가지 않도록 사랑의 기도를 한 것이다. 터키의 이슬람 철학자 사이드 누르시(Said Nursi: 1873~1960)도 그와 비슷한 말씀을 하였다. "세계 모든 사람을 구해 낼 수 있다면 나의 몸을 지옥에 던질 준비가 되어 있다." 도덕적인 가치를 우선시하며 사회적 정의와 평등을 실현하려는 이슬람의 교육은 오로지 지적인 교육으로만 흘러가고 있는 우리나라의 현실을 반성적인 눈으로 돌아보게 한다.

이슬람 교육의 다섯 번째 특징은 조화와 균형을 지향하는 교육이다. 이를 다른 말로 표현하면 믿음과 행동, 이론과 실천, 세속적인 삶과 종교적인 삶의 통합 교육이다

이슬람은 믿음과 행동의 두 가지 상보적인 개념에 바탕을 두고 있는 종교다. 무슬림들은 하느님, 하느님의 천사들, 하느님의 말씀을 기록한 성전(聖典), 하느님의 예언자, 심판의 날에 무덤으로부터의 부활, 그리고 정명(定命)에 대한 믿음을 굳게 지니고 있다. 그러한 믿음과 함께 무슬림들은 하루에 다섯 번 올리는 예배, 가난한 이들에게 베푸는 자선, 라마

단(Ramadan) 달의 낮에 지키는 단식, 메카로의 순례의 행동을 실천하기에 힘쓴다. 행동으로 이어지지 않는 믿음은 무익하고, 믿음이 결여된 행동은 무의미한 것으로 여기기 때문이다.

이슬람 신앙의 이러한 전통을 마음 깊이 새겨 두고 있는 무슬림들은 이론적인 측면과 실천적인 측면의 통합을 늘 강조한다. 그리고 이슬람에서는 종교적인 삶과 세속적인 삶 중에서 어느 한쪽에 치우치지 않도록 교육한다. 수행을 위주로 하는 수피들이라 할지라도 세상살이를 거부하지 않는데, 그것은 다른 종교의 수행자들과 뚜렷하게 구별되는 점이다. 수피들에게는 결혼하지 않거나 사회생활을 하지 않는 것이 원칙적으로 금지된다. 사람들이 사는 마을에서 다른 사람과 똑같이 살면서 수행해야 한다는 것이다. 모든 일에 부대끼면서 모든 사람과 어울려 사는 것은 홀로 사는 것보다 쉽지 않은 일이다. 그러나 세상살이를 하면서 수행을 할 수 있다면 그만큼 더 강해질 수 있는 것이다.

이슬람에서는 그 일만을 전적으로 하라거나 전혀 하지 말라는 식으로 이야기하지 않는다. 학교에서는 적절한 균형과 조화를 늘 강조하고 가르친다. 이슬람 교육이 종교적 · 영적 · 도덕적인 측면에 비중을 두는 것은 사실이다. 그렇다고 해서 이슬람 교육이 삶을 풍요롭게 하는 데 유용한 지식과 기술을 무시하는 것은 아니다. 의학과 약학, 물리학과 화학, 천문학, 문학 등은 이슬람 세계에서 크게 발달하였고, 그것이 서양에 넘어가 커다란 도움을 준 사례를 살펴보아도 알 수 있는 일이다. 지식을 기반으로 할 때만 정의로운 사회가 될 수 있다고 보는 이슬람에서는 특정 분야의 지식을 갖춘 전문가를 알림(Alim)이라고 부르며 훌륭한 대우를 받을 수 있도록 보장하였다.

이슬람의 교육에는 세 가지가 있다고 한다. 가정교육과 학교교육, 그리고 주위 환경으로부터 영향을 받는 교육이다. 이슬람에서는 학교에서 시키는 교육만을 교육으로 생각하지 않는다. 학교에 입학하기 전의 아이들을 교육시키는 사람은 주로 부모다. 아이들이 학교에 입학하면 교사가 더 중요한 역할을 담당하게 된다. 학생들은 항상 선생님을 바라보고 모델링을 하는데, 그만큼 선생님의 영향이 커지는 것이다. 대학에 들어간 학생들에게는 주변으로부터 배우는 비중이 커진다. 이처럼 이슬람에서는 이 세 가지 유형의 교육이 균형과 통합을 이루어야 한다고 주장한다.

여섯 번째, 현대적으로 변모된 이슬람 교육의 특징은 세계적인 보편 교육 제도를 많이 수용하고 있다는 것이다

근대화 이전의 이슬람 교육은 주로 쿠탑 혹은 마세이드라고 불리는 아동 교육기관과 마드라사(Madrasah)라고 불리는 상급 학교에서 이루어졌다. 쿠탑에서는 아랍어의 읽기와 쓰기, 그리고 산수를 가르쳤다. 그 후 학생들은 마드라사로 진학하는데, 그곳에서는 좀 더 수준 높은 교양 교육과 종교 교육을 행하였다.

그렇지만 오늘날 이슬람 세계의 교육제도는 전통적인 것에서 현대적인 것으로 바뀌었다. 쿠탑이나 마드라사의 역할은 크게 줄어들었을 뿐만 아니라 거의 사라져 버리고 말았다. 아랍권의 대학에서 오랜 기간 수학(修學)

했던 연구자들로부터 확인한 내용에 따르면, 사우디아라비아, 이집트, 파키스탄, 모로코 등의 정규 학교에서 가르치는 내용은 종교에 대해서가 아니라 일반적인 것이라고 한다. 그리고 교과목의 편제와 교과서의 내용도 우리나라의 것과 비슷하다고 한다.

후 기

명문교(名門校)의 사전적인 의미를 본다면 "전통과 역사가 있는 이름난 학교"라고 되어 있다. 그런 의미에서 본다면 명문교란 설립된 지 아주 오래된 학교여야 한다. 그래서 그 학교 출신의 문장가가 나오고, 세계적인 문호를 배출하고 있을 뿐만 아니라 정치 · 경제 · 사회적으로 출세를 하여 그 학교 이름을 높이고 있는 졸업자가 많은 학교를 말할 것이다.

그러나 근대의 기획에 의해 설립되고 근대사회를 지내오면서 비록 명성을 날렸다고 하더라도, 탈근대 사회에 대해서 이렇다 할 사회적 리더십을 발휘하지 못하고 있는 학교라면 과연 그 이름값을 하고 있다고 보기는 어려울 것이다. 그래서 요즈음은 과거에 명문 소리를 들었던 학교라고 하더라도 오히려 명문이라는 말을 쓰기를 별로 좋아하지 않는 경향이 있는 것 같다. 그것은 전통과 역사만 가지고 이름을 날리던 시대가 지났음을 시사하고 있는 것이 아닐까?

그래서 그런지 요즈음은 또한 아무 데나 명문교란 이름을 갖다 붙이는 경향이 있다. 카누 명문교, 하키 명문교, 골프 명문교 등등 전국대회에서 금상을 한 번 타면 시골에 있는 조그만 학교라도 어느새 명문교라고 자랑한다. 그 학교가 다른 공부는 어떻게 하고 있는지는 관계가 없다. 외국어고나 과학고가 그 본래의 역할과는 달리 의대, 법대를 보내는 입시학원으로 변해 여론의 지탄을 받고 그 정책적 재검토가 이루어지고 있는 요즈음도 지방에서는 외고 하나가 들어서면 명문고가 생겼다고 야단이다. 10여 년 전의 일이지만 서울 성북구 한 학교는 설립된 지 몇 년 안 됐는데 서울대학교 입학 100여 명이라는 입시성적을 올려 소위 '신홍 명문'이라는 이름을 들었었다. 그런데 그리고 얼마 안 있어서 이 학교는 사립학교 재단비리로 신문에 대문짝만하게 보도되어 사람들의 혀를 차게 했던 일도 있었다. 명문교라는 말을 아무 데나 갖다 붙이는 것은 좀 문제가 있는 것 같다.

문명적 전환과 사회적 변화가 논의되고 있는 지금은 전통적 의미에서의 '학교 현상'에 대한 사회학적 검토가 필요한 시점이다. 학교 본위의 근대 공교육제도(public school system)는 이제 그 존폐의 위기에 내몰리고 있다는 징후가 여러 군데서 발견된다. 정보사회의 도래로 인해 온라인에서 습득할 수 있는 지식의 양에 비해 기존의 학교는 지식을 전수하는 장소로는 비효율적이다. 그래서 사이버스쿨(cyber school)에서 최근의 정보와 지식을 습득하고 학교 졸업장 혹은 학점을 따는 방법이 급속도로 확산되고 있다. 학교의 울타리를 벗어나야만 진정한 체험을 할 수 있고, 사회와 인생을 배울 수 있지, 학교 울타리 내의 좁은 경험을 가지고는 사회생활을 준비할 수가 없게 되었다. 그렇다면 학교의 기능은 무엇인가? 학교의 정체성의 문제가 학문적 대상이 아닐 수 없게 되었다.

'학교 위기' 혹은 '교실 붕괴' 라는 담론도 그렇다. '무엇이 붕괴되고 있는가?' 라는 문제를 한번 진지하게 성찰해 보아야 한다. 근대적 학교교육은 근대국가(The Nation State)의 태동과 함께 국가의 대리인에 의한 국민교육으로 시작된 셈이다. 나라마다 유형의 차이는 있지만 전반적으로 흐르는 양상은 그랬다. 국가에 의한 국민교육은 일방적인 교육이었지 쌍방통행적인 대화(dialogue) 교육은 아니었다. 국가의 대리인인 교사와 국민의 자제인 학생 사이에는 쌍방통행적인 대화 관계로 교육이 이루어지는 것이 아니라 국가가 정해 놓은 교육과정을 교사가 학생에게 일방적으로 주입시키는 것이 정당화된 교육이었다. 그러나 지금은 국민 각자의 주체적인 의식이 성장하고 개성이 존중되는 사회가 되고 보니 그런 일방적인 교육은 시대에 뒤떨어지게 되었다. 학생 측에서 먼저 그런 일방적인 교육은 싫다고 나오는데 교사는 여전히 일방적으로 밀어붙이면 문제가 발생하기 마련이다. 그래서 특히 후발 자본주의 국가 중에서 동아시아와 같이 급속한 산업화를 겪은 일본, 한국, 대만 등등 몇몇의 나라에서 발생하는 현상이 교실 붕괴 현상이다. 아예 학생들이 교사–학생의 교육적 관계 자체를 거부하고 있는 것이다. 학생들은 일방적인 주입식 교육과 그 시스템을 거부하고 있는 셈이다. 그렇다면 문제가 되는 것은 구태의연한 학교 시스템이지 학생들이 아니다. 물론 학생들 중에서 소위 '건달'이라고 하는 문제학생에 의해 저질러지는 현상이 나타나고는 있지만, 이들은 폴 윌리스(P. Willis)에 의하면 저항문화의 선도자들이다. 그렇다면 소위 '교실 붕괴'라고 부르는 이와 같은 현상은 '붕괴'가 아니라 '철거'라고 해야 옳을지 모른다. 시대착오적이고 잘못된 제도를 학생들이 나서서 '철거'를 하고 있는지도 모른다.

이 책에서 '명문학교'라는 말을 쓸 때는 그러한 시대적 정황을 고려하고 있다. 적어도 이 시대에 '명문학교'라는 말을 붙이려면 지금 이 시대의 학교문제를 해결하려는 문제의식을 적극적으로 담고 있어야 한다. 역사가 오래 되었느냐 아니냐는 그리 중요한 것이 아니다. 시대적 과제해결 능력과 의지, 시대적 방향성을 담고 있는 모범학교여야 한다.

프랑스와 영국의 명문학교들은 역사가 오래되기도 했고 과거에 그 명성을 날리기도 했지만 여전히 지금도 글로벌 시대의 인재 교육에 필요한 수학, 과학 교육의 중요성을 착안하고 있다. 우리나라에서 기초과학 교육 계통의 학과가 대학에서 찬밥 신세를 면치 못하고 있는 현상과는 대조적이다. 또한 영국의 학교들은 체험 교육을 매우 중요시한다. 서구의 학교들은 이미 오래전부터 대화적 교육 혹은 체험교육을 중요시해서 나름대로 사회의 변화에 대처해 오고 있는데 직접 가본 학교들은 생각보다도 더 체험 교육을 중요시하고 있었다. 물론 옥스브리지(Oxbridge) 혹은 아이비리그(Ivy-League) 학교들이 체험활동 성적을 입학사정에서 중요시하고 있기 때문이기도 했지만 중등학교 자체가 전통적인 인문소양으로서의 사회 체험을 중요시하고 있는 것이 분명했다.

미국의 학교들은 개별화 학습을 중요시한다. 사회적 여건상 핀란드와 같이 국가가 학생 개개인을 개별화 학습을 시킬 수 있도록 고려하는 것이 가능한 나라가 되지는 못하지만 개성이 존중되는 사회에 개별적인 학생 하나하나에게 구체적인 맞춤형 교육을 제공하려는 의지는 존중할 만하다. 일본의 사회민주주의 학교 프로그램인 '배움의 공동체 운동'은 일본이라는 국가주의 전통이 강한 나라에서 나타나는 '교실 붕괴' 현상을 해결하려는 문제의식을 담고 있기도 하지만 학습사회의 학교교육 실천모델로서도 의미 있는 운동이다. 일방적인 주입이 아니라 경청하고 배려하고 함께 배우며 성장하는 학습사회의 이상을 실현하려는 시대적 지향성을 분명히 하고 있다. 공동체성이 강한 동양적 복지국가의 교육적 지향성이라고 볼 수 있다.

마지막에 소개하고 있는 터키의 대안사립학교는 보는 사람에 따라서는 이 학교가 어째서 명문학교인가라는 의문을 가질 수도 있을 것이다. 그러나 이 학교의 중요성은 그 학교 시설의 호화로움도 아니고, 국제올림피아드에서 상위권 성적을 내는 것 때문만도 아니다. 무엇보다도 중요한 것은 이 학교가 가진 공교육에 대한 도덕적 정당성이며 그것을 가지고 다문화

시대에 한 국가를 넘어서서 세계를 향해 형제애를 실현하고 있는 실천성 때문이다. 교육은 우선 도덕적인 정당성이 생명이다. 그 정당성이 먹혀들어가기 때문에 와크프라는 기부금이 교육 사업으로 들어오고 그 결과로서 시설도 좋아지고 성적도 올라간다. 그리고 그러한 열정은 교육에서 열정과 헌신을 보이는 교사들을 불러 모으고, 터키뿐만 아니라 세계로 학교가 퍼져 나가고 있는 것이다. 이와 같은 터키 대안학교의 교육적 열정을 제공한 사람이 페틀라 귈렌(P. Gulen) 선생이었고 그래서 이 학교를 귈렌 학교라고도 부른다. 귈렌 학교의 도덕성을 한마디로 정의한다면 영성(Spirituality)이다.

영성 교육의 문제는 아직 교육학에서 제대로 연구되고 조명되지 못하고 있는 영역이다. 우선 영성에 대한 개념 정의부터 제대로 논의가 되고 있지 못하며 그 교육적 중요성을 직관적으로 느끼고(영성의 중요한 속성 중의 하나가 직관임) 인정하는 사람은 많지만 영성을 교육적 가치로 본격적인 연구를 하는 사람은 드물다. 필자는 21세기의 새로운 교육적 담론은 영성 교육일 것이라고 생각하고 있다. 영성은 그 개념부터 아직 합의를 보기가 쉽지 않은 상태에 있다. 많은 사람들이 종교다원주의적 입장에서 모든 의미 있는 종교 행위가 그 중심 가치로 공유하고 있는 '종교성'의 핵심을 영성적 가치라고 인정하고 있다. 그러나 아직 전통 기독교에 편향된 사람들은 영성이라고 하면 마치 육체적이고 물질적인 가치와는 구별되는 어떤 정신적이고 관념적인 가치라고 생각하고 있다. 그러한 이원론은 제2 바티칸공회 이후 가톨릭 교회에서는 "교회 밖에도 구원이 있다."라고 표방한 바와 같이 기독교 내에서도 통일되어 있다고 보이지는 않는다.

영성 교육은 그 용어의 어려움에도 불구하고 새로운 시대의 가장 중요한 교육적 가치를 전제로 하고 있다. 데카르트 이후로 중심사상이 되어 온 서구의 이성 중심 사고가 자본주의의 발달과 함께 편협한 '도구적 이성'으로 전락해 교육적 가치로서는 비판을 받고 있다. 그러면 '이성, 감성, 직관, 도덕적 관념이 총체적으로 포괄하고 있는 교육적 가치를 한마디로 표현할 수 있는 용어가 무엇일까?' 이는 교육철학적인 연구 과제다. 영성 교육은 기독교, 이슬람교, 힌두교이건 혹은 불교나 유교 아메리카 인디언이 믿고 있는 '대지의 신'이나 정령신앙에 이르기까지 일관되게 관통하고 있는 공통적인 가치를 추구하는 것이다. 그것은 우리 조상이 흔히 '정신을 차린 인간' 혹은 '철이 든 인간'이라고 소박하게 표현한 것일 수도 있고, 명상(Meditation)이라는 이름으로 세계 방방곡곡에서 행하고 있는 수행 실천의 핵심일 수도 있고, 요즘 철학적으로 많이 논의되고 있는 초개인주의 심리학(Transpersonal Psychology)의 중심 주제일 수도 있다. 생태적(Ecological) · 관계적(Interrelational)인 인간과 세계의 상호관계를 지향하는 철학적 입장과도 긴밀하게 상통하는 주제임은 말할 나위도 없다. 영혼을 가진 인간의 영적 가치를 교육학의 핵심 주제로 인식한다는 것은 앞으로의 교육학의 발전에 중요한 이정표가 될 것임을 의심하지 않는다.

참고문헌

김관영(2007). 이슬람의 대안교육-터키 대안사립학교의 사례를 중심으로-. 종교성, 미래 교육의 새로운 패러다임. 서울: 학지사.

김옥순 편역(1993). 비교교육론 I . 서울: 교육과학사.

김회수, 유상덕(2005). "미국 고교 교육과 대학 입학 제도 분석 보고". 대통령자문 교육혁신위원회보고서.

류시화 엮음(2005). 사랑하라 한 번도 상처받지 않은 것처럼. 서울: 오래된 미래.

박부권(2009). 일본의 고교 교육과정 다양화를 위한 노력-단위제 도입을 중심으로- 한국교육연구, 12(1).

박부권 외(2005). 유럽의 엘리트 학교 방문 보고서. 미간행물.

사토 마나부 저, 손우정 역(2001). 교육 개혁을 디자인한다. 서울: 공감.

사토 마나부 저, 손우정 역(2003). 배움으로부터 도주하는 아이들. 서울: 북코리아.

새로운 교재를 만드는 사람들(2008 1월). 수업 개혁 운동-일본 연수 자료 모음.

유상덕(2009). "형제의 나라 터키 문화 여행기" 주한 이스탄불문화원 회보.

유상덕(2007). 영성의 보고로부터 배우는 근대 교육의 성찰. 종교성, 미래 교육의 새로운 패러다임. 서울: 학지사.

정기섭(2007). 전원 기숙사 학교-독일의 대안학교-. 서울: 문음사.

정종화 편(1997). 유럽연합국가들의 교육 제도. 서울: 법문사.

한국교육개발원(1991. 8). 교육과정 국제 비교 연구. 한국교육개발원 연구보고서.

佐藤雅彰, 佐藤學 編著(2003). 公立中學校の 挑戰』ぎょうせい.

兵庫縣立尼崎稻園高等學校(單位制灑晴璋　普通科) (2009). 「2009年度 學校案內. 兵庫縣立尼崎稻園高等學校.

兵庫縣立尼崎稻園高等學校(2008). 2008년도 學校說明資料.

B. Keith Lenz etc. (1998). The Corse Organizer Routine. P. O. Box 1304, Lawrence, Kansas, 66044.

Fethullah Gulen M. (2004). *Essays, Prospectives, Opinions*. compiled by the Fountain. revised edition 2004.

Grant Wiggins (2003) 「Understanding by Design」Winchester Thurston School, December 1.

Madison West High School (2007). National School of Excellence 2005-2006.

Pennsylvania Department of Education (2005). *Academic Standards for Mathematics*.

Pennsylvania Department of Education (2003. 1. 11.) *Appendix 22PA Code*. Chapter 4, Appendix C(#006-275).

찾아보기

편/자/소/개/

유상덕

경남 거창고등학교 졸업

서울대학교 사범대학 사회교육학과(지리전공) 졸업

동국대학교 대학원 교육학 석사(교육사회학)

동국대학교 대학원 교육학 박사(교육정책)

미국 코넬대학교(Cornell University) 초빙연구원

현재 서울 경일고등학교 교사

동국대학교 겸임교수

한국교육연구소 이사장

주요 경력

서울 서초중, 경기고, 성동고, 면목고 교사

한국YMCA중등교육자협의회 및 전교협 창립 활동

민주교육실천협의회 초대 사무국장 및 공동대표 역임

전교조 수석부위원장 역임

(사단법인)한국교육연구소 소장 및 이사장

대통령자문 새교육공동체위원회 위원(1998~2001)

대통령자문 교육혁신위원회 수석전문위원(2003~2005)

주요 저서

한국교육의 난제, 그 해법을 묻는다(공저, 대화문화아카데미, 2009)

종교성, 미래교육의 새로운 패러다임(공저, 학지사, 2007)

교육개혁과 교육운동의 전망(내일을 여는 책, 1996)

끝내지 못한 마지막 수업(미래사, 1988)

교육노동운동(도서출판 석탑, 1986)

역서

어머니(도서출판 석탑, 1986)

교사와 권리(편역, 백산서당, 1985)

세계의 명문 학교를 가다

전환기의 학교교육

2010년 6월 15일 1판 1쇄 인쇄
2010년 6월 25일 1판 1쇄 발행

편저자 • 유상덕
펴낸이 • 김진환
펴낸곳 • (주) 학지사
121-837 서울특별시 마포구 서교동 352-29 마인드월드빌딩 5층
대표전화 • 02) 330-5114 팩스 • 02) 324-2345
등록번호 • 제313-2006-000265호

홈페이지 • http://www.hakjisa.co.kr
커뮤니티 • http://cafe.naver.com/hakjisa

ISBN 978-89-6330-386-4 93370

정가 15,000원

편저자와의 협약으로 인지는 생략합니다.
파본은 구입처에서 바꾸어 드립니다.